经营
管理学
原理

经营管理学原理

초판 1쇄 인쇄 2014년 7월 11일
초판 1쇄 발행 2014년 7월 18일

지은이　金泰雄, 朴明燮, 朴宇, 王倩, 李宇宪
펴낸이　김준영
펴낸곳　성균관대학교 출판부
출판부장　박광민
편　집　신철호 · 현상철 · 구남희
마케팅　박인붕 · 박정수
관　리　박종상 · 김지현

등록　1975년 5월 21일 제1975-9호
주소　110-745 서울특별시 종로구 성균관로 25-2
대표전화　(02) 760-1252~4
팩시밀리　(02) 762-7452
홈페이지　press.skku.edu

ISBN　979-11-5550-055-2　93320

经营
管理学
原理

金泰雄 | 朴明燮 | 朴宇 | 王倩 | 李宇宪 　共著

성균관대학교
출판부

序 言

　　企业为实现其自身目标而从事多种多样的活动，为成立所谓"企业"的组织，在筹集必要的资金以后，需要雇佣可以利用生产设备制造产品或服务的人力。不仅如此，还需要宣传制造出来产品或服务的特征并且进行销售。为了比竞争者生产出更优质的产品，在企业的立场上也需要持续的研发工作。根据企业所从事的具体活动可分为市场营销、财务、生产、人力资源管理、经营信息、会计等多个领域。从由三、四个人组成的小型企业到拥有数万名员工的大企业，这些企业除了规模大小不同以外，在为了持续发展而从事的企业活动属性上来看并没有区别。

　　"经营"这个词如今已被经常提及，"管理"同样也被使用的非常普遍。"经营"具有引领整个组织的含义，而"管理"则可以理解为是针对组织内部特定部门的管理活动。从过程的角度去衡量企业与周围环境的经营管理的话，可以把其视为是通过计划、组织、指挥、调整、控制来创造企业价值的过程。经营管理学则是以研究多样、复杂的组织内部活动与组织展开方向的学问领域。

　　组织并不都是以盈利为目的，也有追求利润以外的其他组织。例如，政府也可以看成是一种组织，但与一般企业不同的是政府并不是通过销售产品或服务而追求利润的最大化，而是把重点放在如何利用有限的预算使国家经济得以发展，使百姓的生活质量得以提高。学校等教育机构是非盈利组织的另一种形态，因为学校所追求的是培养优秀的人才。此外慈善团体、宗教团体等非盈利组织也需要经营活动。因此与组织的属性无关，经营可以被看作是一种为了组织正常运营所需要的软件。

对于经营管理基本理论的学习并非易事，当然也有很多人并没学过经营管理学理论知识，但却把企业管理得井井有条。因为经营管理的有关知识是可以通过企业运营的过程中自然而然学会的，通过翻来覆去"摸着石头过河"的办法也是可以积累经营管理技巧的。然而在当今的市场环境下，利润与展望不错的消息一旦被传出，竞争企业就会像雨后春笋般的冒出来。因此在当今环境下，通过反复现场试验得出的经营管理经验办法显然不是良策。如果是自己投资运营的企业，通过"摸着石头过河"的办法付出代价后获得经验，也许还可以试试，不过作为被老板雇佣的打工仔们是绝对没有余地实施这种方法的。因此作为企业组织的成员，无论是谁都有必要系统的、严谨的去学习有关经营管理的基本原理。

本书是经营管理学的入门书，仅凭本书是不能彻底地掌握有关经营管理的所有理论知识。但通过本书可以了解经营管理的过程中有那些具体活动，这些活动是以哪些理论为基础而形成了一门专业领域等有关知识。尽管如此，本书的内容也包含多样的主题与理论，因此如果仅以读读玩的心态看本书的话，理解起来并不容易。

本书由十四个章节组成。从第一章到第七章的内容是把经营管理视为一个决策过程，重点介绍了经营管理所涉及到的各个主题，因此理解起来并不难。第八章到第十四章按企业职能分类，分别介绍市场营销、财务、生产、人力资源管理、经营信息、会计、全球化经营等相对重要的内容，因此学习时需要更高的注意力。一般来说，大学的一个学期如果除去期中和期末考试周一共是十四周，为了便于作为大学教材使用，因此本书也编为十四个章节。

　　本书除了几名主要作者以外，成均馆大学经营学院的其他教授们也对本书的出版给予了帮助，为我们提供了有关经营管理学的部分原稿与事例，因此把他们称为本书雪藏的共同作者也不为过。此外，对于原稿校正以及讲义材料准备给予帮助的成均馆大学大学院博士生曹南亨君表示感谢，对接收了本书的原稿并欣然同意出版的新英社权英燮社长以及编辑部的工作人员给予真心的感谢。本书致力于编辑得通俗易懂，然而对于本书的评价权还是要交给本书的各位读者。今后通过对于本书的不断修正与补充，使本书能够迎合经营管理学理论的变化趋势，成为通俗易懂的经营管理学入门书刊是本书作者对读者的承诺。

目录

第一章

企业与管理

企业是营利性组织，其目标就是将企业价值最大化。为了让企业价值最大化，企业要从事各种各样的经济活动，而这些经济活动被称作为企业管理活动。因此企业与企业管理，两者有着不可分割的关系。如果把作为外部组织体的企业看成是硬件的话，那么企业管理作为其后盾，为它提供管理以及促进发展的方案，则被看成是软件。在本章，我们会详细地了解企业与企业管理的意义及其两者的关系。

第一节　企业与资源

1. 企业的意义

企业从不同角度看有不同的定义。从企业活动的角度来看，既可以是从事企业活动的人聚集起来的地方，也可以是从事生产、服务等经济活动并向市场销售商品和服务的地方。从企业追求的目标来看，企业是为创造利益而运营的组织。而从企业的职能来看，企业是为社会提供就业机会的组织，又是成为国家经济发展的源动力组织。

我们在给企业下定义之前，首先来了解一下有关组织的概念。组织就是两个人以上，为达到其共同目标而相互协助的单位。按照共同目标划分的话，可分为营利性组织和非营利性组织。营利性组织的主要目的就是追求利润最大化，企业则属于这类组织的一种。

然而并非所有的组织都是以追求利润为目的的营利性组织，还有非营利性组织。例如政府也是组织的一种，但政府和企业不一样的是它不是通过向市场销售商品或服务从中获取利润，而是在一定的预算范围内，以提升国家经济水平及改善国民生活水平为目的。还有类似于学校一样的教育机构也属于不同形式的组织，学校可以被看成是以培养人才为目的的组织。除此之外，还有其它形式的非营利性组织，例如慈善机构、宗教组织等。

如[图1-1]所示，按照企业规模大小来分的话，企业可分为大型企业、中型企业、小型企业三种，其中中型企业和小型企业经常被人们并称为中小企业。按照企业所有权来分的话，企业则可分为由国家或地方所有并经营的公有企业和民间个人经营的私有企业两种。国营企业、事业单

[图 1-1] 组织与企业类型

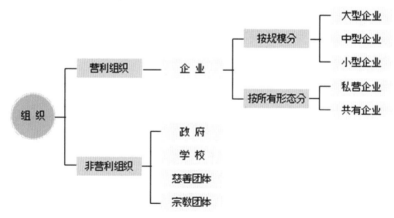

位等属于以执行特定任务为目的的公有企业，由于公有企业原本是为追求共同利益而存在的，本应属于非营利性组织，但是它们还是需要以创造最基本的利润来作为组织正常运营的保障。因此准确的来讲，它们既具备了营利性组织的性质，也具备了非营利性组织的性质。总而言之，企业就是由人组成的，通过生产并向市场提供商品或服务等经济活动，来创造利润最大化的组织。

2. 企业的构成要素

企业为了向市场提供商品和服务，所需的劳动力、资本、土地及天然资源、设备等构成了企业的基本要素。而在当今社会，由于信息技术的迅速发展，技术、信息等也成了企业的主要生产要素。为了企业的可持续发展，企业的资源按照形态划分，生产要素可分为有形资源、无形资源以及人力资源三种(如[图1-2]所示)。有形资源就是在企业成立初期，难以确定的资金、办公地点及工厂等诸如此类的物质资源。而无形资源主要指的是生产技术、管理技巧以及商标、声誉等无法用肉眼看到，却能够引领企业发展的资源。

[图 1-2] 企业资源的类型

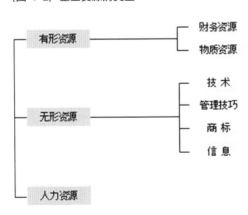

而在三种资源类型中，最重要的就是人力资源，因为人力资源是主导有形与无形资源的根本力量。首先要由企业的精英人士来认识到市场环境的变化，然后做出相应对策，并将此对策用于商品研发中。像半导体或者其它尖端数码机器这样的产品，需要经验丰富手艺精巧的员工，因为他们的手艺决定了商品的质量；而像酒店和饭店这样的服务行业，则对职员待人处事的能力有较高要求。总而言之，这些有形和无形资源都是要通过人力资源来实现的。

我们经常所说的企业核心力量，并不单单指的是企业内部的完好运营，而是它与众不同的能力，一般情况下这种能力是其它企业难以模仿的，而且具备其它竞争对手所没有的物质、人力、技术等资源。

为了生产并向市场提供商品和服务，企业首先必须进行各种投资，而这些投资的费用就是总支出。然后将这些生产好的产品销售给消费者、政府和其它企业，从中所获得的收入，称之为总收入。总收入和总支出之间所产生的差额就是利润。一般来讲，企业都希望达到利润最大化，要想达到此目的，要求企业自身必须有效合理地利用生产资源，减少支出，获得收益。

3. 企业的职责

企业是国民经济活动的主体。即企业带动国家经济发展，与此同时对社会的发展做出贡献。作为国民经济活动的主体，企业应有以下三种职责。

第一，为了达到利润最大化，企业应有效合理地利用有限资源，尽可能的减少支出。第二，企业所生产的商品应满足消费者的需求。第三，通过生产销售等经济活动，为达到利润最大化而努力，获得利润后，便可用来提高员工的收入。除此之外，企业还有创造新的就业机会、提供多样化商品和服务、减少支出、开发新技术等职责。

企业不仅在社会经济方面有着重要的职责，而且还应对社会做出贡献。除了追求经济利益以外，企业还应懂得回报社会。企业动用其丰厚的资金及人力，可以帮助解决社会问题。而在此过程中，不仅改善了企业与社会间的关系，也提高了企业形象。中小企业由于规模较小，想做到这一点可能会有些困难，但是我们要求大企业在追求经济利益的同时，也肩负起对社会的责任。

第二节　管理活动和管理者

1. 管理活动的意义

为了促进国家经济的发展，企业应该积极地开展经济活动。为了使企业经济活动更加活跃，企业需要良好的"管理活动"。所谓管理活动就是指企业投入所有的人力、有形资源、无形资源，进行生产并最终向市场提供商品和服务的过程。企业管理活动可分为采购、生产、销售三个阶段(如[图1-3])。

[图 1-3] 企业的经营过程

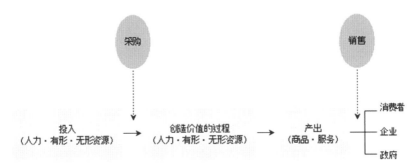

首先为了生产商品，需要购买所需的原材料，然后用这些原材料生产出商品，最终将这些商品销售给消费者、政府及其它企业从而创造利润。由于当今发达的信息技术，加快了新技术的开发、激化了企业间竞争、加强了消费者权益保护、强化了组织专业化，又随着信息技术的发展出现了多样化的交流方式，因此企业管理在今天显得愈加重要。一般来讲，企业管理所需的知识非常广泛，除了基本的管理秘诀以外，还要对经济学、心理学、社会学等有所了解，甚至对之前认为与管理不相关的知识领域都要涉及到。

很多时候，我们很容易误解为只有追求利润的营利性组织才需要管理。其实不然，因为每一个组织都有其所追求的目标，如何有效地来完成此目标，需要很好的管理。因此管理不仅被营利性组织所需，非营利性组织也是离不开它。而且管理不仅仅限于组织中具有较高地位的特定人群，它需要整个组织成员都参与其中。

2. 管理者的类别

一般情况下，企业的负责人被称做为管理者。但并不是只有大企业的会长或社长才被认为成企业管理者，就算只有四五名员工的小组织也是需要管理者的。

对企业管理者的分类如[图1-4]。以管理者对企业是否具有所有权为标准划分，分为所有权经营者和专业经营者两种。所有权经营者指的就是管理者用自己的资金投资并建立企业，同时对企业负责经营管理的人。在中小企业中，我们经常可以看到这种类型的管理者。由于所有权经营者对企业的具有持股权和经营权，这种形式被看做是责任经营。

专业经营者对企业并没有所有权，他们只具备专业的管理知识，因此是只负责经营管理的人。随着企业规模的日益壮大，他们对专业经营者的需求就越迫切。也随着这类管理者的不断增加，大部分韩国企业是把所有权和经营权分离，而且他们更倾向于把经营权交给那些专业人士。

按管理者层次来划分的话，可分为高层管理者、中层管理者、基层管理者三种。高层管理者就是处在组织中最高层次的人，其权力也是最大的。一般来讲，会长、社长、专务理事、常务董事等属于高层管理者。他们负责管理中层管理层，对组织中的重大问题、远景问题做出规划，同时在计划实行的过程中，他们也与中层管理者相互监督与协作。高层管理者中的会长、社长等是企业的总负责人，因此也被称作为CEO，而CEO们主要负责就是战略策划。

[图 1-4] 管理者类型

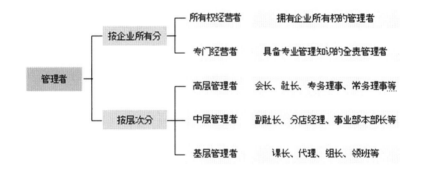

中层管理者主要负责管理基层管理者，同时听从高层管理者的指示。部门经理、分店经理，还有根据情形，事业部本部长等也属于中层管理层。他们主要就是落实高层管理者的决定或决策，协调本部门及其所管理的基层活动。

基层管理者处于组织的最基层，他们是直接对被管理者的活动进行管理的人员，科长、代理、组长、领班等属于基层管理者。比起中高层管理者，基层管理者的地位较低，可由于他们是直接对被管理者的活动进行管理的人员，因此他们也是组织中所不可或缺的。并且他们还是与现场工作者接触最密切的人，所以他们可以有效地解决一些现场所出现的问题。也就是说，基层管理者是直接参与商品生产与销售等各项经济活动的人，他们也是现场工作者与管理者链接的纽带。

3. 作为管理者所应具备的素质

中高层及基层管理者他们主要负责策划并监督管理下属，所以他们自身不仅要具备丰富的经验和知识，还要具有一定的素质。一般来讲，管理者应具备以下三种素质。

实际操作能力：此能力主要是指在专业领域和范围内，对其所承担的业务能迅速理解并处理的能力。例如，生产部门经理至少要对商品生产方式了如指掌，会计师也要对其业务非常熟悉。因为在实际操作中，这些专业知识是必备的。尤其是职位越高的人，他们所要承担的责任就越重，就越应该具备更加广泛的知识面。

待人接物的能力：人们聚在一起形成了组织，所以就避免不了人与人之间的接触。而待人接物的能力不仅指的是处理好同事间关系的能力，更是处理好上级与下级间关系的能力。想具备此能力就要常与人沟通，通过激励员工的方式，让他们发挥更好的积极性，从而营造良好的工作氛围，更有效地完成组织的目标。

[图 1-5] 管理者的类型和能力

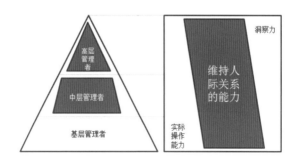

洞察能力：在运营组织的过程中，相比处理组织内部业务的能力而言，更重要的是，要了解组织发展的现况，以及把握组织未来的发展方向的能力。也就是说不要只站在树林里看树，要有站在树林外纵观全局的能力。虽然我们要求所有的管理者都应具备此能力，但是高层管理者更应该具备这样的能力。

虽然所有的管理者都应具备以上三种能力，但是随着他们层次的不同，对其能力的要求程度也不同。其中，待人接物的能力对每一个层次的管理者的要求程度都差不多，而实际操作能力则侧重于要求基层管理者，洞察能力更侧重于要求高层管理者。

经过研究发现，大部分的高层领导者都有一个共同特点，他们都是整个组织的引路人，他们勇于革新并向组织成员们提出远景规划。他们还是企业持续繁荣发展的主力军，为了企业的可持续发展，他们激发员工的创造力，以创造更大价值。除此之外，还有以下四种能力被研究者所关注。

第一，不断学习的态度。有能力的管理者会在不断的学习和积累经验中成长。为了在学习和积累经验中快速地成长，就需要管理者自身有一定的基础，经过调查显示，韩国大型企业的高层管理者，75%左右都是本科以上出身，而研究生占其中15%~20%左右。由此我们可以看出，高层管理者的平均学历都较高。

第二，应起到模范带头的作用。要想在激烈的竞争中获胜，高层管理者应具有长远的目光和开拓创新的精神，同时还应有强烈的责任感。管理者如果不敢勇于承担责任，那么他是无法取得成功的。可是随着企业的日益壮大，管理者很难做到面面俱到，为了让下属也能有效快速地处理事情，管理者应起到模范带头的作用。

第三，开拓创新的精神。企业就是在不断地适应变化中成长。尤其在信息技术快速发展的今天，企业的环境变化是相当快而广的。在如此快速变化的环境中，为了企业更好地发展，管理者需要不停地更新企业运营方式等。但在实际生活中，大部分人是不喜欢变化的。特别是当人满足现状时，根本就意识不到变化的必要性。就大企业而言，一旦有所变动就可能涉及范围比较广，所以很多时候人们不敢轻举妄动。对于像这样没有意识到变化必要性的人或者因为现实情况犹豫不绝的人，很可能被同行竞争企业所超越，不得以以失败而告终。所以高层管理者应该勇于打破旧观念，不断地开拓创新。

第四，对全球市场的认知。企业发展不应只局限于国内，要面向全球，为了能在全球市场立足，高层管理者需要对全球市场有所了解。高层管理者的目光不应该仅放在国内，应该看向国际。也就是说，其竞争对手也不仅局限于国内。再就是以向全球市场提供商品和服务为目标，为满足全球消费者而努力。

为什么不同的工作时间却给同样的工钱？

《留给这个后来者》是由英国评论家和思想家约翰.罗斯金写的。光看题目我们就能从中了解很多信息。这个故事起源于圣经里有关葡萄园的比喻。

葡萄园的主人想找在葡萄园做事的人，早上九点出去，便找到了愿意干一天活只拿1迪纳厄斯的人。然后主人又分别在中午、下午三点、五点出去找可以在葡萄园干活的人，同样答应给他们1迪纳厄斯。到了下午六点，管理人员按照主人的吩咐从后来者开始发工钱，不管是从早上九点开始工作的，还是下午五点开始工作的，他们都拿到了1迪纳厄斯，这时从早上九点开始工作的人开始不满，问主人"怎么可以给我们和只干了一个小时的人一样的工钱。"主人则回答说"你认为我做得有什么不妥吗？工钱给多少不都是我事先和你们商量好吗。"

为什么葡萄园的主人要给所有做事的人一样的工钱呢？原因很简单，因为他都是事先和他们商量好的。不管是早上九点开始工作的人，还是中午十二点、下午三点、下午五点开始工作的人，他都答应给他们1迪纳厄斯。就算如此，可为什么要答应给所有人一样的工钱呢？原因也很简单，因为只有拿到1迪纳厄斯的工钱才够维持他们的基本生活。从这一点上来看的话，'我们可以认为葡萄园的主人还算是蛮公平的'。

约翰.罗斯金以此为喻，意在批判近代经济学总是把人类的思维当作经济行为的主体。很多人都认为只要具备合理并理性地思考能力就能解决一切问题。从基准经济学的角度分析的话，通过人类精密的计算，可以尽可能的减少支出，以提高利润。但这样一来，很容易造成经济行为者间对立的关系，最终演变成得失经济学。他警告说基准经济学过分偏向于理性化，要是经济以这种方式持续发展下去的话，一旦出现问题将很难得以解决。

罗斯金则强调思维和人情相结合的经济学。所谓人情就是人与人之间血溶于水的感情，这是从更广范围的角度来看经济行为者。打个比方，要是工厂厂长和劳动者成对立关系的话，应该如何解决呢？因为基准经济学只能解决表面上，供给与需求的问题，所以无法解决问题的根本。罗斯金以队长和士兵、舰长与船员的关系为例，来解决其两者间的对立关系。当船沉的时候，舰长应该在确保其他船员已经逃生后再逃脱。同样队长也有保护所有士兵生命安全的责任。假若厂长也以同样的态度对待劳动者，那么他们间的问题也并不难解决。如果说基准经济学是得失经济学的话，那么罗斯金的经济学就是情谊经济学。

在实施经济行为的过程中，很难像葡萄园主人那样公平处事也很难对他人做出让步。正因为如此，罗斯金便提出了'商人的道德'。正如军人、律师、医生及牧师都有他们的职业道德标准一样，商人也应该有相应的道德标准。朝鲜时代有个叫林尚沃的富商，他曾经说过一句话，'做生意留下的不应该是利润而应该是人'，这句话放在今天所指的就是'顾客至上'。尽管朝鲜时代的林尚沃和英国的评论家约翰.罗斯金都是19世纪的人，但是他们对经济方面见解，有着惊人的远见，他们的经济观就算放在今天也有深远的意义。

决定雇主和劳动者关系的是他们之间的情谊

下面一段文字节选于约翰.罗斯金写的'留给这个后来者'。

"一般情况下，我们也没法证明雇主和劳动者间的关系是一致的还是相悖的。因为根据情况不同，可能是这样也可能是那样。如果获益对双方都有好处，但是如果分配不公，就可能会造成一方的损失，也可能不会。打个比方，如果给员工工资过少会打击员工的积极性，这样一来无法专心投入工作的话，雇主也无法从中获益。相反要是给员工工资过多，那雇主自身的利润就会减少，这样一来会造成生意无法扩张，甚至无法保证生意正常运营，那么对员工来讲，也不会是件好事。

......

假使军舰舰长不管是愿意还是不得已把自己的儿子和一般水兵放在了一起。这时，舰长对待其他水兵的态度就要像对待自己的儿子一样。同样工厂厂长也不管是愿意还是不得已把自己的儿子和一般工人放在了一起，这时，厂长对待工人的态度也要像对待自己的儿子一样。......再就是，当遇难时，船长应该是船里最后一个逃难的人，吃的东西不够时，就算只剩下一块面包也要分给大家一起吃。同样的，当生意不景气时，厂长不仅要和工人一起共度难关，还要比工人承受更大压力."

(朝鲜日报，2013.9.9)

经验陷阱 — 一头骡子就算参战60次，也仍是骡子变不成千里马

1757年在洛伊滕会战中，普鲁士的国王弗里德里希二世出其不意地打败了奥地利君主，他能获胜的原因是他并没有死搬硬套用别人的战术，而是他懂得灵活运用。

1757年11月弗里德里希在罗斯巴赫战争中，以少胜多，大败法军。可惜胜利的喜悦非常短暂，因为正当普鲁士紧盯着法国时，奥地利偷袭了普鲁士的西里西亚，所以弗里德里希不得不快马加鞭的回西里西亚。奥地利军队料到普鲁士军队一定会尽快回师早已在伊洛滕等候，准备堵击普鲁士的军队。一般来讲的话，进攻的一方要比防守的一方兵力多五倍左右，如果防守的一方具备天时地利的条件时，进攻的一方的兵力要

增加十倍以上。可是普鲁士仅有3万将士，要与地理位置优越的奥地利8万将士做斗争。

在这种情况下，普鲁士军队唯一能做就是和敌军决一死战。可是奥地利军队虽然占据了优越的地理位置，但是阵营却长达8千米。也就是说兵力相对比较分散。然而问题在于如果奥地利军队想要打败普鲁士军队，就必须集中兵力。因为普鲁士军队在奥地利军队的眼皮底下大张旗鼓，所以奥地利军队认为普鲁士军队会从右边进攻，让援军全部转移到右面。只可惜他们上当受骗了。其实普鲁士军队打算从左边进攻，他们故意在奥地利军队的眼皮底下，变换队形，误导奥地利军队，还没等奥地利军队反应过来，普鲁士军队已经从左边开始进攻了。由于奥地利军队的队形成长方形，纵看的话，是普鲁士军队兵力的三倍，横看的话并没有绝对优势。最终奥地利军队大败并死了2万名将士，而普鲁士总共才死伤6400名将士。

普鲁士军队能够获胜是因为他们巧妙地变换队形，他们没有利用常规的向左向右的方式变换队形，而是利用分散-合并的方式变换队形。在训练士兵时，以这种方式变换队形相当难，但普鲁士士兵能做到这点是因为他们平时就接受严格的训练，也正因为如此他们才能在洛伊滕会战中出奇制胜。

后来一名大卫问弗里德里希二世，"怎么样才能成为像国王一样优秀的军事家"，国王回答说他研究兵书，大卫则歪着头反驳说，"我觉得实战经验要比理论重要"。国王听后便说，"在我们军队中，有两头骡子它们跟着我们参加过60战争，可是他们仍是骡子。"也就是说，如果一个人读兵书，却不知道思考其中的奥妙，不去考虑当时的战争背景和它取胜的原因，就盲目地评论这个战术的好坏，甚至误以为，任何人用此战术都能取胜，那么这个人只会陷在经验的陷阱里而无法自拔。所以说在读兵书时，要弄清楚它的战争背景和取胜的原因，这样以后，才会懂得灵活运用。

(东亚日报，2010.3.20)

请做一名成功的委员

有人可能会想，别说做什么委员了，连就业都成问题。甚至会想那些委员们从一开始就和我们这些为就业而挣扎的人不一样，事实却不然，他们曾经也像我们一样徘徊在起跑线上。所以我们应该做的是向他们学习，这样的话，对我们的求职也会有很大的帮助。

要是成了被称为'商界之星'的委员，那么就可以享受非常好的待遇。不仅会有高薪还会有公司专车、法人信用卡、个人办公室等。当然，职位越高所享受的待遇就越好，要是做到社长级别的话，年薪有可能达到10亿。企业之所以给委员们如此丰厚的待遇，是因为他们掌握着企业的未来发展方向。由于他们要快而准地作出决策，所以在享受丰厚待遇的同时，也承受着巨大的压力。

委员是临时职员的一种。因为如果他们在一年期间，在工作上没有很好的业绩，就会被淘汰，因此他们压力非常大。据实际统计，大企业里的新任委员中40%的人都干不满4年便被淘汰。另外他们不但要掌管很多业务，还要主持很多会议。他们参加董事会时既要提出方案，又要把职员的意见反馈给董事会。再就是一般职员只要干好分内的事就可以了，可是作为委员，要管理所有的业务及作出决策。在不断地作决策的过程中，委员们要承受很大压力，而想做出业绩不是那么容易的事。这样一来，随着工作的时间越长，对委员的素质和能力要求就会越来越高。

很多专家强调指明，要想久坐委员宝座，就必须具备快而准地作决策能力。而想具备此能力，就要具有常人所没有的的远见。这种远见，是通过培养自己的专业知识，才能具备的。委员和普通职员不同，他们要管理一切业务及作出决策所以他们的工作量很大。他们还要参加全体干部会议、社长主持的委员会议并主持部门会议等。而且还经常要去海内外出差，参加研讨会等，因为委员们要做的事情真的很多，所以他们一定要懂得合理地安排时间。于是，他们经常在开始一天工作前，把所有事情事先安排好。

委员们必须要很好地管理自我，因为他们一旦出差错，就可能影响企业发展。再者，委员们要让自己成为促进公司发展的中坚力量，要是委员们对公司发展漠不关心的话，那么公司就会停滞不前。然而，即使委员们对公司的发展方向有很好的想法，如果不能付诸于行动，那么也是没用的。所以真正的委员不仅要很好地掌握市场走向和很清楚地了解企业核心力量还要起到模范带头的作用，将想法付诸于行动，因为只有这样才能取得其他职员的信任与服从。

（每日经济新闻，2008.5.17）

第二章

企业和经营环境

当今世界，企业的经营环境日益变化，并且还将呈现出更加快速变化的趋势。分析经营环境的重要意义，在于帮助管理者制定计划、改变经营活动，取得更大的经济效益。因此，分析经营环境，将成为企业经营活动中最重要、最基本的工作。本章我们将了解经营环境的重要性和类型。

第一节 经营环境的重要性

企业通过适应其周围环境来达到发展的目的，通过与外部环境的不断抗争来创造新的价值。在面对环境变化的今天，应变能力较差的企业将逐渐从市场消失。只有预测好构成环境的各种要素将要发生怎样的变化，并且做好对应的措施，企业才能持续性地创造利益。在企业环境里，构成其环境的状态可分为内部环境与外部环境。所谓的内部环境，主要指的是企业的特性和企业文化。而外部环境主要指的是外部影响企业经营活动的要素。企业除了外部环境以外，在面对内部环境变化时需要采取合适的应对措施和调整方法。外部环境将影响领域里所有企业，而内部环境只影响所属企业，所以需要采取更为小心的应对措施。

企业的外部环境受企业的决策或从投入到生产的变化过程的影响。分为一般环境和作业环境。一般环境可以简单地分为：包括国内外经济状况在内的经济环境、决定法律及制度的国家和政治环境、决定生产方式的技术环境以及社会环境等。一般环境的重点在于所有企业都受它的影响，所以它的范围很广，但这种影响属于间接影响。

作业环境分为决定企业活动成功和失败的消费者环境、提供相同产品的企业组成的竞争者环境、供应生产活动中所需原材料的企业所组成的供应商环境、可以代替企业所生产的商品的替代品环境等。作业环境的重要性在于企业在制定战略目标的决策时会受到它直接的影响，并且通过各个企业的特性表现出来。另一方面，企业的内部环境由企业持有的资源、企业结构和氛围、员工等组成。

一般环境跟作业环境相互作用的同时会根据企业的特性和活动领域而发生变化，组成一般环境的要素受到组成作业环境要素的影响，并且间接作用于企业。比如说经济的发展将激发消费者意识水平的变化和多样产品的上市，而企业的经营活动将受到这些变化的影响。

第二节　一般环境

1. 经济环境

经济环境不仅是资本主义和社会主义经济的区分点，它还包括企业所在地区的经济环境、国家经济的水平、物价、汇率、国际数值等要素。

第一，企业成果受地区的经济环境、相关联企业所在地区的市场规模、同一个市场竞争的企业数量等直接影响。企业经营亦是受到国家经济条件的巨大影响。就韩国的经济情况来说，产业结构经受着急剧的变化。虽然在1960年时，以农业和轻工业为重心，但是到了1980年以后，重化工、制铁、汽车等高附加值产业的比重逐渐提高，如今半导体、高附加值的造船、数字机械等尖端产业成为了经济的基础。这些国家经济的变化就是企业活动的结果，同时也指示出了企业经营的方向。

第二，物价、汇率、利息等一般经济环境受到政府政策的影响。比如说利息会受到政府的金融自由化政策的影响。因为金融产业的自由化过程一定伴随着金融市场的开放，所以改变了资金的供需结构，使利息降低。特别是韩国，为了稳定物价，政府经常会采取压制性政策，在这些方面企业将会受到直接的影响。

第三，今天，经济处于世界化、全球化快速进行的过程中。国家的经济与世界经济相互依存，世界经济亦对企业的影响越来越大。我们在日常生活中使用的各种商品，基本上没有一件只是在一个国家完全生产的。技术和信息通信的急速发展把世界捆成了一个市场，无论在世界任何一个角落发生的事件，不出一天就能传开。三星电子的电视和手机，在全世界任何一个地方都能看到，麦当劳的牌子亦是在数十个国家可以看得到。企业的规模在超乎想象逐渐扩大，同时把企划、设计、生产的各种环节放到海外市场完成的现象已经很普遍。关于经济的世界化，将在下面的全球环境里面更详细地为大家解说。

2. 全球环境

在过去的30年里，我们目睹了德国的统一、前苏联的瓦解、东西冷战结构坍塌的现象。韩国也通过积极促进北方政策，与包括越南在内的所有旧社会主义国家建立了外交关系。现今来说，把国家利益放在第一位，比起政治、军事问题，经济问题更加受到重视。

在这种情况下，企业好像已经很难避开国际化的趋势了。现在就算企业只想把国内市场当成目标，竞争对手已不能再局限于国内企业，还要包括外国优秀的企业。不仅如此，如果在和外部断绝联系的状态下，想要维持或者提高企业的竞争力，已经成为不可能的事情。现在对于企业来说，不管是在世界哪一个地方，如果不具有可以发挥竞争力的商品或者服务、经营管理机能、研究开发机能、市场战略机能等任何一个或者多个核心力量的话，将会面临生存危机。

进入2000年以来，中国的迅速崛起、韩国国内人工费的持续上升、环境问题的社会关注度高涨、工会的强化等原因，导致了韩国制造业的共同化和企业全球化的步伐加快。随着进入21世纪，影响企业国际化的重要因素是产业的全球化和地域性的区域化。全球化指的是国家间资源移动导致壁垒逐渐消失，国家间的相互依存度提高的现象。如果这种趋势一直持续下去的话，总有一天没有国境的世界经济将会登场。

那么全球化加速进行的要素是什么呢？第一，通信和大众媒体技术的急速发展。通信卫星和网络等高速通信手段的出现，使信息迅速地传播到全世界。网络、智能手机和各种社交网络媒体使在一个国家发生的事件，全世界都能直接用眼睛看到。第二，国家间贸易壁垒的急速缓和，以及外汇自由化的现象。特别是金融市场的开放，使国家间资金的移动变得轻而易举起来，而相关联的国家国民经济则受到了较大的影响。第三，具备全球性流通网和生产设施的跨国企业的出现，促进了全球化进程。跨国企业指的是比起全球化来说，更加注重当地化，并且为了跟当地企业竞争，每个地区都运营着独立性子公司的企业。也就是说做到让各个地区的竞争优势、销售、利益的最大化，从而使在世界市场的成果最大化的企业。海外据点的活动虽然活跃，但是几乎和母公司处于独立的经营状态。

跨国企业从产品开发开始，便站在世界市场的角度考虑。他们为了满足技术的快速更新和为了承担技术开发所需要的巨大费用，不得不以世界市场为目标。为了减少生产成本，常常把研究机构、劳动力和生产设备等，适当地分布于不同的国家和地区，使生产活动在不同国家和地区进行，这样就导致了国家与地区之间的相互依存度更加提高。国家与地区的不同，生产要素的费用也不同，劳动者的熟练度也必然存在着差异。因此，安排生产时，集中于生产费用较低的国家和地区，自然就能降低生产成本了。

也就是说全球化的竞争市场已经不分国内还是国外了。表现为如果企业不通过全球化的视角去做决策，将不可能持续发展。在世界经济里，和全球化一起呈现的另一个趋势就是区域化，也就是地域经济一体化的现象。地域经济一体化指的是：解除类似于产品和服务的交易、劳动力和资金的移动在贸易中存在的人为的壁垒，使两个以上的国家相互间变成一个"国家"的过程。因此，经济结盟虽然有着给区域以内的国家积极提供广阔的单一市场的一面，但是更受关注的是在实施保护主义贸易政策时，域外的国家想要占领域内市场将更难的一面。

区域化的例子有EU的经济一体化和美国、加拿大、墨西哥等北美三个国家间形成的NAFTA。EU为了实现统一欧洲的区域化，在1992年年末，完成了重要的经济一体化的工作。北美三个国家间的NAFTA在1994年下半年生效。还有，1999年1月，EU创造出了统一的货币单位——欧元。像NAFTA一样的自由贸易地区，虽然保障了成员国之间物资的自由贸易，但是对于域外非成员国，却是可以采取自主性的关税或是贸易管制措施。NAFTA和EU表面上声称支持自由贸易，但实际上，我们可以看到它们最近都有设置更高、更强的贸易壁垒的动作。即域内国家之间，基本上完全实现了自由贸易，并且灵活应用着自由贸易的有利点，但是对于域外的国家则采取强有力的保护壁垒，把经济区域化的效果做到了最大化。

3. 国家及政治环境

企业的活动必须在国家法律规定的范围内进行。国家制度、法律规范和颁布这些政治制度过程，给企业的地位和生产活动带来直接或间接的影响。比如说国家和政府在特定产业里，可以规定让国营企业达到垄断的程度，而行业专业化政策可以强制要求大企业在几个产业里达到专业化程度。另一方面，政府为了国家的发展也可能给予特定企业补助和支援。因此，企业为了摆脱国家和制度的制约，也为了给自身创造更有利的环境，都会试图给各种政治程序造成影响。

国家在赋予企业固定的义务之外，还要起到保护企业自由活动的作用。第一，国家赋予了企业根据经营结果给予纳税的义务，并且持有获取税金的垄断权限。国家收取税金数目的决策很大程度受企业经营影响。鉴于西欧先进国家的一些企业因为受不了本国高税金的负担，纷纷迁移海外的例子，国家纳税政策的制定也要斟酌一下企业所承受的能力。第二，国家运营着调节企业的活动、消费者的权益，国家间经济关系的各种制度。比如说，国家算是一个大单位的消费者，它决定着政府的调配规模以及对象、竞争招标、自由合同、供应商的选定方式、先进外国企业参与许可问题等，还直接决定关联企业的成果。第三，国家为了达成雇佣、生产、物价等经济全盘的目标，制定财政以及通货金融政策，政府的这些政策受企业资金情况的影响。

4. 技术环境

说到技术，大体上会想到设备、装置、生产线等生产过程的要素。但其实技术不仅仅是这些，总体上还有技能和知识的应用方式、理论等。所以，能够适应这些的人其内在知识种类、水准亦是很重要的。

最近一段时间，信息通讯技术的发展非常迅速，这种技术环境的变化引起了各种产业结构的变化。比如就银行和金融产业来说，信息技术的发达让世界金融市场连接成一个整体，特定市场上的变化得以迅速传向世界。证券价格、资金流动还有销售量等有关的各种信息变得可以在世界市场里同时获得。就制造业来说，电脑控制的生产线、机械、机器人等依靠电脑弹性制造系统的发展，使企业能够应对飞速变化的需求市场，使其品质得到提高。智能手机和社交网络的急速扩展，为提高消费者的权益做出了贡献。站在企业的立场来说，作为其新的宣传途径，智能手机和社交网络迅速凸显了它的价值。

5. 社会文化环境

社会文化环境指的是组成社会的个人行为所受的整体文化、价值观念、本土传统风俗等影响的社会制度及社会态度等。并且带有前面所讨论的各种环境要素所包括的性质。随着时代环境的变化，地域环境也会体现出大的差异，虽然很难掌握企业所受影响的途径，但是下面几个层面一定要考虑。

第一，现在支配着时代走势的基本原理是复合性。从19世纪后期以来，在资本主义经济秩序形成的同时，相对应的社会理念是自然民主主义、个人主义和自由主义等。即资本主义体制运营就是使社会各成员的判断、立足的决定相互调节。尽管从一方面来说，其与之前就支配社会的各种原则是相互补充的关系，但是从另一方面来说两者又是矛盾的，比如说传统的家族主义、忠孝思想和人文主义。像上面所说的复合性社会原理不仅仅是企业决策时的资本主义原理，并且根据不同的情况，非经济性的社会需求也要受它的影响。

第二，社会文化环境的地域多样性。就国家来说，不同的社会文化环境，迫使跨国企业在不同的国家使用不同的经营手段。在商业往来中存在着重视法律性、官方程序的西欧环境和非官方而重视人际关系的亚洲环境。当然，就算在一个国家，不同的地区，社会文化环境也会有不同。

第三，今天，社会文化环境呈现出急速变化的局面。经济的产业化和世界化，以及数字文化的扩展在迅速进行着。另一方面，在文化全盘都市化的同时，东西文化又有聚集在一起的倾向。这些变化导致了消费文化、劳动者的勤劳意识等新的因素，成为作用于企业经营的重要变数。

第三节　作业环境

企业所处的作业环境是决定其产业竞争程度的要素。产业指的是相互之间，提供相近的替代品的，以集团为形式的企业。这里相近的替代品指的是满足顾客相同要求的产品、服务。比如，汉堡和比萨以类似的顾客要求为对象，所以相互之间有替代品的关系。销售汉堡和比萨的公司，虽然在制造和销售技术上有不一样的地方，但是从相近替代品的特点来说，都属于快餐产业。

麦克波特通过5种影响要素的模型，很好地说明了企业处于作业环境里的要素。波特给我们指出了潜在竞争者打入市场的威胁、现存企业间的竞争、用户的谈判能力、替代品的威胁等要素。他提出了这5种影响要素的作用越强，企业确保收益的能力就越会受到限制，将不利于企业发展的观点。另一方面，受到影响要素的影响越弱时，企业确保高收益的机会就会越多。现在，我们把这些要素作为环境要素，一条一条地来为大家讲解。

1. 消费者环境

就消费者从企业购买货物、服务方面来说，消费者环境是企业所处环境中最重要的环境。企业经营成果的好坏直接受消费者消费形态变化的影响。而消费者的消费形态则受经济发展收入水平的变化、各种社会文化环境的变化、关于触发消费自主权的认识教育、政治意识变化等宏观环境要素的影响。比如说韩国消费者保护主义的出现影响着企业和消费者之间的固有关系，这些情况的产生很大一部分原因是对消费者的教育、消费水平的提高、各种舆论团体积极活动和反应这些舆论的政府的政策。

企业的规模大小因消费者对象的不同而存在差异。第一，消费者购买特定企业的产品越多，企业就会越做越大。如果把少量购买最终产品的消费者和为了零售而大量购买的中间商做比较的话，相对于后者而言，少量购买的消费者就不利于企业发展。就政府宏观调控来说，作为消费者的政府是处于需求垄断的地位，所以其比供应商所处的位置就要高。

第二，消费者运动所导致的结果就是使消费者的凝聚力变强，而凝聚力越强，反而让企业处于一个困难的消费者环境。消费者团结就会携带着政治性力量，消费者的权力制度化的可能性就越大。例如，商品召回制度的颁布就可以看成是消费者运动产生的结果。

第三，产业内互相竞争的企业越多，消费者的力量就会变得越强，从而使企业主动和消费者协商的倾向变得越大。今天，各国市场的开放，使消费者对商品的选择范围变大了，而企业则被放入了竞争更为激烈的环境里。

另一方面，发展潜力很难估计的网络给企业发展提供了新的机遇。现存的被企业疏远的消费者们，因凝聚利益关系而组成的团体，也能给服务革新带来影响。现在市场涌现的商品、服务数量比以往任何时候都要多，而且这些商品和服务通过各种方式迅速传向消费者。名品店、网店、折扣店等越来越多，并且提供独特的商品和服务。像这样，不仅供应系统发生着巨大的变化，消费者的角色也在发生着巨大变化。

如果说以前消费者是独立的存在，那么现在则是以社交网络相连的消费者形态。假如把以前的消费者当成无知消费者，那么现在就得把其当成各种知识渊博的消费者。从被动的形态里逃脱出来，就会诞生出具有积极态度的消费者。这些变化的消费形态，和以前有几个层面的不同。[1]

获取信息：如今，网络不仅增加了消费者数量，同时也使消费者能更为容易地获取商品信息。就娱乐产业、金融产业、医疗产业来说，社交网络连接的数十万消费者以集体为单位行动，挑战着各个行业传统的工作方式。比较好的例子就是，网游、移动信息、数码相机等爱好者，在线上和线下的社区里活动，通过这些社区活动对新出现的服务进行评价，也可以对相互间好奇的东西进行意见交流。

全球视角：消费者通过网页可以获得全世界企业和商品、技术、性能、价格、消费者反应等信息。如今，不管在哪里，人们只要通过网络就能找到想要的商品和服务。虽然有时因地区的不同信息存在差异，但是这种差异又以很快的速度消失着。也正因为如此，竞争的局面也发生着急速的变化。例如，消费者跨越地理的界线，对商品的种类、价格、性能进行比较，跨国企业就不可能再根据地域的不同而提供不同品质的商品和价格。

网络：有线与无线网络爆发性的普及，智能手机、类似于社交网络的各种交流媒体的发达，使爱好和兴趣以及经历类似的人自然地聚集在了一起，消费者间的交流变得更加容易，范围也急速扩大。在"不同主题消费者社区"里，消费者不受地域、阶层的拘束，只管共享自己点子跟

1) Prahalad, C.K. and Venkat Ranmaswamy(2004), The Future of Competition: Co-creating Unique Value with Customers(김성수译，世宗书籍)，Harvard Business School, pp.21-25.

行为，这动摇着现存市场，给新市场的规则带来了影响。消费者社区是完全避开公司的，完全独立的，所以可以发挥出强大的力量。消费者网络导致过去那种单方面传达、自上而下的市场战略交流方式完全反转过来了。

实验：消费者活动网络还有另外一个功能——商品开发实验，特别是数字产品开发的实验。关于移动信息、网游、网络学习信息、微软等数字产品的意见，在消费者群体里活跃地共享着，消费者通过具有共同兴趣与爱好的同好会，各种经历被扩散。消费者们就是通过这些网络进行间接的实验，具有各种经验和知识的各个阶层的人们聚集在一起，共享自己的技术和信息以及兴趣等。

消费者行动：共享了很多经验与知识的消费者们，比以前能够做出更加明智的选择，通过可以分享意见的网络，对企业提出更积极的要求。无数的网页成为消费者活动的聚集地。

这些消费者角色的变化导致的最终结果是什么呢？关于商品的开发、生产程序的改进、市场战略的信息、流通渠道的决策等，企业不可能再像以前一样，不与消费者互动，而独断专行了。如今消费者参与企业经营的所有领域，发挥着他们的影响力。用新的媒体武装自己，那些对现在商品心存不满的消费者们，要求通过积极的方式与企业协商，来一起创造价值。

2. 竞争者环境：竞争密度和潜在竞争者的威胁

不管是什么产业，企业之间一定存在竞争。世界慢慢变小，虽然企业间存在着互助的角色关系，但是企业在相互依存度变大的同时，企业间的竞争，也向极致状态发展。韩国很多以低人工费为武器的企业，逐渐把工厂转移到中国和东南亚，探索着新的机会，在这些国家生产的商品，像洪水爆发一样，涌进韩国市场。生产类似产品的企业逐渐走向不得不改变品种或者倒闭的阶段。除了因为地理限制,只能在原地供应服务的企业外,其他的企业都很难从激烈的竞争机制里逃离。小区里的汉堡店,像麦当劳、汉堡王这样的全球企业的连锁店和乐天等国内大企业的连锁店,只能进行永无止境的竞争。在竞争里,谁都没有自由。

同一产业里企业间竞争密度由竞争者数量、竞争者活动特性、产品差别化程度、固定费用、退出壁垒等各种要素决定。首先,竞争企业的数量越多,竞争活动就会越激烈,竞争就越加剧。企业生产的产品,差别化越小的话,就会越依赖于价格竞争。因为在消费者觉得企业间的产品和服务没有什么差别的时侯,就会重视价格。也就是说产品差别化越小的产业,企业间的竞争就越激烈。工厂设备,房地产等大规模投资,导致固定资产增加,就会受到要提高开工率的压力,从而触发无序的产品数量竞争。这些情况导致的过度价格竞争,危机四伏。

最后,退出壁垒越难,企业间的竞争越剧烈。因为在生意上想放手却顾及已经投入巨大费用的企业,往往只有破釜沉舟地面对竞争。这时,退出壁垒指经济、情感等要素。经济要素方面的例子,所持资产中特殊用途越专业化,清算时市场价值就越低,而又要支付那么多的费用才能退出。另一方面,就是对于事业的自负心理和自尊心理等也是导致退出壁垒的要素。

没有参与竞争但随时都有能力介入竞争的同行企业也是一种威胁。潜在竞争者的介入的威胁越大,现存的企业在收益成果和市场占有率方面就越感觉到威胁。因此这种介入威胁越大,现存企业的收益性就越受到威胁。反之,潜在竞争者介入的威胁越小,现存企业就很容易把价格提高,拥有确保更多收益的机会。

3. 供应商环境

企业从周边环境开始获取资源,然后应用这些资源去生产和销售商品与服务。所以对于企业来说，生产活动的第一阶段最重要的就是获取生产所需的资源。供应商提供生产所需的资源，比如说人力资源、物质资源、还有资金的移动。供应商给企业的战略带来的影响力相当大。例如：供应商变动资源供应价格的话，企业为了回应这些变动，就需要调节生产和销售的活动。原材料价格上涨的时候，企业就站在了是选择采取为了维持市场占有率，就算减少收益也要保持现有价格的方法，还是选择提高产品价格，或是改变产品的生产方法，变更本国生产数量等的十字路口。

站在这些层面看的时候，选择一个合适的供应商在企业经营里是很重要的决策问题。选择供应商的时候根据供应商的数量、所提供的资源的种类不同而不同，企业和供应商之间结成多样化的相互关系形态。例如：当供应商只是极少数或者基本没有其它替代产品、供应商提供的产品具有独特性或是消费者要购买其它替代品时要支付更多费用等复杂情况的时候，供应商的影响力就会变大。

有时与供应商的关系也很重要。在提供产品的速度很重要的情况下，确定可信度高的供应商是竞争的关键。从企业的立场来说，为了确保值得信赖的供应商，不管平时产品的销售情况，都要固定地购买资源来建造相互之间的信赖。

在供应商环境里，比起产品市场和资源的体系，更重要的是与特殊供应商的关系，因为可以预测生产资源的供应环境的变化。例如：资本的供应不仅受到国内资本市场的影响，也受到政府对外政策的影响。企业可以确保从海外打通道路的话，资本的可用性给国内的利息造成下降的影响。由此，对可以改变供应环境的各种要素进行分析和预测，然后寻求有利的环境，是企业所需要做的。

4. 替代品的供应环境

替代品指的是虽然不直接参与和某种特定商品的竞争但是能带给企业的销售和收益带来影响的产品。例如：塑胶是钢铁产品替代品，塑料产品可以成为皮质产品的替代品，这些替代品的存在都是强有力的威胁。

也就是它影响着企业的价格测定，结果是导致收益性也受到影响。如果不存在很明显的替代品的话，就会减少威胁，就算在定价时，也处于有利的地位，就可以给企业提供增大收益的帮助。

第四节　内部环境

内部环境，是指为了企业运营所需要的各种资源的组织体系、组织内部的氛围和工作人员等有关的要素。每个企业都拥有独特的特性，企业经营也可以说是要素之一。

1. 员工环境

员工作为企业经营资源中最重要的资源，从生产活动层面来看，其带有投入要素的性质。还有在企业运营过程中，员工具有通过表达独立的意见，给企业活动方向带来影响的主体机能。为了达成企业最终目标，员工不仅是作为投入要素之一，企业的运营商还必须要考虑到其也是决策的主体。

主要原因是大部分企业里的员工，都是工会里的一员。工会在企业内部招募会员，收取会费，在劳资纠纷中，作为代表保护员工。特别是工会代表员工去进行工资、劳动环境，还有就业保障等的谈判。如今，工会作为重要的要素作用于经营过程之中。

一般来说，工会的目的是保护员工的利益，所以在工会诞生的初期，与企业属于敌对的关系。但是，在国内外竞争强度十分激烈的情况下，过度的工会活动，则会增大企业的费用，使生产效率降低，企业竞争力变弱，从而导致的后果是岗位安全性越来越低。一直以来处于敌对关系的企业和工会，现在越来越重视相互协助，一起谋求维持企业成长和岗位的安全性。在这个过程里，企业一方面让员工参与经营，另一方面，越来越多的企业通过实施员工自主制度等政策，让员工关注企业的长期发展。

员工环境不仅是与企业和工会有关，有时还会受经济发展、社会运动、政府政策等制度变化的影响。特别是今天，随着经济的全球化，工会的制度和基准也应该与国际基准接轨。企业内员工的环境受最低工资制度、多个工会的许可等各种正在发生的制度变化的直接影响。

2. 经营资源

组成经济资源的要素有很多，包括员工以及员工以外的人力资源等。财务资源和物质资源的充裕程度、固有的生产技术、经营专业知识还有企业的商标、声誉等无形资源组成了经营资源的内部环境。能够使这些资源得到充分的利用，并且企业又能随心所欲的应用这些资源固然好，但是不可能每个企业都拥有这么充分的资源，因为购买资源需要费用。

企业为了利用所持有的资源在竞争里取得胜利，为了创造出新的职位，为了占据竞争优势，就必须把价值性、稀少性、不可替代性、不可模仿性等属性作为企业的根本。[2]当然，所有内部资源不可能全具备这些属性，但是资源所具备的上述属性越多，企业就越容易占据竞争优势。

----

2) Hill, C.W.L. and S.McShane(2008), *Principles of Management*, McGraw-Hill/Irwin.

资源的价值性：企业的竞争资源是企业活动的必须要素。企业为了具有竞争优势，不仅要确保产品和服务的品质，还要提高部门劳动生产率、加快产品流动速度。

稀少性：无论什么资源，只要是用钱就能立即头到的，就不利于强化企业竞争力。相反，其它企业所能持有的该资源可能性越低，该资源的稀少性就越大。

不可替代性：企业所持有的有价值的资源，就算其它企业不能模仿出一模一样的，但如果存在另外类似的产品可以替代的话，也不利于提高企业竞争力。

不可模仿性：世界性的企业形象、声誉、经营专业知识、高层管理者的领导力等要素是无法代替的，而且也无法用金钱衡量。内部携带不可模仿属性资源越多的企业，就比较容易在竞争中取得胜利。

3. 企业的氛围与文化

就算拥有所有物质资源，并且拥有应用这些资源创造出产品和服务的技术，企业在为了持续开发新产品、开拓新的市场、谋求持续性企业成长的时候，也必须准确地利用这些资源，并且为了达到目标而尽最大努力，要让企业内部氛围成为它生存发展的后盾。企业的组织靠人来得以实现，所以让成员的精神层面与企业的特性、目标保持一致是很重要的。

企业的氛围，也可以说是"企业文化"。企业文化，可以定义为"企业成员之间被共享的价值观"。正确的企业文化会带领企业朝正确的方向发展，反之，就会使企业倒退。企业文化是眼睛看不到的无形资产，它在企业内部起着很大的作用。最大的作用便是给予成员们归属感，使业务得以稳定进行，还有使组织也具有管制行动的机能。

只依靠意志是不行的，创造变化的环境吧！

　　有害生物防治有限公司C公司人事负责人朴常务，因为职员的问题抱怨了好几个月。因为工作是要抓捕这些可恶的蟑螂、蚊子的缘故，使职员之间的氛围也变得很恶劣。在办公室里说脏话是家常便饭的事，就算去工作现场，对客人也是很不亲切，导致一个星期几十通的投诉电话打进来。那段期间，人事部门为了改善公司上下的氛围，改变了评价体系，并且加强了应聘时面试的力度，但是仍然没有什么效果。这期间，总务组金科长出了一个小小的主意，这个主意实践不到一个月，职员的态度180度的大转变。那么金科长的主意到底是什么呢？

　　上面进退两难的这种状况，是发生在赛思科有害生物防治有限公司的真实事件。初期，由于赛思科害虫防治业务的特点是脏的、恶劣的，所以整个公司经历了困难时期。但是，解决这种情况的方法却是最简单的制服制度的实施。定做了就像警察的制服一样，干净利索又具有专业性的蓝色制服，而那些工作人员穿上制服后，就有了自己是防治害虫的专家的觉悟。不管是说话也好，还是行动方面都越来越像专业人士了。在对顾客的态度上也是得到了很大的改善。通过评价、应聘等制度都没能改变职员的行为方式，却是通过一件制服就使改变得以轻易实现。

　　就像上面这个例子，就算只是小小的一点改变就能使人的行动180度大转弯。在美国加利福尼亚州的一所凯撒南部医院，一年期间大概会发生250起由于护士配药失误而导致的医疗事故。医疗事故的发生率虽然是一千分之一，但是这却关系到患者生命的重要问题。

　　经调查了解到，配药失误的原因就是由于护士在配药过程中不能集中精力导致的。护士在配药的时候，就会有刚好路过的医生跟护士长、护士交谈或者下达指令的情况，就在那一瞬间，分散了护士的注意力，导致失误的造成。解决方案就是改变凯撒南部医院护士们的工作环境。在配药的时侯，护士都在护士服上穿一个显眼的大黄色的背心，而背心上则写着"我现在正在配药，请勿打扰"的字样。结果就是，医生跟护士长不再向穿有背心的护士下达指令，半年内就减少了一半的医疗事故。

2000年初期，世界快餐连锁麦当劳，与别的快餐无差别和关于对快餐的指责舆论等原因，导致了经营业绩一落千丈的危机。CEO雷蒙德艾伯特克罗克训斥职员，不要老是坐在办公室不动，应该要去巡视现场，然后寻找办法。但是职员还是跟以前一样，坐在办公室然后下达指令。经过反复思考之后，麦当劳想到的点子是，替换掉所有椅子。

把以前职员一直使用的软软的椅子换成了没有靠背，坐一个小时就会很不舒服的椅子。让人感到惊奇的是，自从换了椅子之后，职员们全都往外跑，去现场与别人见面，然后获取信息。最后的结果就是推出了午餐套餐等改善办法，瞬间解决了业绩下降的局势。

人们都认为人的意志力很强，其实不然。就像"决定三日"这样的成语一样，人们光凭自己的意志去实现变化是很困难的，还不如去制造一个只能变化的环境。这也是组织实现组织变化的最准确、最快的方法。

(朝鲜日报，2011.12.8)

迅速地偷取中小企业的技术，然后撤退，小偷们谁都不用接受惩罚

大企业下的子公司A公司是一家管理便利店、百货、大型超市、游乐场等数千台自动存取款机的公司。A公司运营自动存取款机的核心技术都是来自于中小企业N公司。但是，2012年3月，A公司的朴谋组长，通过经常有着业务往来的N公司的职员的笔记本，用USB把核心技术偷取了

出来。过了一段时间之后，N公司知道了技术外泄的事实，提起了诉讼，并且在去年年末，把A公司的代表和朴谋组长卷入警察局进行了立案。

N公司的相关人士说"自从公司1998年成立以后，仅仅只是开发就投入了100亿韩元的技术被抢走"，还说"执着于要求把技术让给他，却遭到拒绝，想都不敢想像竟然把技术偷走"。先不说是否窃取技术的问题，经历了两方的纷争之后，A公司不履行从N公司接受供应1000台（相当于150亿韩元）自动存取机的合同。与做为N公司最大的生意伙伴的A公司中断生意往来，N公司的销售量减少了一半。N公司说，由于这次事件的余波导致了很多职员离开了公司，同时使公司很难再得到恢复。

政府为了防止类似于N公司的中小企业被大公司抢走技术的委屈事件发生，出台了惩罚性的损害赔偿制度。2011年7月出台的制度指出，通过不正当的途径夺走中小企业的技术，将要赔偿损失的3倍。赔偿比实际损失更多的赔偿制度，除了美国之外，采纳这种制度的基本没有别的国家了。所以确定技术夺取预防方法引起了大家注意。

这制度虽然已经实施了2年，但是获得惩罚性损害赔偿的中小企业，一个也没有，所以大家都在议论，这是有名无实的制度。在中小企业中间也一直都有着"大企业正在应用更巧妙的方法抢走技术"的怨言。

① 签约之前，巧妙地抢走技术

首先，正式签约前巧妙的把技术抢走的情况很多。公正交易委员会和中小企业相关人士说：通过"看一下设计图"或者"给我看一下样品"等方法，诱导想销售自己产品的中小企业，给自己展示它们技术的一部分，然后再迅速地把相关核心技术抢过来的手段，现在屡见不鲜。

这样的情况，是发生在签定承包合同之前，所以很难受到法律的保护。根据安保专家的话来说："如果大企业把给自己供应过产品的中小企业的核心技术，移交给子公司或者其它中小企业后，然后能获得更便宜的产品价格，然后变更交易对象后，再表面上不留痕迹地掩饰过去的话，被抢技术的一方，很难做到有效的应对措施。"

这方面法津上技术抢夺的范围是限定在"大企业要求中小企业的技术"上，所以一点也不现实，所以受到了指责。因为大企业不可能公开地要求对方把技术资料提供出来。不管是抢走人力的方式，还是技术都依然如故。生产与移动通信有关产品的C公司在最近3-5年之间，被大企业或是竞争企业抢走了研究技术人才33名。这个公司全体职员数不过200名。

② 怕断绝交易往来，不敢与大企业对抗

大企业和中小企业相比谁强谁弱是很明显的，所以做为弱者的中小企业很忌讳把受到损害这一事实表现出来，因为与大企业一旦开始对战的话，大企业就会停止所有交易，所以就算受到损害也仅仅是心里骂几句粗话。公正委员会的有关人士说："只要不是完全折损掉生意而使公司完全倒闭的话，就算大企业抢走了技术，中小企业也不会公开这个问题。"

2010年公正委员会和中小企业管理机关以204家中小企业为对象进行调查，发现其中有45家也就是22.1%的企业被大企业要求提供技术。而在被要求提供技术的中小企业中有66.7%提供了一部分的技术，11.1%则表示提供了全部技术。中小企业中央会相关人士说：大企业在抢走技术的时侯，会给予另外的生意做为补偿，所以让中小企业不要把技术被抢走当做问题，这种怀柔政策，使中小企业很难拒绝。

③ 受损举证，中小企业也有责任

真要在法院提起诉讼，获得损害救济的话，胜诉的可能性也不是很大，这一点很让中小企业感到负担。因为原告人中小企业，必须要对技术不当流出的情况进行举证。

检查的相关人士说："大企业在制定技术夺取计划之前，就已经做好了钻法律漏洞的准备，所以就算检查官调查起来也是很麻烦的"。法律界相关人士说明道，如果进入诉讼阶段的话，大企业可以把案件委托给大型律师事务所，然后再把判决拖个几年，导致中小企业倒闭的情况也很频繁。

(朝鲜日报，2013.5.29)

"韩国是亚洲先进国家中最腐败的国家"

国际调查结果显示"韩国是亚洲先进国家中最腐败的国家"。以在亚洲各国活动的外国企业为对象调查当地腐败水准显示的结果是：比起新家坡、日本、澳大利亚、香港等来说，韩国最少2、3倍以上的腐败。比韩国腐败分数更高的是印度、印度尼西亚、菲律宾、越南、老挝、中国。特别是韩国企业的腐败程度和关于腐败的打击力度之弱就像"棉花团"一样，在亚洲"不光荣榜"上处于第二位。

根据香港政治及经济风险顾问公司(PERC，www.asiarisk.com)的报告来看，关于亚洲17个国家(包括美国、香港、澳门)到底有多么腐败的问卷调查显示，韩国是6.98分。1976年成立的PERC，在亚洲各个国家安置常驻研究员，是一家对各个国家的政治、经济的议题进行分析以及对国家、企业的风险进行管理的咨询公司。这个公司为了风险咨询，从20年前开始，每年都针对在各国进行活动的外国企业人1000-2000名对当地国腐败程度(最腐败是10分-最清廉是0分)进行评价的问卷调查。

在PERC2013年调查报告书中显示，今年韩国腐败调查结果是"亚洲先进国家(developed countries)中最腐败的，过去10年中最腐败"。2004年上升到6.67.分后，2010年下降为4.88.分，之后又重新上升，这次调查刷新了最高记录。外国人眼中的韩国，10余年也没办法填满清廉度。PERC有关人士指出："更为重要的问题是对于腐败问题的反应迟钝，是韩国的道德观问题。而关于跨过国境都寄予腐败的这一点，说明韩国腐败的根本是政治、经济到金三角的最上层为止。""跨越国境的腐败"指的是韩国企业展开的海外事业的腐败形态。

新加坡在过去的10余年里，腐败分数是0.37-1.30分之间浮动，在亚洲清廉度中占第一位。在2013年的评价中，日本和澳大利亚各是2.35分，香港是3.77分，美国是3.82分，跻身于世界G2的中国为7.79分。关于韩国腐败水准的不光荣评价并没有结束。因为越是腐败程度深的国家，公正竞争机就会小，经营风险就会大，就会给外国资本投资的维持减分。韩国腐败学会长尹恩基说："以国际透明工具(TI)的腐败认识度基准来看，研究结果表明，腐败减少一个单位的话，国民人均国内总生产值(GDP)可以上升2.64%，这样的话，可以通过反腐败的活动实现像新加坡的奇迹一样的经济成长。"

(世界日报，2013.7.17)

第三章

企业的社会责任和可持续管理

　　随着企业在国家经济中占据越来越重要的位置，企业应履行社会责任的呼吁声也越来越大。企业是以获取最大利润为首要目标，那么是否也有义务履行社会责任的疑问便随之而来。但随着企业作用的越来越重要，更多的履行社会责任，的确在促进国家经济发展的同时，也对企业自身的生存和繁荣起到了很大的帮助作用。因此，负责经营企业的管理者，需要有尽职尽责的正确价值观。这一章，我们就来一起了解一下企业的社会责任和可持续管理。

第一节　企业的社会责任

1. 社会责任的重要性

　　2000年以来，随着互联网的迅速普及，一场以知识和信息为经济核心要素的数字革命正在进行。另一方面，1997年底遭遇经济危机之后，中产阶级崩溃，贫富两极化现象及其社会老龄化的加剧，给经济和社会

的发展带来巨大的变化。由经济差距而引起的社会问题本是需要政府来
解决的。但随着社会的多元化发展，并非所有问题政府都可以解决。因
此，对于政府无法涉足的一些方面，民营企业便开始着手开展各种社会
公益活动。在现代，企业已经成为社会不可缺少的重要组成部分，经营活
动不仅仅是单纯的经济活动，在政治、社会、文化等领域都具有重要的社
会意义。同时，随着环境的日益复杂，社会对企业的要求也在逐渐增多。

　　企业的社会责任随着经济、社会和文化环境的变化而变化。经济发
展初期的企业社会责任的含义和现阶段的社会责任概念是完全不同的。
直到20世纪80年代，用低廉的价格生产高品质的产品来为国家发展做贡
献，是当时那个时代企业的社会责任。如果当时的社会责任把眼光放在
供应产品和服务上的话，那么现在的商业活动将会呈现出一种与过去完
全不同的形式。

　　如今，韩国企业对社会责任越来越重视的原因可以归纳为以下三点：
首先，社会对企业的期望越来越高。因此，消费群体、环境保护团体等
对企业活动进行外部监督的机构态度越来越强硬，言论和眼光也越犀
利，所以企业不得不和这些利害相关者进行沟通。第二，针对企业的违
法行为和对社会公益的侵害行为，惩罚的力度越来越大，尤其与破坏环
境密切相关的问题，会受到更加严重的处罚。最后，企业也开始从之前
的重视短期利益，慢慢转变为更加重视长远利益。

　　早期工业化时代，企业的使命只是追求自身利益，这在某种程度上也
吻合了部分社会目标。正所谓"生意好，就是为国家创造利益"，这是非
常普遍的想法。但是，随着政府力量的强化以及与企业相关联团体影响
力的增大，企业不仅仅只要合法经营就可以，还需要道德经营，现代的
企业需要同时满足合法和道德这个双重标准。

　　道德责任是通过社会奉献的形势来体现的，在韩国这种形势主要集中
体现于大型企业。这主要是因为整体市场经济体系缺乏，而国民把大企
业看成是是"特别富裕的存在"而造成的。这种倾向可能会随着地方分权

的加剧而日趋明显，从这一点来看，企业和区域社会应该积极寻求共赢的方法。

2. 社会责任的各种观点

就像每个人对道德的认识各不相同一样，每个企业的社会责任或道德的标准也是不同的。企业的社会责任是指一个企业的最高经营者及其全体成员自发承担的责任，但从另一角度考虑，也存在受政府或消费者等方面的压力而强行实施的可能。

关于企业社会责任的各种不同主张，可以从以下几种观点进行分析。

(1) 传统观点

米尔顿-弗里德曼等经济学家认为企业的社会责任是指为股东争取最大的利益。随着专业管理者制度的逐步建立，管理者被定义为对股东权益负责的担当者。因此，他们的主要职责在于把投资利润作为第一要务，为维护和扩大股东的最大利益尽职尽责。管理者利用组织内资源进行社会活动的时候，需要支付相应费用。社会责任活动就是通过降低利益和分红，减少给股东带来的损失或者抑制长期投资。如果为了支付社会责任相关活动的费用而降低员工工资或者提高商品和服务价格的话，最终将会损害到员工和消费者的利益。

对企业的社会责任持反对意见，还有以下几方面原因。第一，企业的首要责任是重视经济活动，使利润最大化。第二，如果企业一味追求社会目标的话，最终必然有人需要支付其费用。企业只能自己消化这部分成本或通过提高商品价格转嫁给消费者来负担。第三，企业已经具有很大的社会影响力，然而通过更多的参与社会活动，使企业的实力和影响力进一步增强。第四，企业的管理者们虽然在追求利益方面是专家，但缺乏处理社会问题的技能和相关知识。第五，并不是所有的大众群体都赞成企业参与社会责任活动。未达成一致意见的情况下，企业强制性参与社会责任活动的话，可能会引起很大的分歧。

(2) 社会经济观点

企业不可能只对供应资本的股东负责，所有企业都是从政府那里得到运营许可，而且政府是为国民存在的。因此，企业创造了企业本身，并需要为社会承担责任。一些学者因此认为企业的首要任务并不是利益的最大化，而是长期的维持这种组织关系。

企业应把重点放在长远利益的最大化上，要做到这一点，需要满足社会需求，并承担其相应的费用。企业不应该排放污染物，不得通过广告欺骗消费者，还有摒弃不公平交易的做法。还需要积极支援各种志愿团体和区域经济，为建设美好社会起到积极作用。

整理一下企业之所以应积极担负社会责任的依据有如下几点：首先，公众对企业的认识不同以往了。现在，人们认为企业不仅仅只追求经济利益，还应该积极投入到符合社会需求的公益服务中去。通过解决各种社会问题从而为人们提供更好的生活品质。第二，通过有效的经营活动来改善和区域社会的关系，并提升良好的企业形象。通过这些活动吸引更多的顾客，确保更优秀的人力资源市场，并为开拓新市场打下有利基础，从而有助于确保持续的利益增长。第三，积极参与社会公益，可以杜绝政府对企业不必要的干涉和限制，从而让企业更自由更灵活的做出决策。第四，企业对公众具有巨大影响力，因此理应担负起同等程度的社会责任。并且，企业的规模越大，应负的责任也会越大。第五，企业拥有资金，有能力的专家和管理人员，所以需要积极支援并帮助解决各种社会问题。第六，社会问题一旦听之任之的话，总有一天也同样会成为企业的问题。所以，在这些问题发生之前，通过积极参与社会活动来进行预防，这才是最好的解决途径。

近来，出现了将企业利润的最大化和社会责任并行的观点。股东也是利害关系者之一，所以从一个长期角度来看，股东和其他利害关系者的利害关系其实是一样的。企业应该寻求长期利益，而不是只追求短期利益。这就意味着企业的目标虽然是将利润最大化，但比起追求短期利益，企业更应该将目光放在长期利益的最大化上。

第二节 社会责任的阶段

1. 社会责任的四个阶段

综合有关社会责任的各种理论来看，社会责任是指超越法律和经济所规定的，追求整个社会所期望的长期目标的义务。当然，企业是以遵守法律和追求经济利益为前提的组织。这是与企业的社会责任无关的，是企业的基本义务和责任，如果没有正确遵守的话，企业就很难维持其自身的存在了。但是，社会责任与完全履行法律所要求的基本义务的这种行为不可混为一谈。社会责任是指为了创造更美好的社会做贡献，而不做任何损害社会的事情，是一种道德义务的体现。即法律规定的，如安装污染控制设施、雇佣残疾人士以及杜绝不公平贸易行为等类似条款是不包括在社会责任里面的。社会责任是

"我们公司使用100%再生纸"，"我们公司托儿所和宿舍设施完善，也很注重员工的福利"等类似这些法律中虽没有规定，但却给社会成员带来很大帮助的活动。

所谓履行企业的社会责任(corporate social responsibility)是指包括利害关系者在内的社会成员兼顾企业的经济、法律、道德、慈善等方面的责任经营事业。即企业同时需要肩负经济责任、法律责任、道德责任、慈善责任等一系列责任[3]。

第一阶段的经济责任(economic responsibility)阶段是指企业通过向

消费者提供所需要的优质产品和服务来获取利益、提升企业价值。第一阶段是把重点放在股东和管理者的经济利益上。即通过利益的最大化和节约成本来维持企业的生存和发展。没有企业的持续增长做后盾，就无法承担其他类型的社会责任。

第二阶段的法律责任(legal responsibility)阶段是指企业虽然以追求利润为目的，但必须在法律规定的范围内运营。法律和法规虽然是社会成员为了实现正义而拟定的一种规范，但不能只因企业好好遵守法规而断定它是有伦理道德的。因为应该遵守的还是需要遵守的。第二阶段的责任和第一阶段的责任一样，都是企业理所当然应该遵守的义务。

[图 3-1] 社会责任的四阶段

第三阶段的道德责任(ethical responsibility)阶段是指法律法规虽没有对其明文规定，但包含了社会希望企业可以做到的各种各样的活动。即虽然法律没有强制实行，但考虑到企业经营活动对社会的影响，企业应该肩负的道德责任。这些活动包括环境管理、产品安全、公平对

3) Carroll, A.B.(1991), "The Pyramid of Corporate Social Responsibility: Toward the Moral Management of Organizational Stakeholders," Business Horizons, July-August, pp.30~48.

待员工，与合作商寻求双赢的关系，遵守道德规范等等。

最后，第四阶段的慈善责任(philanthropic responsibility)阶段是指与直接经营活动无关的慈善和义工活动，捐款及本地社会服务活动等等。虽然短期利益会暂时减少，但为了实现社会正义，积极支援社会文化活动。当然，第四阶段所提到的一些活动，如果企业没有实行，也并不代表它是不道德的，但公众往往是希望企业做一些与其地位和企业规模相符的慈善责任活动的。

企业的责任也并不是必须从第一阶段开始到第四阶段为止，按照这个顺序来扩展的。但最近社会层面更多关注和要求的是像第三和第四阶段这样更高层次的责任形式，这是一个不争的事实。然而，单单只注重第三第四阶段的责任和活动，而忽视掉第一、第二阶段的责任的话是不道德的。像韩国这样发展速度很快、媒体影响力很强的社会，企业为了满足社会期望也会经受很多困难。企业和社会处于一种紧张的关系状态，作为企业，社会责任在很多情况下成为一种想要逃避的费用。当然在创业初期，企业家也会根据企业理念会自发开展一些福利或奖学金等慈善活动，但这一般与企业经营活动是不相关的。

不仅在韩国，现在对企业社会责任的要求越来越高的现象已经成为一个全球性现象。对社会问题负有首要责任的政府或国际组织，在解决这些问题上能力也受到了很大的局限。老龄化现象急速加剧的韩国社会，政府的财政困难也日趋严重，预计接下来还会面临贫困、环境等难以解决的问题。另外，由于政府和公共部门的工作效率低下，因此全球趋于尽可能实现民营化，通过引进新的市场原则，来提升民间机构的影响力。

与此相反，随着世界经济的增长，主导贸易和投资领域的跨国企业的影响力日益扩大。这些企业不单单拥有财力，还拥有解决社会问题的技术和能力。企业不仅可以用他们的技术解决能源问题，还具备能力解决不发达国家的饮水问题。正因如此，人们才会对企业的期望越来越高，认为企业应支援慈善事业，担负起教育问题、人权问题、犯罪问题、贫困问颢等类似社会问题解决的责任。

　　重要的是人们认知的变化并不仅限于此，我们通过顾客、投资者、员工、政府等这些与企业息息相关的利害关系者行为的变化也可以看出来。大部分的国内外消费者在问卷调查中表示，就算给予一定的溢价，还是会选择有道德企业的产品。例如，为了保护发展中国家农民利益的公平交易产品或者不会诱发环境问题的有机农产品，在发达国家越来越受欢迎。这表明，在拥有正确的信息或好的代替方案的时候，道德消费将会持续扩大。

　　顾客的道德意识也将会影响到采购厂商和合作厂商。流通企业或采购厂商从决定只销售绿色产品的那一瞬间起，其影响就会直接波及到供应商。另外，员工对社会责任的关心也会越来越多。当企业成功履行的社会责任时，员工就会对企业产生一种自豪感和忠诚心。这对凝聚和团结优秀人才起到相当重要的作用。今后也将会有越来越多的企业，从不同领域、满足顾客的一些具有社会价值的需求。企业将会从员工或合作厂商，机构投资者等以往意想不到的利害关系者那里得到他们对社会责任的需要，从而进一步审视并努力改善自己的社会责任履行工作。

2. 履行社会责任的前提条件

　　企业积极履行社会责任活动并不是一件容易的事情。第一阶段的社会责任是企业管理者的基本义务，也是理所当然的义务，第二阶段的责任是管理者杜绝犯罪行为，以人类最基本的良知来履行的义务。无视第一、二阶段社会责任的管理者，是没有资格担任企业运营任务的。所以关键问题是，为了履行第三、四阶段的社会责任，需要具备以下几个前提条件[4]。

———————

4) 这一小节的内容主要参考了以下报告书。Oh Mun-suk(2008), 社会责任, 需要level up,

(1) 对社会责任的明确愿景

首先，企业的愿景和核心价值应该与社会责任相吻合。如果只是为了单纯的提升形象或者将其作为一种营销手段，那么社会责任活动将可能成为一个暂时性的装饰品。履行社会责任，不仅仅只为了自己的商业活动，还要顾及到社会影响，有时甚至还要做好可能蒙受损失的准备。仅以赚钱为目的的企业，是很难一直坚持履行社会责任义务的。所以说，需要从社会责任的角度重新树立对企业自身目标的认识。

波士顿大学2007年的调查结果表明，针对"企业履行社会责任活动的动机是什么"的问题，76%的美国企业家的回答是传统和价值。只有当企业成员把社会责任当成理所当然的核心价值的时候，才能对企业的决策产生重要的影响。实际上，在社会责任领域获得很高评价的企业中，大部分都对社会责任有着很明确的愿景，并将其规划的很详细很具体。

与BASF一同被评为社会责任活动优秀化工企业的陶氏化工(DOW)，在2006年公布了'2015可持续发展目标'的企业愿景。回顾1995年之后10多年的研究成果，并制定了新的长期发展目标，内容包括通过化学技术的创新积极参与解决气候变化、环境污染等全球性环境问题，与此同时还包括提升25%的能源效率等一些具体目标。另外，在解决粮食、住宅、饮用水、健康等问题方面，也制定了相关的新产品开发及其保证产品安全方面的目标。这些目标也正吻合了希望通过科学技术，促进人类进步的企业愿景，以及通过为社会奉献而成为备受尊敬的企业的期望。

(2) 冷静的自我诊断过程

企业发展愿景中明确指出的社会责任如果在日常企业管理方式中没有体现出来，那么社会责任也只是纸上谈兵而已。如果没有定期的自我诊

LGERI 报告书(5月28日)。

断，那么以盈利为首要目标的企业日常业务中潜在的风险很容易被忽略掉。

英国的通信公司英国电信(BT)随着2000年代以后海外市场的扩张，社会责任不断增加。把人权、公平贸易、种族问题、数字鸿沟等这些之前不被重视的领域统统归于社会责任范畴。为此，BT通过'健康检查'这个评估过程，找到有哪些危险因素会对企业造成巨大的社会或环境方面的影响，并确认了机会因素是什么，从而找到解决方案。仅2006年，该公司已经交付了近413个与供货商有关的风险评估，这种社会责任活动很大程度上增加了顾客的满意度。过去的八年里，从对顾客问卷调查的分析结果来看，社会责任活动不仅仅提升了公司的声誉，同时还很大程度的提升了顾客满意度。

相反，耐克公司在经受了因被动履行社会责任而造成的巨大困难之后，成为积极进行管理的一个反面例子。20世纪90年代，该公司通过亚洲地区业务外包屡创佳绩，但在1998年纽约时报报道了该公司对越南供应商的劳动力剥削之后，遭受了巨大打击，损坏了声誉，甚至引发了联合抵制购买运动。从此加强对供应商的道德规范，中层管理者亲自到现场监督，甚至通过外部监视等方式来彻底的检查道德问题。该公司还自发地公开了转包商的名称和位置。如果发现该企业存在劳动剥削或雇佣童工等社会问题时，随时反馈信息的话，将会立即纠正，以示决心。

(3) 利益相关者之间的沟通能力

为了落实企业社会责任，虽然付出诸多努力，但也不一定能得到预期效果。大型企业往往成为市民团体的关注对象。因此，需要掌握他们关注哪些社会问题，对于这些问题他们如何看待，为此彼此做好双向沟通。顾客、员工、投资者、合作厂商、采购商、市民团体等这些与企业息息相关的利害关系者如何看待企业，有何需求等等都是需要留心观察的。另外，也并不能只一味听取意见，还需要积极告诉大家，企业是如何努力履行社会责任的。

在社会责任领域，现在很多颇受好评的企业中，也有部分企业在过去发生过不少负面事件，受到过不少指责。然而，他们依然保持着一种信任关系，这都是事发之后，通过倾听利害相关者的心声，并且积极采纳他们的意见和努力让社会责任越来越系统化的不懈努力中而得来的。包括前面所提及到的耐克在内，壳牌(Shell)，英国石油公司(BP)都是很好的例子。他们在事故发生之后，解雇相关负责人员，积极收集利害相关者的意见，并建立一个系统化的解决方案来更好的解决问题，从而得以一直保持着良好的口碑。

第三节　可持续管理和社会责任

1. 可持续管理的产生背景

前面把社会责任分成四个阶段进行了说明。现在，我们再从可持续管理这个新名词开始更系统的讨论一下。经济上的成果依旧是企业一直追寻的目标，以前的管理方式也没有涉及环境及其它社会问题，企业无法摆脱这样的经营方式，所以在创造长期可持续利润的时候出现了严重的问题，于是，便出现了可持续管理这一概念。为后代准备的"可持续发展"的宗旨也已经赢得全世界的共识。可持续发展的核心概念是'在不断满足下一代的需求的前提下，努力满足我们这一代的需求'。即，所谓满足我们所期望的，其实是指满足我们这一代所追求的舒适生活，而满足我们下一代所期望的，是指我们这一代错误的经济活动和生活方式不会再让下一代承担后果。换句话说，环境和物质资源至少要保留至目前的水平。可持续发展可理解为通过经济的持续增长，来达到环境改善，社会公正和扶贫的目标。为了实现可持续发展，产业界层面所作出的努力便是可持续管理(sustainability management)。可持续管理是指为了可持续发展，涉及环境，经济，社会等一系列完整的社会责任履行活动。

由160多家跨国先进企业组成的世界企业永续发展委员会(WBCSD, 2002)指出企业的社会责任便是可持续性管理的基本概念，并将其具体定义为"为改善工人，以及他们的家庭、区域社会和整个社会的生活质量，并为可持续经济发展而做出的不懈努力"。可持续管理在可持续发展过程中以经济，环境，社会三个重要方面为核心(triple bottom line：三重底线)来促进企业取得成果，巩固优势地位，并提升企业价值。从社会层面来看，也可以理解为它是通过透明经营来保护环境资源，并通过追求人类普遍价值的社会责任的时间，来创造经济成果的一种经营方式。

很多学者针对'可持续性=成本'这一传统观点进行批判，并主张高水平的环保法规不仅仅是企业革新的动力，而且通过全球化标准还增强了企业的相对竞争力。换句话说，追求可持续管理的初期，虽然会投入一定的费用，但过了那个点之后，便会收获企业业绩。可持续管理在企业经营中之所以起到至关重要的作用，主要是因为它跟风险和机会有着密切联系[5]。

首先，可持续管理是不容忽视的时代潮流，也是强有力竞争的必备因素。因检测出禁用物质镉，损失了2000亿韩元以上的2001年索尼PlayStation事例；东南亚不发达国家因剥削童工，销售鞋子而导致的市场强烈的抵制购买运动，最终经受30%销售损失的耐克和阿迪达斯事例；因财务造假最终破产的安然公司的事例等等。通过这些事例无一不证明了如果不履行环境和社会责任义务，最终企业的生存终究会受到威胁的事

---

[5] 本节的内容是摘录KBCSD(Korea Business Council for Sustainable Development, 可持续发展企业协议会)2007年发刊的可持续管理报告书的部分内容，整理而成。

实。

第二，通过可持续性管理可以创造出更多的机会。全球领先企业从是否需要可持续管理的老套争论中摆脱出来，把可持续管理当作一个新的竞争武器寻求新的发展战略，相继证明着注重环境和履行社会责任的公司实际上都大大提高了股东的收益，并创造了很好的经济成果。通过过去30年的不懈努力，我们可以看出，现在的韩国企业到底是作为真正拥有全球最高管理水平、尊严和风度的倍受关注的企业，还是作为追随者站在十字路口继续努力的企业。通过这个，我们应该认识到可持续管理并不是浪费成本，而是一种投资，不是顺从，而是一种机会和价值。

2. 可持续管理的战略目标

企业针对实施可持续发展，如图3-2所示的战略目标一样，共享以下六大核心主题。

- **企业的社会责任**：可持续发展要想做到长期成功，就需要在社会、环境、经济各方面均衡考虑。所谓社会责任是指与该企业的员工以及他们的家庭，区域社会以及与公众一起工作的同时提高他们的生活质量，为了实现经济的发展，致力于遵循企业的责任和承诺。基于信仰和健全的价值，履行企业社会责任，也提升了国民社会和市场对企业的信任，有利于增强企业的竞争力。
- **生态效率(eco-efficiency)**：生态效率是指同时追求经济方面和生态方面效率的管理方式。生态效率可以提高资源生产率，增加企业的竞争实力，并提出通过优化生产进度、废物回收利用、产品创新、服务和网络虚拟组织这五种方法可以实现生态效益。

[图 3-2] 可持续管理的六大战略目标

- **创新和科技**：人口增加，对生活质量的要求提高，人类对资源的需求量也随之增加。但地球资源有限，因此出现了资源不足问题，而解决这个问题的唯一方法就是发展新技术。为了实现可持续发展，科学家和工程师不仅需要技术创新，经济、社会、制度改革方面也必须结合起来，双管齐下。

- **生态系统**(ecosystems)：生态界所创造的服务价值是社会的经济活动所创造价值的两倍，特别是水和生物的多样性更是如此。干净的水资源是实现可持续发展和减少贫困的一个至关重要的问题，而正受到威胁的生物多样性问题也对人类的生存基础产生着巨大影响。

- **可持续性和市场**：通过透明化并有竞争力的市场才可以实现人类的可持续发展。从市场角度来看，实现可持续发展的核心要素包括创新，生态效率的实践，跟利害相关者建立伙伴关系，对顾客提供完整信息，改善垄断或者腐败等错误的市场体系，对地球进行价值评估，建造扶贫市场等等。

- **风险**(risk)：像气候变化等这些大规模体系的风险社会、人类健康、环境，还有商业本身都带来巨大影响。这种风险主要是由企业外部发生的如自然现象、社会、经济以及技术变革等引起的。不仅仅只是企业直接面对的风险，即使短期内不会对企业有直接影响的风险也应该领先管理。

第四节　可持续管理的三个方面

为实现可持续发展所寻求的战略，如图3-3所显示，通过以下三个方面的可持续管理活动可以具体实现。现在，根据每个方面来详细的分析一下。

[图 3-3] 可持续管理的三个方面

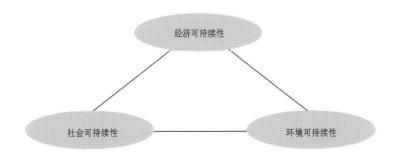

1. 经济可持续性

以持续增长为导向的经济发展政策主要是诱导对工资低的劳动密集型产业进行密集投资，从而导致了贫富差距加大，工作条件恶化等类似的社会问题的发生。为了克服这一点，就需要对区域社会做出一定贡献，需要透明的管理，创新和公平竞争等这些全球标准作为经济可持续的主要内容。

(1) 区域社会的经济贡献

区域社会作为代表企业的次要利害关系者为企业的管理活动提供了立足之地。企业通过当地的工厂，雇佣当地居民，并与相关合作企业一起形成供应链，从而达到了间接就业效应。另外，当地政府通过投资来征收地方税金，从而提高区域社会的生活质量，并以此为基础，把获得的直接或间接利益在企业和区域社会之间进行共享。

(2) 企业透明度

企业经营的透明度是使企业有关决策和行动达到看得见、摸得着并可以理解的状态。企业经常故意减少、增加或者改编信息的话，就会导致信息的不透明。现今，企业也越来越重视透明经营。在市场交易中如果丧失信任，可能会导致债务融资亏损，甚至破产。韩国企业的经营透明度目前还不是很高。国家和企业的腐败问题让海外投资者市场持犹豫态度，从而阻碍了经济增长。

(3) 财务透明度

从给企业投资或者贷款的股东，及其银行的角度来看，财务透明度，是指该企业的财务数据必须保证准确地反映出该企业的实际经营状态。股东，银行或者证券市场的股票投资者们不断要求增加企业的透明度，因此，引入了审计委员会，外部董事等制度。财务透明度可以增加企业内部的生产率和效益，以及对外竞争力，创造出最大化的企业业绩，以此来增加企业利害关系者的利益。

有关财务透明度最有名的就是美国安然公司的财务丑闻事件。2001年秋天，公司公布的第三季度业绩股价为33.8美元，而到2011年11月28日，股价已经暴跌到1.1美元，下跌2个月后，最终宣告破产。业绩恶化、财务欺诈、审计监察腐败等骗局层出不穷，无法筹措资金的安然公司宣告破产。目前，依旧有部分企业肆意妄为的筹集贿赂资金，双重计账，制造假证件和凭证，假发票，虚假交易等等，这本身就是一种犯罪行为，而包庇这些犯罪行为的财务欺诈也是一种犯罪行为。因此，对财务及资金方面缺乏透明度的企业，应进行严惩，并施加市场压力，以此作为回击，改变企业的这种状态。

(4) 信息公开化

在经历了1997年年底金融危机之后，外部公信力的下降与缺乏透明度有着直接关联。因此，给海外投资者提供值得信赖的透明经营和财务数据是迫切需要的。国内企业在透明经营上的问题主要体现在企业的利害关系者没有提供足够的企业管理方面的信息，另外审计方面也不尽如意。进而，外部利害关系者很难知道到企业管经营的相关信息，从而导致控股的大股东致力于尽可能最大限度满足自己的利益。

通过信息公开化这种的透明经营方式，可以增加和保持利害关系者的信任和支持，从而更好的调配核心经营资源，而且在经历经营危机时，还可以确保优势地位。公开有关的管理状态和成果也有助于保护利害关系者的权益，帮助他们做出正确的决策。为此，前面所提到的财务透明度可谓是给利益相关者提供准确信息最基本的要求。企业透明度不仅仅是来自企业外界的要求，同时还是企业本身提高管理成果的必备因素。生产、销售、收益等经营相关重要信息公开后，员工便可以了解企业的管理状态，并可以提高对自己所胜任职务的自豪感。

(5) 公平竞争

商业贿赂行为会损害企业间的公平交易的秩序。在同行业中，应该坚决杜绝非法行为，树立公平竞争的制度，传播并普及企业内部的透明经营制度。如果没有这样的文化，改善国家形象，恢复国家信誉，树立符合全球标准的经营体系是几乎不可能的。

2. 社会的可持续发展

企业的社会责任，是企业拥有行使社会权力的影响力或者已经行使了社会权力而来的。换句话说，企业如果回避责任，只行使其自身权力时，就会直接或间接的对公众或有关利害关系者造成损害，所以社会对要求企业应履行一定的权力，或者实行可以均衡企业责任的企业活动。社会可持续发展可以通过以下的各种活动来实现。

(1) 社会贡献

社会贡献活动是指企业在追求利润过程中，积极地为社会发展做贡献的一系列重大社会活动。社会贡献活动是指社会对企业的期待不仅仅局限于经济效益，而是更加积极层面上的一种活动，即企业充分利用其资源和能力，意在努力形成更好的社会关系的一种活动。

企业的社会贡献活动从最初的对贫困阶层的慈善援赠活动开始，近年来已经逐步把范围扩大到教育、环境、福利以及文化等领域。但是，国内企业依旧还是比较被动的参与社会贡献活动。因此，社会贡献活动与其说是自发行动，倒不如说是由于社会压力而被迫实行的行动。于是，一系列与企业性质无关的贡献活动，再加上社会贡献活动相关负责部门的不专业，使得社会贡献活动在企业组织内部的地位很低。企业应该对社会贡献活动不断关注，建立专业性的管理制度，以此来增加企业内外利害相关者对企业社会责任的信赖。

(2) 守法经营

守法管理是评定经营活动正确与否的道德标准，是注重社会道德价值体系的一种经营模式。它虽然不承担法律责任，但如果它与社会道德标准相冲突，理应首先选择社会道德标准的一种经营方法。企业内部的守法经营，特别强调了高层管理人员需要有很坚定的守法意志，同时，为实现守法经营还需建立一个一系列可持续运行的实行制度。为此，需要企业内部要有支援系统，同时再与企业外部的非政府组织(NGO)，当地政府等这些合作伙伴一起建立一个社交网络。此外，包括媒体在内的社会各层面的积极关注，也为企业进行守法经营回报社会提供了动力。

(3) 人权经营

随着企业经营的范围的扩大和经济全球化的发展，企业经营活动不仅只局限于国内，也已经遍及到了世界很多国家。因此，国内工人的人权水平与发达国家和不发达国家来比较的话，依然存在很大程度上的差异。雇佣外国工人从事海外业务，或者雇佣国外工人从事国内业务时，无论本国人还是外国人，都应享有同等的就业标准，这也是可持续管理活动的一个重要组成部分。

3. 环境的可持续发展

环境经营作为一种新型的经营模式，它要求采用事先预防的方法，从根本上减少或消除污染物及其废弃物的排放。它摆脱了单纯遵守法律规定的被动形式，而是通过法规以外的，环境保护成果方面来呈现它的独特性，并以此来提高企业竞争力。企业的绿色供应链作为环境经营的一个环节，已经被很多跨国企业引入，在选定原材料和配件、物资采购和合作厂商(供应商、分销商等)的时候，企业需要对他们的环境影响进行评估后再做决定是否选择合作。除了要考虑直接存在采购关系的供应商所提供的商品的环保性之外，间接采购的时候，还要扩大到第二或第二供应商的环保性问题。

从企业方面来看，制成品的环保品质是基于供应商们为积极参与改善环境质量所做出多少努力来决定的。因此，要完善自家企业的生产过程和事后处理方式，还要通过管理好包括相关供应商在内的绿色供应链，才可以有效改善环保的生态效益。与此同时，应对气候变化，保护生物多样性等也都是为改善环境可持续性而进行的活动。

大型企业让生产就生产，让更换就更换，让消减就消减的中小企业的命运

负责为三星电子供应家电零部件的A企业从2010年年初，接到三星电子采购负责人由于缩小产品生产计划，所以要取消配件订单，希望供应方同意的电话。但零件已经制造出来，而且与其他公司产品也不配套。如果三星电子拒绝购买的话，这些零件就只能扔掉。所以A企业想按照合同要求三星购买这些零件。但是考虑到会损害之间的交易关系，所以迫不得已同意了。随后，三星又订购了其他的零件。但是金额却不足之前一半，最终使A企业蒙受数亿韩元的损失。

去年公平交易委员会揭发了罚款16亿韩元的"三星电子的不正当委托取消"实际事例。专家们认为，这是一个展现"垄断"弊端的代表性案例。"政府经济民主化致力于改善大型企业和中小企业间的转包交易，随之而来的"垄断"问题备受关注。垄断是什么，会有怎样的弊端呢？

买方垄断(monopsony)是指市场上供应商排长队，但消费者却只有一个的市场形态。在这种情况下，消费者可以根据自己的喜好挑选商品，却让供应者们为了推销自己的产品而怨声载道。对消费者来说无非是非常幸福的。这与很多的消费者，只有一个供货商的垄断专卖(monopoly)是正好相反的。垄断专卖是供应商支配市场，最大限度地利用高价来卖商品，但是如果和这种垄断专卖状态相反的话，那么消费者将买到最廉价的商品。这无非是因为供应者们之间为了销售自己的产品展开竞争罢了。

买方垄断现象频繁发生在大型企业和中小企业间的承包市场。在零件市场上，大型企业充当消费者、中小企业充当供应商，少数大型企业在和众多中小企业交易时，充分享受买方垄断的地位。不合心意的话，

随时可以转换到其他供给商那里。企业规模越大，使用专业零部件越多的跨国企业，这个问题就越严重。这种体制下，大型企业将利润达到最大化的反面，中小企业只能接受痛苦的现实。最赤裸裸的例子就是"iphone"的苹果公司。苹果公司2011年的营业利润率为37.4%。100韩元售出，可剩37.4韩元，接近三星电子利润的3倍。相反，负责制造"iphone"的中国承包企业"富士康"的2011年营业利润率为2.4%。与苹果公司相比较的话，仅占1/16而已。苹果公司如果下定决心，可以随时更换生产企业，所以富士康只要不蒙受损失的程度，勉强苟延残喘。

　　但事实上，我们是没有权利谴责苹果公司的。因为从经济体系上来看，买方垄断问题最严重的地方就是韩国。几个主要的大财团掌握着经济运转，无数中小企业的命运取决于这几个大财团。现代经济研究院透露，"大企业依存型(给大企业供货比重占总销售额的30%以上的企业)"的中小企业的平均营业利润率(2008年至2011年平均)为4.3%，低于平均营业利润率5%的其他中小企业，而平均负债比率为145%，高于平均负债比率为130%的其它中小企业。再加上中小企业的营业利润率为逐年下降的趋势。与大企业交易的某中小企业总经理表示："只要稍微好转，大企业立马就会施加压力，要求降低单价的。"并称："真的不论在哪里，都不敢说挣到钱"。特别是，在食物链的第二、第三环节及其金字塔越往下情况越加恶化。

　　买方垄断倾向以经济危机为契机，进一步深化。根据韩国中小企业联盟所提供的数据来看，供应零部件的中小企业平均数量从2000年代以来持续增加，但金融危机以后，2009年11.2个、2011年9.8个，呈减少趋势。相反，供货企业的销售额对比平均交货额的比重从2009年的76.7%上升到2011年的82.5%。供货企业对规模较大的几个大型企业的依存度也呈现出越来越高的态势。

(朝鲜日报，2013.4.10)

1万5600韩币T恤衫价格的秘密

"去了解一下你的衣服是在什么样的工厂中生产的。
我们告诉你衣服价格。"

　　美国网上服装销售公司Everlane网站的首页上写着这样的语句。点击一下女士白色t恤，价格下方就会出现相关产品生产工厂的信息。"该工厂距离洛杉矶办公室10分钟车程。工厂的主人在洛杉矶服装产业领域工作了30多年，该工厂开办于2004年。生产过程的透明性已经过确认，针织品大多都是在这里生产。"产品说明的下端，从衣服制作开始，到传递到消费者手上为止的所有费用支出，全部被公开。"棉花价格2.75美元、裁剪费用35美分，针线活1.35美元，染色50美分、收尾工作1.25美元，运输成本50美分，t恤衫总成本共6.75美元。再加上中间的流通费用，最终你花费15美元购买了此件t恤。"Everlane公司从过去的5月份开始，将产品的生产工厂信息和衣服制作的所有费用，在网站上公开了。是为了告诉大家服装生产过程的透明性。比利时的高级服装网站"阿尼斯特(honest by)"也将产品的生产过程和价格在网站上公开。制作衣服的过程也一并公开。"这件针织衫是比利时贝比科(bewico)公司的18名职员，经过33分钟裁剪，5名职员在10分钟缝纫，5分钟熨烫…"。

　　今年4月1200多名员工死亡的孟加拉国服装工厂倒塌事故后，全球服装业界开始进行改善。从只对消费者们公开衣服的价格这项现有惯例中摆脱出来，并开始把衣服制作的所有过程和费用进行公开。他们一致说："生产者、工人、运输业者等服装制作全过程，透明地公开的话，消费者的认识就会有所不同"。

● 1万5600韩币Polo保罗T恤衫的秘密
衣服的"真正价格"到底是多少呢?上月，加拿大的咨询公司"奥鲁克集团(o'rourke group)"计算了1万5600韩元面值polo衬衫的成本。1万5600韩元面值polo衬衫的总成本为6310韩元。原缎及裁剪费用4100韩元、运输和关税支出1150韩元。给代理商(agency)支付200韩元,消耗零部件等间接制造费用80韩元,那么还剩780韩元。其中工厂的主人获取650韩元的收益,剩下的130韩元支付给工人。工厂主人的收益是工人的5倍,工人比代理商挣得钱还要少。

◉ 15万韩元的高档腰带,人工费竟只有700韩元

"最大限度地节省成本,可以有两种方法。一个是在最恶劣的环境下生产。为了尽量少交租金,要选择临时建筑物或地下。第二是通过承包企业之间的竞争,最大限度地降低产品的购买价格。那样的话4万韩元的产品可能1000韩元就可以买到。"

30年来一直从事制造业的国内一家服装企业的代表说:"韩国的生产环境和孟加拉国状况没有两样。"15万韩元的高档腰带的总成本只有7000韩元。皮革原缎及裁剪费用为2500韩元,腰带扣2500韩元。工厂主人拿到1300韩元的收益,给工人700韩元。李代表说:"流通业者花7000韩元购买的腰带,在卖场以3万5000韩元的价格出售,再挂上服装公司的品牌,价格就一下暴涨到15万韩元",另外"如果预订50万条要带,因产品出现瑕疵,突然取消订单致使很多工厂因此关门,很多的工人失去了工作岗位"。

◉ 跨国企业,挂起"道德管理"之风

孟加拉国服装工厂倒塌事故后,跨国企业纷纷开始改善劳动环境。上月,排在世界第2位服装流通企业——瑞典的h&m为主导的跨国企业针对30个地方服装工厂,签订了改善环境的协约。他们为了改善在孟加拉国的5000多个服装工厂的火灾预防及强化工厂安全,决定每年50万美元,连续5年的时间里筹集协作基金。德国流通企业C & A、英国prima、

美国的时装企业卡尔文-克莱恩CK等也参与了协约。美国的服装企业"阿尔塔那(alta gracia)"以道德生产及管理而出名。在多米尼加共和国生产服装时,向工人提供其最低工资的三倍作为生活费(living wage)。因此,阿尔塔那的销售额约为4000亿美元。目前为800多所大学生产服装。最近,美国大学生在西雅图、洛杉矶、纽约等12个城市中针对要求盖普(gap)等全球服装企业"改善孟加拉国劳动环境"展开示威。与此相吻合,一直照顾工人生活和环境的阿尔塔那公司的支持率进一步提高。

(朝鲜日报,2013.6.11)

第四章

经营管理的理解

经营管理是指经营组织为达成其目的而实施的某种活动。从业务层面来看，可分为营销、财务、生产、人事及劳资关系、会计和信息处理、研发活动；从流程层面来看，可分为计划、组织、指挥和管控。经营管理以决策为基础来完成，各阶层经营者们会在不同的状况下做出决策。本章将对经营管理的基本概念——经营管理的职能和活动作出简要分析。

第一节 经营管理的业务职能

1. 企业活动的类型

企业为达到其存在的目而开展多种活动。为构建企业这种组织，首先要筹集所需资金，其次要具备一定的生产设备，然后雇佣人力生产产品和提供服务。除此之外，还需要不断地推广并销售所生产的产品或服务，研发出比竞争对手更好的产品。企业从事的活动根据其特点来分，可分为如<表4-1>所示的六大领域。

<表 4-1> 企业的活动领域

活动领域	主要活动内容
营销活动	负责开发新产品、新服务、制定价格、促销、流通。
财务活动	这是企业生存中最重要的职能领域，负责资金的调配。
生产活动	为按照计划引导生产活动，负责购买所需的原材料和零部件，质量管控，制定并调整生产计划，库存管理，与合作企业的共同作业等。
人力资源管理活动	负责雇佣并培训企业活动中所需的人员，工资管理，劳资关系等。
经营信息	负责把企业内所有活动的结果以数字的形式加以汇报并进行分析。
全球化经营	负责出口、进口、合作投资、特许引进等与进军海外市场相关的各项活动。

只有实现以上多种职能的相互协调，企业才能得以发展与进步。例如，对于劣质产品而言，利用广告只能在短期内获取一定的销量，但从长远来看最终会被市场所淘汰。相反，即使生产的产品或服务再优质，如果不对消费者开展相应的营销活动，该产品也将无法获得成功。当竞争不激烈时，企业即便不制定其它特别的计划也会得以发展。然而，如果不对上述各项职能进行有效的统合和执行，企业仍难以获得长足的发展和进步。

所谓统合，是指企业内各部门的决策要与企业总体目标保持一致，与局部利益得失相比，要优先考虑整体利益，同时具备整体大于部分之和的观念。为了更好的管理整体，要对连接各构成要素的环节予以充分的考虑。要记住，一个部门的决策一定会对其它部门产生影响，因此绝不能以牺牲其它部门的利益为代价而获取自己所属部门的利益。在企业初具规模之前，不必为统合的问题而担忧。管理者可以与客户直接见面并接受预订，然后协商交货条件，并签订订单。当人力资源不足时，销售主管可直接从外部雇来作业人员，把稍后运达的材料运进作业场内。除自己现在负责的工作外，在生产线上工作的作业人员也可在急需时协助同事，按时完成全部作业。生产者知道购买产品的最终顾客是谁，还知道若自己制造出不良产品，会被下一个作业场上亲密的同事发现并悄悄指出。因此，即使未经过充分培训或教育，或者工序管理，或持续改良的技术相对落后，职员之间仍相互衔接并团结在一起。

随着企业规模的扩大，这种连接意识便容易丧失。从事相同工作的人会逐步形成一个利益共同体，从而暴露出集体利己主义。采购部门不考虑采购的部件质量如何、以及何时使用，只想尽可能的以低价采购，而一线作业部门为提高生产效率，会集中生产最容易制造的产品。工程部门为快速处理积压的工作，会在无视作业现场技术水平的情况下，大概地决定并交付产品的规格和公差。像这种认为只要做好自己份内的事便能使所有工作都顺利进行的想法是不可取的。

为消除这种部门间的矛盾和利己主义，首先要充分地掌握自己的客户、自己所属部门的客户，以及清楚的了解本公司的客户是谁。虽然是在同一个公司内工作，但向其提供最佳服务的客户却不同。当然，如果企业各部门能有机整合，精心做好各自分管的工作也可将利益最大化。因为各自所做的事本身就是构成整个组织所做之事的一个要素。现在，生产、营销、人事、财务等活动需要整合成如同一个人在运作一样。

2. 经营和管理

经营和管理虽然都以某个组织为对象，但经营多用于引导某个组织整体，而管理则常被理解为掌管组织内的某个特定部门。例如，该特定部门若是协调组织内的资金，则称为财务管理若是销售或为客户提供服务，则称为营销管理。若是人力资源，则被称之为人事管理。因此，把管理理解为掌管组织内特定的一部分即可。而这些所有的管理职能则可将其统称为经营。

[图 4-1] 管理的循环过程

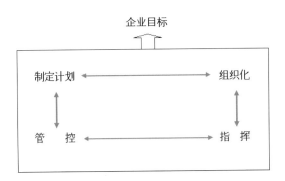

法国的亨利·法约尔(Henry Fayol)最早揭示了以企业活动为对象的管理理论。法约尔以产业界的经验为基础,阐述了管理活动的五种职能,即计划、组织、指挥、调整和管控。此后,众多学者以类似的概念为基础,对企业的管理职能加以说明,并将其概括为制定计划、组织化、指挥、管控等四项职能。如<图4-1>所示,这四项职能按顺序执行,但根据不同的情况,多项职能也可能同时执行。管理的过程并非止于管控,还要通过把该结果反馈给制定计划的环节。该四项职能相互密切关联,从而形成了一个循环过程。

管理职能同时还包括之前提到的人事、财务、营销、会计和生产等业务职能。而经营学的各种专业领域正是根据这些业务职能来划分,是企业按业务职能设立部门时普遍参考的分类方法。如[图4-2]所示,虽然管理职能和业务职能两者之间并没有直接的联系,但是正因为存在管理职能,所以业务职能才能更有效地执行。

[图 4-2] 经营的各类职能和阶层

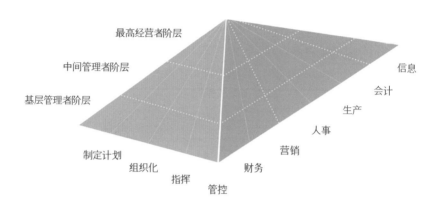

(1) 制定计划

所谓制定计划，即设定组织目标并为达成该目标而决定方法的过程。组织目标应优先设定，它与组织类型无关。因为只有组织目标确定之后，它才能明确做什么、如何做。运营组织如果毫无目标，就像没有方向的驾驶汽车一样。组织目标一旦确定后，就要明确达成该目标而使用的方法。首先要决定组织整体为达成目标而采取的方法，然后依次决定组织内各部门如何分工。

制定计划由多个阶段构成。高水准的计划决定了企业的目标，它是为达成该目标而制定综合战略的过程；相反，低水平的计划则是决定日常的工作顺序和内容。

(2) 组织化

所谓组织化，是指组织成员为达成组织目标而设定各自角色的过程。即，组织化由设定执行的业务和部署该业务的工作人员构成。在业务设定过程中，确定了组织运营中所需的各项业务及各业务所担负的工作，是如何与其它业务联系起来的。

比如，生产管理主管的作用是在生产产品过程中尽可能降低生产成本，同时把产品质量维持在正常水平之上。然后通过与销售部门的消费者主管交换意见来决定各自所属的业务以及该业务由谁来负责。也就是说要把具备生产管理知识和经验的人部署到该业务上。

简而言之，组织结构是由业务的设定和人员的部署构成。在组织结构中，最具代表性的是部门化，即把一个组织大致划分为多个部门。例如，一个部门可将其划分为财务部、销售部、生产部、人事部，然后在各部门部署合适的人员。因而，组织化可称之为为了实施计划而进行的准备或鼓舞队伍的阶段。

为应对环境变化，组织化职能要同计划职能一样持续的执行。例如，如果生产的品种或制造工序发生变化时，职员的职务和作业流程就要重新调整。而且，为了快速应对突发状况，也会赋予一线职员更多的权限。这类决定均是执行组织化职能的结果。

(3) 指挥

组织的核心是人力资源。经营者的职责也包括对人力资源的指挥和统合。所谓指挥，并不只是对下级的工作作出指示和监督其进度的活动。

指挥的职能有两个重要的作用。第一，为完成计划目标，要很好地引导组织成员。因此，要激励成员们努力工作，实现良好的沟通。沟通之所以重要，是因为唯有通过传达正确的意思才能实现成员间的意见交换，从而才能实现紧密的相互合作。第二，因为矛盾是达成组织整体目标的严重障碍因素，这会导致组织成员间的相互合作难以实现，因此要减少部门间或同事间的矛盾。

(4) 管控

在管理的循环过程中，最后一个阶段是管控。即使设定目标并制定计划，决定组织结构，选拔并培训所需人员，同时激发他们的工作热情，也需要确认各项工作是否按既定的计划而进行。即需要一个将组织成果和目标进行比较的观察活动。假如实际成果未达到既定的目标，组织运营也向错误的方向发展，则需要纠正其错误。像这样观察组织成果并与目标进行比较，然后以此为基础对组织的运营方式和发展方向做出修正的过程被称之为管控活动。该过程中所产生的各种资料会被用作计划制定过程中非常重要的信息使用。

管控职能发挥着三个重要的作用。第一，监控作用。即监控组织成员们是否切实履行其所担任的业务，及是否与达成目标相符。第二，比较作用。也就是将实际成果与组织预期成果相比较，看其完成的进度。第三，修正作用。即在判断出现某种错误时将其加以修正。例如，当比较后发现未达成预期成果时，需要研究中间环节出现的问题，然后在计划、组织化和指挥的各阶段将其修正。

因此，所谓企业组织中的管理，也就是指设定企业这种组织的目标和使命，同时为达成该目标，制定计划、组织化、指挥和管控组织内人力、物力、财力和技术资源。首次建立组织时，要以充足的资源作为保障。然而，为了实现持续不断的发展与进步，就需要对组织所处的环境加以管理。无论企业的大小以及企业是否盈利，管理都适用于所有的企业。

第二节　各阶层决策问题类型

1. 各阶层决策问题的类型化

虽然投身企业组织的人都会从事制定计划、组织化、指挥或管控等活动，但各自担负的职责却不尽相同，因此会在不同的情况下作出决策。例如，采购主管可能会纠结是在国内采购零部件，还是向国外公司订货。

营销主管则会面临是通过电视做广告还是在报纸上大力推广的问题。财务主管则常常苦恼于是用公司建筑物做抵押向银行贷款还是通过扩充股本筹措所需资金。

　　下面让我们来简要看一下各阶层经营管理者们所面临的问题。

(1) 最高经营者阶层

　　企业的管理阶层可如[图4-2]的金字塔结构所示，划分为三个阶层。居于金字塔最顶端的最高经营者阶层负责完成综合性决策，主要包括筹划企业整体目标、前进方向及各部门间的整体协调性。例如，工厂建设、新产品研发、技术引进、企业兼并等战略性决策问题便是最高经营者阶层关心的主要事宜。因为这些决策问题大多会对企业的全局造成重大影响，并非轻易就能决定。不过，有时也会在未能获得充足的信息和不明确的环境下作出决策。但这种情况不会时常的出现。

[图 4-2] 经营者的金字塔形阶层结构

(2) 中间管理者阶层

　　居于金字塔中端的中间管理者阶层负责针对各部门担负何种职能和从事何种活动等作出决策。例如，生产部门的管理者主要确定产品何时生产、生产多少及交货对象等相关工作，财务部门管理者则考虑如何实现最符合企业目标的预算编成，销售部门管理者则需要决定如何构建销售网络和开展客户服务。这些决策问题被称为战术性决策问题，与最高经营者阶层需要处理的问题相比，其影响范围较窄，决策时也会受到不确定性高的信息影响。

(3) 一线管理者阶层

一线管理者阶层居于金字塔的最低端，该阶层需要花费大量时间来解决在现场作业或开展业务时出现的各类问题。例如，生产部门的一线管理者担负着与工人共同解决作业途中出现的各类问题的职责，销售部门的一线管理者则需分析消费者对本公司商品的评价，并转达给生产部门。这些决策问题被称为运营性决策问题。一线管理者需处理的问题范围很窄，每天都会出现类似的问题。而且，问题结构也不复杂，不需要具备很高的分析能力或技术。

<表 4-3> 各阶层决策问题特征

决策问题类型	主管阶层	决策问题的特征		
		影响范围	发生频率	获得必要信息的可能性
战略性问题	最高经营者阶层	广	偶尔出现	困难
战术性问题	中间管理者阶层	普通	经常出现	一般
运营性问题	一线管理者阶层	窄	几乎每天出现	容易

(4) 各阶层管理职能的主要内容

从[图4-4]中可见，与最高经营者阶层相比中间管理者阶层更多，与中间管理者阶层相比属于一线管理者阶层的更多。在权限和任务方面，金字塔由下而上会变得越来越复杂。例如，对于只有三四名职员的小企业而言，大部分的重要决策均由经理直接作出，职员则无需参与此类问题。但是，随着企业规模不断扩大，一个人将无法作出所有决策，因此不得不将部分决策权限委托给下属，这时就产生了管理阶层。当然，企业的阶层化越严重就越难以快速决策。

[图 4-4]　各阶层投入到管理职能方面的时间比较

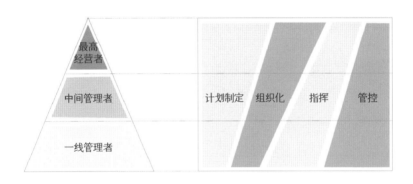

虽然所有经营者和管理者均执行管理职能，但执行各类职能所投入的时间比例却各不相同。[图4-4]揭示了各阶层每天的日程时间是如何分配的。例如，与一线管理者相比，最高经营者在计划制定和组织化方面投入更多的时间，而一线管理者则在指挥、监督职员或工人方面花费很多时间。当然，这种划分并不固定，会因企业结构不同而发生变化。但可以明确的是，越顶端的阶层在制定长期计划和组织化方面会投入更多时间，越低级阶层会在工作现场及现实业务处理方面投入更多时间。

2. 经营者的角色

20世纪60年代末，加拿大的亨利·明茨伯格(Henry Mintzberg)对各组织中经营者的活动进行系统研究后，对经营者的角色得出了完全不同于以往的结论。他发现，与其说经营是对收集到的资料进行理解并分析后做出决策，不如说是处理那些各种各样并且难以找到明显规律、相互毫无关系的事情。而且，他还发现这些经营者所做的事情中，一半以上都是可以在9分钟内得以处理的。除此之外，如<表4-3>所示，明茨伯格提出了经营者扮演的十种角色。

<表 4-3> 经营者的十种角色

分类	主要角色
人际关系方面	挂名首脑 指导者 联络者
信息传递方面	监听者 传播者 发言人
决策制定方面	企业家 纠纷调停者 资源分配者 谈判者

· **人际关系方面**：为保障企业顺利运营，所有经营者需发挥挂名首脑角色、指导者角色和联络人角色。所谓挂名首脑角色是指作为企业的经营者代表企业签署文件、接待重要访客；指导者作用是指雇佣并培训职员，激发其工作热情，使其能够积极主动地完成所分配的任务；联络者角色是指与外部人员建立良好的关系并加以维持。

· **信息传递方面**：为作出正确决策，需要准确、迅速地收集并分析信息。经营者在信息传递方面扮演着信息的监听者、传播者和发言人的角色。监听者角色是指要坚持不懈地搜集企业经营所需的各种信息；传播者角色是指把搜集的信息转达给所需人员；发言人角色是指把企业内部所收集、分析的信息转达给企业外部的利益相关者。

• **决策制定方面**：是指在搜集、分析信息的基础上，解决企业所面临的多种经营性问题。分为企业家角色、纠纷调停者角色、资源分配者角色和谈判者角色。企业家角色是指制定长期战略，开拓新领域；纠纷调停者角色是指当遇到客户破产、工会罢工、社会团体抗议施压等完全不可预测的事情发生时，负责调解；资源分配者角色是指对有限资源进行合理的分配；谈判者角色是指在处理与工会的团体交涉、与供货方签订合同等重要问题时，出面进行协商与谈判。

第三节　经营管理思维方式的变化

由于涉及财务、营销、生产、会计和经营信息等多个领域，经营学领域现已整理出很多范围广、有深度的理论，被认为是一门独特的学问领域。但其发展历史并不长，其起源于自19世纪中叶开始兴起的分工原理和官僚主义性思维。

1. 亚当·斯密的分工原理和产业革命

20世纪初，随着欧美地区研发出汽车、家用电器、新食品等之前从未出现过的产品、新型产业犹如雨后春笋般的蔓延开来。加之随着第一次世界大战的爆发，机械、飞机、化学武器、炮弹、贮藏用食品等用于战争目的的产品开发与生产得到了急速发展。在战争结束后，这些企业又把研发精力集中到将其生产产品投入到消费市场。因此，以快速发展为目标的企业其最高目标便是最大程度扩大产能。即大量生产并供应具备竞争力的低价成本产品，是企业经营者关心的事宜，其结果导致欧美地区的制造业得到了空前的快速发展。

这种大量生产的原理基于18世纪著名经济学家亚当・斯密(Adam Smith)的分工理论(Division of Labor)。亚当・斯密通过观察钉子制造工序发现，若将制造工序细分为多个小的作业环节，然后将作业分配给每一个负责人后，产品的生产效率会剧增。其后，该理论得到进一步的发展，通过作业细化及所细化作业的机械化，消除了产品品质的变化，把精力集中放在力求实现轻松管理控制的方向上。而且，在18世纪的产业革命中，随着可实现大量生产的各类机械和设备的出现，大大的提高了生产效率。新改良的机械逐步替代了劳动力，使得可大幅度提升一个人所能生产的数量。

劳动的分工和产业革命给经济生活带来了巨大变化，最重要的变化便是实现了在大规模的工厂中进行大量生产。该变化使得经营者们需面对如何有效经营大规模人力和物力资源的问题。接着便需努力解决大规模工厂的经营和管理问题，这使得企业的组织更加发达。

2. 官僚主义思维

官僚主义思维和管理方式基于严格的规则和程序、阶层结构性组织体系，以及劳动分工之上。官僚主义使得公共部门的官僚制度和亚当・史密斯的分工原理得到了进一步的扩散，它是为了应对因20世纪初产业革命引发的混乱而出现的。马克思・韦伯(Max Weber)对官僚主义思维进行了很好的整理，他主张认为，完全去除人的感情介入余地，根据规则来运作的合理性官僚制可成为最有效率的组织。他揭示的官僚主义核心概念如下所示：

・为合理调整组织活动，要对处理事情的程序作出明确规定。所有任务要立足于一贯的、详细的规则和规定来完成。根据这种规则和规定来运作的话，会减小因个人素质不同而对业务成果带来影响的可能性。

· 根据组织化原则，组织具备以最高层为顶点的权限、管控、责任的金字塔式垂直结构。各自的地位严格规定了其命令和责任范围。

· 官僚制具备劳动分化和专业化的特征。达成组织目标所需的所有任务需由高度专业化的职务来分管。通过开展这种任务的划分，成员们的专业知识或效率会得到提升。

· 若能按照工龄晋升，且组织成员们通过熟练掌握所需技术和知识来安然执行任务的话，将在其退休年龄前一直为其保障工作位置。依托这种雇佣和晋升体系实现身份保障时，可掳获成员们的忠诚之心。

官僚主义思维为组织如何运作提供了明确的蓝图。基于官僚主义的管理具有可维持工作的准确性和一贯性、短期内完成大量工作、提高生产效率的优点。尤其是，通过向其指示详细实现并使其严格遵守，则即使没有相关知识和经验也能轻松处理事情。这种官僚主义的优点整理如下：

· 在补充人力方面，官僚主义可排除与职务无关的采用标准，即受依靠委托或面子的标准而被左右的情况。因为是通过官僚性选拔程序和方法，并以职务执行能力条件为基准补充人力，确保了客观性。

· 可去除暧昧模糊。因官僚主义是以各类规定和规则为中心建立组织，在执行业务方面，具备可消除暧昧模糊的不确定性并切实执行业务的优点。尤其是，根据既定行动模型来行动，受制度约束，可统一成员们的行动。

· 可确保等级秩序。因为官僚主义以职位为媒介通过上下级关系链明确建立组织框架，形成了组织管理上的等级秩序，由此，组织可实现自动运转。

然而，具备这种优点的官僚主义性思维带来了预想之外的副作用，近来，提到官僚主义，往往会造成过度地以规则或程序为原理或原则米操作、业务处理的速度缓慢、转嫁责任、浪费时间和精力、权威主义思考、过度保密等情况。

常常把婉转说明官僚主义弊端的事例被拿出来讨论的是帕金森定律。英国经济学者帕金森首次提出官僚性病理现象，他在1955年对英国海军省和殖民地省的行政人力增减趋势进行研究的过程中发现，组织具有与所赋予的职责和业务无关地经常增加人员的属性，并将其取名帕金森定律发表。例如，以英国海军省为例，主力战舰数量从1914年的62艘减少为1928年的20艘，但与此相反，人员则从2000余人增加到3569人。此后，海军省的人员不断增长，1935年达8118名，1954年大幅增至33788名。

3. 科学管理

与官僚主义思考揭示有关组织结构和事情处理方法的方向相反，科学管理着重于对制造企业中个别作业人员的管理。泰勒(Frederick Taylor)在1911年发表了其著名的著作《科学管理原理》(The Principles of Scientific Management)，进一步扩大了分工理论和机械化理论。

泰勒通过把负责作业的直接劳动人力和负责各类计划与管理的间接部门分离开来，大幅减小作业现场决策余地，主张应引进金字塔式管理结构。通过这种方法，可以使经营者和职员的理解达到一致，力求改善当时低效和浪费的业务执行方式，解决劳动者和经营者间的矛盾。根据泰勒的管理原则，他主张，组织若引进改善后的管理方法，可提高生产效率和产量，其结果将是劳动者工资上涨，经营者利益扩大。

泰勒认为，可站在处理作业现场各类问题的管理者立场上审视组织。泰勒主张通过科学分析个别工作人员所从事的作业，可探明以最小成本实现最大生产的作业方法。为此，研究的分析方法正是时间和动作研究。

时间和动作研究是指，分析作业人员做某种事情时执行的所有活动，去除其不必要的动作，仅明确处理事情时所需的活动，尽可能减少工作中花费的时间和劳力。例如，把一项作业中所需的动作划分为多个部分性动作，用秒表测算各部分动作所需的时间。该研究将持续进行到认为各部分动作所需的时间已最大程度地减少。若能按这种方法分化作业，虽需投入大量人员，但每小时生产量可达到最大值。泰勒得出结论认为，把这种方式应用到整个生产过程时，可提高生产量，反馈给工作人员个人的经济利益也会提高。

4. 法约尔的管理论

法约尔以长期经营矿山公司得出的经验为基础，提出了企业组织应具备的几项原则。与泰勒相同，法约尔的思想也对科学经营和组织理论发展产生了巨大影响。在美国发展科学管理论期间，法约尔独自在法国展开了其理论。与泰勒的在生产现场水平运作组织理论相反的是，法约尔从基于组织上层的观点展开理论研究，两者有很大的不同。法约尔于1916年出版了名为《一般管理与工业管理》的著作，首次提出了基于职能的管理。这种分类体系时至今日仍被用作众多经营学入门教材的基础。

统一命令原则、补偿原则、权限原则、生产线与管理人员的组织(line and staff organization)原则、部门化原则等，与其单纯地说是管理的原则，反而更应说是有关组织结构和运营的原则。例如，统一命令原则是指组织内的人们要接受一个人的命令。即能向各组织成员们下达命令的只有一个人，这是为了保持命令系统的统一性和一贯性。统一命令最具代表性的例子便是军队组织。

除此之外，还有向劳动者提供与其劳动成果相应的补偿，赋予根据职场地位可向部下下达命令的权限，在组织内把相同种类的业务捆绑后形成一个部门的部门化原则等。法约尔认为，若能把这些原则应用到组织上，将可提高经营和管理的效率。

5. 霍桑实验

泰勒、法约尔和韦伯所主张的经营与管理理论均忽视了组织内工作人员的心理特点对组织产生的影响。进入20世纪30年代后，学界才慢慢开始关注组织成员的心理对作业成果造成的影响，并进行有关方面的研究。

霍桑实验便是此类研究的代表性实验。它研究了美国一家叫威斯顿电器公司旗下的位于伊利诺伊州的名为霍桑的工厂，于1924年至20世纪30年代初期实施的多项实验。在多项实验中，普遍被人们了解的一项便是作业场灯光的亮度会对各个作业人员的生产性带来何种影响。在该试验中，成为实验对象的工作人员分在两个房间内后，其中一个房间的灯光维持一定亮度，而另一个房间的灯光亮度则以2，3周为间隔逐渐降低。当时，沉浸于机械性组织管理方式的学者们揣测认为灯光的亮度这一物质条件会对个人作业成果产生影响。因而，他们认为灯光逐步暗淡的房间内作业人员的作业成果当然会比另外房间的作业成果低。然而，实验结果却出乎意料。两个房间的作业成果均有所提升。

为了解得出这一结果的原因，威斯顿电器公司委托大学教授埃尔顿·梅奥进行研究。梅奥研究得出结论认为，成为实验对象的两个房间的工作人员知道自己的作业成果会被用来做比较，因而两个集团间的竞争心理对作业成果产生了大的影响。与作业场内灯光亮度无关，竞争心理使得两个房间内的作业成果提升。即灯光亮度这一物质条件并非重要因素，反而集团间竞争心理这一心里条件产生了更大影响。

而另一实验也研究了物质条件会对作业成果产生何种影响。具体来讲，该实验对根据个人作业能力给予不同报酬的绩效工资制会对个人作业成果产生何种影响进行了测定。运用当初学者们期待的能力工资制时，因根据个人生产量来决定其报酬，故认为能力工资制是增加个人生产量的最重要因素。然而，结果却与此不同。能力工资制这一物质条件并不重要，反而个人所属集团的凝聚力或被称之为规范的这些心理条件会产生最大影响。

上面两项实验说明，是因为工资、作业方法或作业条件有时候可不必视为组织经营和管理中的重要因素来考虑。而个人的心理层面可以成为对作业成果产生更大影响的重要因素。

6. 系统性思考方式

所谓系统，是指相互关联的部分有机结合而成的体系。人的身体也是一个系统。人身体的各个器官、肌肉、骨骼、神经组织、意识等相互连接，组成了一个活着的人。组织也是由处理部门工作的人员组成的各个部门相互连接而成的一个系统。系统由投入物、产出物，以及把投入物转变为产出物的变化过程构成。若产出物不好，可通过反馈过程，对投入物和转变过程进行修正。

[图 4-5] 系 统的结构

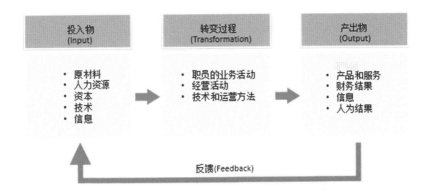

在现代经营中，系统性思考已成为不可或缺的要素。从系统性思考出现在企业经营中的背景来看，大致如下：第一，为实现企业经营活动的

效率化而引进的分工化与专业化现象的程度如果过度的话，便容易引发
部门间的冲突或摩擦。即划分为研发、生产、销售、人事和财务等部门
的各下级系统为满足各自的目标会有个别独断专行的倾向，因而很可能
会丧失企业整体的统合性；第二，关于企业经营在各领域中已经形成的
专业化理论会有陷入各自专业领域的倾向。作为新的体系，未被统合，
整体效果具有令人怀疑的局限性。因而，深谙系统性思考的经营管理者
不得不在考虑到自己所作的决策可能会对他人或其它部门产生影响的情
况下做出决策。

相关新闻事例

产业革命的价值无法用"%"来定位

我们一般将"短时间内发生的巨大变化"称之为革命。然而，在多么短的时间内，发生何种巨大的变化，至今仍然没有一个很明确的定论。有些历史事件有时被贴上"革命"这一修饰语，有时又不加这一修饰，原因便在于此。

20世纪80年代和90年代，否定"产业革命"的革命性的主张如池水般迸泻而出。他们首先关注的是产业革命时期（1760～1830）的"缓慢"增长率。尼古拉斯·克拉夫兹认为，该时期英国人均生产增长率不超过年均0.5%。如果他的主张正确，则英国人均生产提速并非始自产业革命，而是在产业革命之后。自1830年至第一次世界大战爆发，每年实现了1%以上的增长，尤其是第二次世界大战以后的增长率超过了2%。有人指出，国民收入中纯资本形成比例1688年为5%，1780年为6%，1800年为7%左右，增长速度缓慢。我们该如何看待这些主张呢？

16世纪，英国人大部分生活在小农村村庄里。他们所从事的工作无非是种植粮食和饲养牛羊。他们的命运大体上由自然决定。夏季天气若能实现适宜阳光和雨水的协调，则可期待秋天的丰收，反之，则是灾难即将来临的预告片。人们日出而作，日落而息。这种农村人的生活发生变化源自18世纪初开始出现的家庭手工业。

农村人整个冬天都无事可做。有一些想利用他们的闲置劳动力赚钱的城市服装商。商人们购入羊毛并以分发的方式开始了冬季时节的家庭事业。洗涤羊毛，去除灰尘和油脂后，染色并把羊毛末端朝着一个方向梳理的工作由女人们负责。然后便用纺车将其制作成线。该作业大致由未婚女性负责，这便是"纺织女工（spinster）"这一英文单词仍被用作未婚女性之意的由来。利用织布机编织布料的作业因需重体力劳动，故而由男人们负责。

然而，自18世纪末开始，这种场面便完全消失不见。这是因为材料价格低廉、制造过程简单的棉代替了羊毛。但即便材料和场所不同，相当多的农村人重新参与到制衣工作中。商业性农业的扩散把大批贫农赶向城市，因为那里有等待他们廉价劳动力的棉织工厂。虽然拔丝制线的作业内容相同，但他们遇到的作业环境却非常陌生。纺纱和织造的大部分工序以机械为中心来完成，人只发挥辅助职能而已。

那里技术和生产效率的提升是令人瞩目的。例如，18世纪印度的棉纺织机把45千克棉花加工成棉纱需要5万小时的劳动。但使用1779年塞缪尔·克朗普顿制造的纺织机的话，仅需2000小时便可加工同量的棉纱。如果连接蒸汽机关的动力，则300小时足矣。这足足把生产效率提升了超过160倍。这种变化作为一种大的趋势，当时在英国所有产业领域普遍发生，其后，经历一定时间差后，传向欧洲，传向美国，最终传播到全世界。

1800年的9亿世界人口现今已超过了68亿。在产业革命期间的增长率所具备的真正意义上，%并不重要，而在于这是人类历史上首次实现了人口与人均生产的同时增长。中国年均经济增长率在10%左右徘徊，但并不将其称为革命，这便是同样的道理。

（韩国经济报，2010年7月24日）

第五章

企业活动计划的制定

计划的制定作为经营管理过程中最先实施的活动，其主要目的在于制定经营目标以及明确如何完成这个目标。根据计划周期可以分为长期计划、中期计划和短期计划。其中，中长期的战略计划主要是指，为确保完成目标制定相应的政策，并进行合理的资源配置。本章来一起学习一下可以有效建立和促进经营计划的企业战略运营计划。

第一节　企业计划的制定过程

制定计划是所有组织活动中最重要的活动。因为这是一个制定组织目标和为了实现这个目标而决定使用某种方法的过程。在世界市场逐步一体化，全球化程度不断加深、各种信息通信技术快速发展的今天，制定可以做出迅速反映的计划成为了影响企业成长的重要因素。

制定计划发生在组织内的所有层级中。销售部长要设定整体销售目标，并把目标分配给各个地区的销售负责人，最后还要制定出支援各个地区的预算方案。生产部长就要把销售部门设定的销售目标转换成生产目标，制定每个月的生产计划，并根据当月生产计划制定更加详细的原材料及零件购买计划以及技术人员工作日程安排计划等。负责资金的财务部门要根据销售部门和生产部门申请的预算来制定相应的资金计划，必要时还要考虑银行贷款等事宜。如果各部门间的相互协助不能适时准确完成，就会出现和起初制定的目标截然不同的结果。

制定计划过程中要重点考虑各个目标的完成顺序以及目标的达成时机(timing)。比如，假如一个新产品的研发部门在计划时间内为了完成产品研发做出了很大的努力，但是一个很细微的零件的质量问题一直没有得到很好的解决，虽然质量问题可以在以后的售后服务中的得到解决，但是如果推迟新产品投放市场的时间的话很可能就会落后于其他竞争对手。这种情况下，遵守新产品研发时间的目标和通过完善产品质量来使消费者得到满足的目标是不可能同时实现的。所以说要用全局的眼光来事先制定各个目标完成的先后顺序。

制定计划过程中的目标完成时机可分为长期性的目标和短期性的目标。企业经营中的目标大体可以分为短期、中期、长期目标。短期目标是指大概一年之内可以完成的目标，中期目标是指一到五年可以完成的目标，长期目标是指五年以上可以完成的目标。中长期计划大多是决定全局构造的战略性计划，短期计划大多是指在中长期计划中，依照为了达成某个阶段性目标而要进行的具体活动为对象制定的计划。中长期计划又叫做战略计划(strategic planning)，短期计划又叫做运营计划(operations planning)。

制定计划过程中的目标要做到可以让每个人都能理解，并且要使为完成这个目标而努力的组织成员们欣然接受。要避免制定类似于通过努力让市场占有率最大化，让生产成本最小化等口号式的目标。这样的目标不仅漫无边际，也不会有人把它当成一个可以实现的目标。目标要尽可能的用数字来表示。比如卖出额增加10%、生产成本减少50%、生产效率提高20%、不良率降低50%、员工外语运用能力提高30%等具体的可实现的目标。

计划制定不仅要设定目标和制定具体的实施方案，还要制定相应的资源保障方案。这里的资源包含人力、原材料、能源、资金等。即使目标和实施方案再出色，没有资源保障方案做坚实的后盾也不会有很好的结果。

计划制定初期资源的可用程度，即保障方案要准备周全。如果预测不能获得足够的可用资源，那就要缩减计划或者推迟计划开始实施的时间。比如，一家企业想研发一种以智能手机为运营平台的产品来进行盈利。假如这个公司当前的目标是3年内拥有5万名注册会员，那么这个公司首先要进行教育资料的开发、可以提供的教育服务的宣传、教育咨询专家的培训等基本工作。不仅如此，为了确保上述活动能够顺利的开展，资源保障方案中还要包括资金支援、聘请教育专家、聘请移动通信服务专家等物质性和人力资源方面的保障方案。

第二节　战略计划的制定

企业之间的竞争越来越激烈，消费者的需求也越来越多样。因此，和以前一样通过短期的经营计划来期待长期的持续性发展是行不通的。为了增强竞争力和提高市场占有率，谋求消费者满意度的持续增长，长期性、战略性经营的出现成为必然。特别是信息通信技术、生命科学、电脑技术知识等领域卓越的进步在促进新市场产生的同时也使得原来的市场逐渐消失。例如，大型超市的出现使周边小超市渐渐消失，网络的出现使网络游戏、免费国际电话等新型服务项目产生。

在制定战略的同时要先围绕以下问题展开思考，再进行信息的收集分析，最后制定战略计划。

- 我们所处的产业或者是将要进入的产业的核心竞争点是什么？
- 竞争企业采取了怎样的行动？我们企业要怎样应对？
- 我们所处的产业领域以后会朝着哪个方向发展？
- 为了完成长期的竞争，我们企业应该占据怎样的位置？

1. 战略计划的必要性

战略是指企业设定基本的长期使命与目标，为了完成那个使命与目标，进行合理的资源配置和制定适当的行动方针的过程。战略计划是指通过综合性多角度的对企业周边的环境变化进行分析，以企业的成长与发展为出发点，制定合适的目标，为了更简单地实现目标而将资源进行系统化的合理配置的过程。战略的制定并不是单纯的一年一次例行活动的产物。在当下复杂多变的环境中，长期性的战略要持续不断的进行检验和修订。

战略计划的重要性可以简单的做如下总结。一、随着企业规模的不断壮大，产业领域也更加的多元化，部门间的协作和调整带来的问题日益明显。战略计划的制定明确了企业的使命和目标，并制定了为了完成使命和目标的详细计划，可以从很大程度上减少营销、财务、生产、研发等各部门间的摩擦。二、在外部环境变化速度适中、变化幅度不大的情况下，可以根据以往的经验智慧和业务处理方法来制定战略计划。但是如今技术、经济、社会等各个方面都在经历着天翻地覆的变化，为了更好的面对和解决未来不可预测的种种情况和问题，企业要制定相对应的全新的战略计划。特别是在面对新环境法规的制定、新型信息通信设备的出现、计算机信息技术的革新等企业环境变化时，制定好的战略计划显得尤为重要。

2. 战略计划的制定过程

战略计划的制定过程根据企业的规模、行业类型还有竞争程度的大小会有些不同，但是大体都是如[图5-1]中所示，按照愿景和经营理念的确立、外部环境的分析、内部资源的评价、战略性目标的设定、实行计划的树立等来区分的。现在我们对每个阶段进行简单的解释说明。

(1) 愿景和经营理念的确立

战略制定的第一个阶段清楚地揭示了企业的存在理由和使命。即是对这个公司以怎样的目的存在的最好诠释。所有的组织都是想通过人力、物力、财务、技术资源的投入，来生产出一些有价值的产品提供给消费者，这就是企业存在的理由。同时为了引导公司成员能够朝着一个方向坚持不懈的努力，应该明确地告诉他们企业的存在理由以及未来长期的发展愿景。

[图 5-1] 战略计划的制定过程

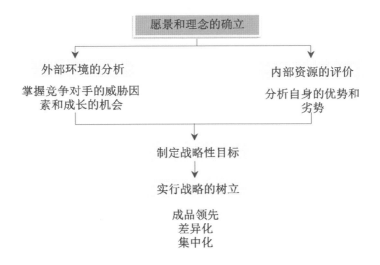

愿景要让成功成为可能，给组织带来力量。愿景应该是具体的，要体现所有事情的先后顺序。同时愿景要有综合性，使之可以为组织成员在不断变化的环境中做出的大胆尝试提供支持。如果企业没有基本的愿景也就没有发展前途可言。很少有人愿意在没有发展前途的企业上班或者投资。

构建所有组织成员都能积极接受的愿景后，接下来为了达成愿景需要确立组织整体的理念。理念不是单纯的喊口号，为了使所有组织成员对它进行很好的理解，要积极地做出宣传、教育，最终通过具体战略的制定，引导组织成员自发的参与。组织理念要从根本上以消费者为指向，内容要具体并有可实现性。

<表 5-1> e-learning项目的SWOT分析

机会	威胁
· 对于经营专业人才需求的增加 · 高级经营专业人才的网上再教育设施不足 · 对于网上教育实用性的认同	· 逃避预算支援的责任 · 内部成员间的关系不融洽 · 预算支援机关的短期成果诉求
优势	劣势
· 专业性高级内容的开发能力 · 新技术研究方面人力充足 · 灵活的讲座运营机制	· 认知度缺乏 · 企划、营销、运营人力的不足。 · 与其他民间组织的关系性不强

(2) 外部环境的分析

外部环境的分析是指，以正在进行经营活动或者将要实行经营活动的领域为对象，对企业的经营活动有较大影响的环境因素进行分析的过程。例如，现有客户和潜在客户群的分析、竞争企业的分析、全盘性的经营条件分析、技术信息的预测等都包含在其中。通过外部环境分析能够甄选出促使企业成长的主要成功因素，并以此为基础正确地掌握对企业产生竞争威胁的因素与对今后成长带来机会的因素。

外部环境里有专门对竞争产生直接影响的因素。没有竞争的行业是不存在的，但是根据各种各样的因素，竞争的程度会有所不同。例如，类似体育中心等需要一定规模以上投资的行业，竞争就相对弱一些。但是像面包店或者是小型饭店，在基本的规模以及技术资本都满足的情况下，谁都可以进入该领域，竞争必然就会激烈些。制定战略计划时，首先要对感兴趣行业的竞争程度进行分析。

(3) 内部资源的分析

这是就本公司的技术能力、市场营销能力、资金调配能力、服务兼容能力、人力资源能力等组织现有的各种内部能力与竞争公司进行比较的阶段。通过内部资源分析，能够明确与竞争公司相比的薄弱环节，针对薄弱环节可以制定出战略性的强化方案，同时为了保证短期内不暴露出这些弱点而进行切实有效的行动。

<表 5-2> 网络游戏开发企业的SWOT事例

机会	威胁
· 网络使用时间不断增加，网络使用者对网络游戏产生了兴趣 · 游戏杂志、游戏教育机关、卡通产业，广告、网吧等游戏相关的产业有着较大的波及效果和连锁反应 · 海外市场需求增大以及正式开发海外市场:中国，东南亚等地区高速通信网的普及 · 3D游戏制作水平的提高	· 以人气游戏为主的垄断市场结构可能会带来高昂的游戏使用费用 · 等级审查制度造成20岁以下青少年使用者减少 · 因网瘾带来的社会弊端增加 · 智能手机普及，手机游戏需求量增加 · 新兴中小企业竞争激烈 · 网吧的零散性和收益恶化致使对降低使用费用的诉求日益增大

优势	劣势
• 在游戏产业中的国际竞争力 • 拥有众多的网游发烧友 • 网吧的日益普及	• 由于过度依赖网吧造成的开发商和运营商收益结构失衡 • 不完善的结算系统让众多使用者对游戏运营商产生不满 • 目标人群局限性大 • 游戏的设计和想法在质量方面和创新方面有所欠缺 • 缺乏高级专门人才和市场营销能力 • 产品类型单一且定价缺乏多样性

我们可以通过SWOT来具体地对外部环境与内部环境进行分析。SWOT是Strength(组织内部的优势)，Weakness(组织内部的劣势)，Opportunity(市场的机会要素)和Threat(市场的威胁因素)的首字母的缩写。是在对围绕在组织外部的环境进行分析而得出面临的威胁和机会之后，客观的对组织内部具有的优势和劣势进行分析的过程。作为参考，〈表5-1〉是对某大学附属的e-learning课程的SWOT分析的一部分，〈表5-2〉是对某网游开发企业的SWOT分析的一部分。

(4) 定位图的构筑和战略性目标的设定

为了和竞争企业展开更加有效的竞争，就要求挖掘更多的潜在客户，并且要让企业在消费者心中形成不一样的地位，这个过程就叫做市场定位。在这个过程中最行之有效的方法就是通过强调自身企业相对于竞争企业提供的独特的优惠和便利来进一步构建企业的差别化定位。服务行业可以通过服务灵活度、服务质量水平、认知度和印象等几个指标来构建定位图。[图5-2]是一个定位图的例子。

[图 5-2] 定位图的例图

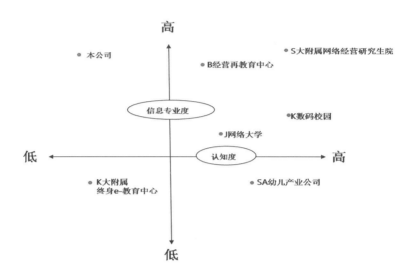

有效的市场定位与产品本身是否优越无关，可以依靠消费者对产品持有怎样的主观认识来实现。在商品不断涌现的今天，消费者无法对每次购买的商品一一进行再评价。可以说市场定位为消费者购买过程的简单化做出了贡献。市场定位是指相对于竞争企业，决定自身企业如何获得优势的一个过程，所以首先要对消费者和竞争产品进行细致的分析，特别是对竞争产品的分析要更加的细致全面。经过一系列复杂的过程确定了市场定位之后，就要开始制定向着目标前进时所需的详细的战略计划。

(5) 战略的制定

设定好战略目标之后，为了实现这个目标要详细的制定一些具体战略。即，决定将要提供的服务种类和目标市场，同时也要制定一系列的方案来稳固竞争优势。在这个过程中可以对美国经营学者波特提出的三个战略类型：成本领先战略、差异化战略、集中化战略进行很好的运用。下面来看一下这三个战略类型在服务行业中的应用。

差异化战略是指通过提供和竞争对手截然不同的服务，以获得竞争优势而采取的战略。通过提供多种多样的服务，提升产品设计风格、产品质量和产品品质来引导消费者产生高端服务的认识，加之完美的售后服务从而达到提高消费者欢迎度的效果。如果使用差异化战略，可以通过较高的价格来增加可以获得的利润。从事服务业的企业可以通过品牌形象(例如六星级酒店，名品馆)、专门化的服务(如白金级信用卡，VIP顾客制度等)、链条式的服务等方式来让自己的企业更具差异性。

目前服务行业普遍采用的战略如下所示：

· 把无形的服务有形化。服务是无形的，所以就难免有很多客户对所提供的服务毫无印象。可以通过一些纪念品或者定期发送邮件的方式唤起消费者对这个服务的记忆。

· 在标准化的产品中增加一些个性化定制服务。标准化的产品也可以让消费者有选择和改变的余地，根据消费者的需求，增加特定产品的个性化订制服务，通过这种服务构建差异化战略。例如，在点餐时，可以根据消费者需要增加或者减少特定的调料；支付一定的费用可以选择特别的服务等。

· 消除一切和服务有关的危险。在接受服务前，难免对服务产生顾虑。这种情况下，可以提供真实的品质保证书，或者通过对服务进行详细的说明来减少不必要的担忧。若对企业的品牌形象有一个清晰准确的定位可以很大程度的减少这方面的危险。

· 实施严格管理和控制服务品质的机制。虽然追求差异化战略不仅仅局限于服务行业，但是只有通过强化教育和训练、制定明确的服务方针才能提供可以和竞争企业相抗衡的高品质服务。

成本领先战略和差异化战略形成了鲜明的对比，成本领先战略是指尽可能的维持低廉的生产成本，以较低的价格通过薄利多销的方式来维持和扩大市场占有率的一种战略。成本领先战略中的低廉成本不仅仅是单纯的生产成本，还包括销售费用、流通费用等全方位的低廉成本。通过低廉的成本来增加市场占有率，从而实现卖出量的大量增加。大量的卖出也可以对降低成本带来积极的影响，从而让企业在成本方面更具竞争力。成功运用成本领先战略的代表有很多，例如易买得(E-mart)、Home plus等大型超市；麦当劳、乐天利亚等快餐店等。这些企业普遍使用的战略如下：

• 以追求最低价的消费者为目标人群。相对于高品质的服务更多的人喜欢廉价的商品。采用成本领先战略的企业针对这些消费者可以摒弃一些不必要的服务，用低廉的价格来吸引这些消费者。

• 提供标准化的服务。虽然去综合医院可以接受更全面的诊断，但是追求廉价的消费者们更喜欢去健康诊断中心。只提供像健康诊断这样的单一标准化服务可以减少成本。

• 使用自动化设备来减少人力需求。像银行使用的自动取款机、网银，学校使用的证书自动发给机等自动化的的设备都可以做到降低成本。

• 减少和消费者间的相互影响，力求实现规模经济。连锁干洗服务机构的各个分店会接收要干洗的衣物，但并不直接进行干洗，而是都聚集到干洗工厂后进行大规模的处理，通过这样的方式来实现规模经济从而降低成本。

[图 5-3] 战略的类型

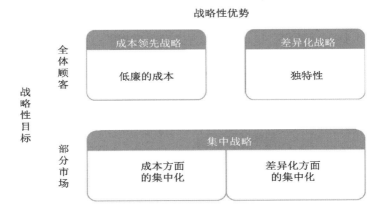

最后一个是集中化战略。一般的成本领先和差异化战略多着眼于整个市场整个行业，从大范围谋求竞争优势。集中化战略则把目标放在某个特定的、相对狭小的领域内，在局部市场争取成本领先或差异化，建立竞争优势。其经营目标不是面向所有地区和所有消费者，而是把特定的消费者作为目标人群，集中所有经营资源，在局部市场进行竞争的战略。所以与其为了迎合整个市场而调整提供的服务，不如集中发展自身具备优势的部分。大多数的企业都致力于在更加全面的领域建立竞争优势，但是集中化战略可以更好的实现既定目标。集中化战略可以运用在成本方面，也可以运用在差异化方面。

第三节 运营计划

1. 运营计划的意义

战略计划一般是以要经过两年以上的时间才能完成的目标，以及相应的经营活动为对象制定的，但是战略计划制定的完成并不代表整个经营计划制定的完成。战略计划制定的目标和相应的经营活动要通过运营计划再细分成季度计划、月计划、周计划来具体实施。例如，如果要建设一条两个城市间的高速公路，那么建设费用、高速公路的位置、高速公路的规格、收费站的位置等规划属于战略计划。而土地征收、实际道路建设相关的具体事项则属于运营计划的。运营计划的制定包括制定每个部门的任务、制定月度、季度任务、制定各种原材料的购买日程计划表、制定生产计划、制定销售支援计划表等各种细致的工作。

运营计划对大部分组织成员的分工有明确的规定，并配有详细的日程表或者计划表，也对公司内部的方针以及准则、规定、流程做出了具体的说明，这也让运营计划具备了制定各部门的责任与分工、制定考核办法等功能。运营计划也属于计划制定的过程，它也包括目标的设定和制定，以及为了实现既定目标而进行的活动。因为运营计划设定的目标相比较容易实现，所以一般在制定计划的时候也一起制定考核办法。各部门的考核办法要设定一些像奖金一样的薪资奖励系统，这样可以让所有的组织成员都能清晰明了的理解考核方法，也可以让考核方法更加公平透明。

前面也有提及在制定计划时要考虑的因素有很多，其中决定各业务和部门间的先后顺序是一个很重要的问题。和战略计划不同的是运营计划制定过程中还要考虑的因素有很多，例如：可以使用的资源、项目完成所需时间和运营过程中各个项目的先后顺序等。

资源：虽然各部门可以使用的资金、人力、物力等资源在战略计划制定过程中都有明确的规定，但是一个部门内部也有分工，每个分工所需要的资源也要进行合理的分配。

需要时间：各个项目的完成所需时间虽然没有明确的规定，但是为了不影响相关项目要尽可能的快速完成。所以预测项目完成所需时间和规范化项目推进进程是非常重要的。

实施的先后顺序：有的项目是要在其他项目之后才可以进行，也有的项目是要在其他项目进行之前完成的。所以如果不能很好的理清各个项目之间的承接关系就很难按时完成整个目标。

2. 通过流程管理来制定运营计划

为了更有效率的完成各项任务并且节省资源，在实施过程中要有严谨的结构安排。只是单纯的埋头苦干是不行的。运营计划应该要以流程性的思维方式来制定。流程是指在投入物转化成产品或者服务等产出物的过程中一切相关的有附加价值的活动的总称。流程虽然包括活动过程以及作业过程，但是并不等同于作业过程。流程是从投入物到产出物整个过程的集合，投入物要转化成产品或者服务时所需要的信息、材料、资源等是制造产品和提供服务的起点；产出物移交给其他的部门以及同事（内部客户），或者提供给外部市场的过程是整个流程的终点。流程的评价是以产出物消耗时间、品质、成本、灵活度等价值因素来判断的。

[图5-4]中所提及的几个业务类型会共存于任何流程中。这里的价值增加与否取决于消费者的要求条件，也就是说，取决于消费者的需求和期望是否已经被满足。

- 可以增加价值的作业：创造服务过程中必须的作业。
- 不能增加价值但是是必要的作业(例如消费者所希望的最终检查)。
- 既不能增加价值也不是必要的作业。

流程管理是对所有项目的整个过程进行全面的浏览，减少这个过程中不能带来价值提升的作业，引导项目更迅速更准确的完成。所有参与作业过程的相关人员可以通过浏览整个项目的流程图来挑拣出不必要的作业或者非效率性的作业方法。

[图 5-4] 流程中的业务类型

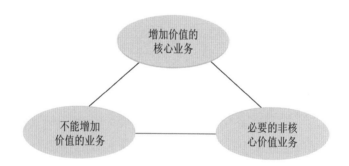

流程管理在很多情况下是通过流程图来对整个作业流程进行掌控的，特别是在需要很多部门联合作业时会经常使用一些便于理解的类似于流程图的可视的工具。流程图也会用于组织内部各种信息流动模式的表达

中。流程图由参与项目的所有人员和利益关系者来共同构成。在流程图的构建过程中很少有一次成型的，大多是要经过多次的修改之后定型。

为了更好的构建流程图，要通过以下几个问题来更加准确的掌握和积累流程图构建过程中所需的材料。

- 我所在的部门完成一个项目之后要和哪一个部门进行交接？
- 我现在在做的工作是受谁之托，是如何来到我所在的部门的？
- 需要增加服务或者作业时，由谁来做出最终决定？
- 如果在质检过程中出现不合格的情况，要采取怎样的措施？
- 除此之外还要做哪些事情？

[图 5-5] 流程图的例图

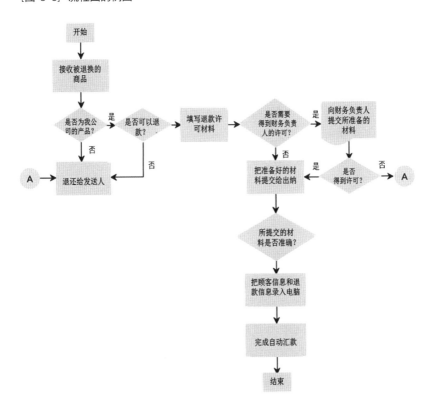

[图5-5]是一个退还商品的处理过程的流程图。首先，在有退还商品时，要先确认这个货物是不是我们公司生产的。如果明确了是我们公司的产品，要看能否进行退货并准备相应的退款材料。必要时要取得财务负责人的同意之后才能将退款的相关材料录入电脑最后完成转账退款。

这样全面客观的了解某个事情的处理过程之后，可以很快的找出需要完善的环节。组织成员也可以通过清晰可见的流程图清晰地了解自己在整个过程中所处的位置，也可以了解到跟自己有利害关系的部门或同事。这样可以让各个部门间的沟通交流变得更顺畅，也为整个企业整体化的建设提供了很好的契机。

3. 完善流程

如果不能全面的了解整个项目的运行流程，那就不可能掌握每个部门要做的事情。为了更好的通过构建流程来制定运营计划，首先要从认真细致的记录现有的流程开始入手。只要这样才能明确的实质性的理解整个的运行流程，前面看到的流程图构建过程是必不可少的阶段。

从流程的角度来看，下一个步骤就是流程的测评。通过收集相关的成果资料，可以发现哪些地方需要完善，也可以发现和初始设想的有出入的地方。测评可以解决矛盾，也可以为改善前后进行比较提供机会。为了比较现有流程的成果和新的流程要求，一定要以现有流程所具备的能力为对象进行测评。

作为参考，在对现有流程进行测评时，最重要的一点是[图5-6]提及的三种流程图的类型。即"应该是这样的"想象中的流程图，"运行中的"实际使用的流程图和"期望的"理想化的流程图。"应该是这样的"想象中的流程图可以在项目整体的规划说明中找到。很多人认为按照项目整体的规划说明中提出的流程图进行就可以很好的完成任务，所以在完善流程时往往把项目的整体规划作为出发点和落脚点。但是，按照最初的项目在整体规划中既定的流程图来实施的话，往往会发现实际情况比想象要复杂的多。这就是流程的真正意义以及要完善流程的初衷。

为了更好的完成新的流程的设计，要围绕以下几点进行深入的分析。

- 责任的划分是否明确合理？
- 是否存在重复的步骤？
- 是否存在遗漏或者顺序错误？
- 是否存在非效率性的因素？
- 是否所有的业务都可以产生附加价值？

根据以上几点构建新的流程并结合所有参与部门所反映的意见制作出新的流程图。如果没有任何问题出现，那就完成了项目实施的标准化。标准化可以通过制定新的政策方针、修改职位说明书、制定项目整体规划等措施来完成，标准化也可以为以后持续不断的完善提供坚实的基础。理论上的标准是指，为了完成各项任务而使用的所有方法中最好的方法，也可以作为评价正在使用的方法的一种方式。所以说，标准是为了持续不断的完善而存在的，它本身不是一种目标，而是为了找到最终更好的标准而不断改善的一个过程。如果标准有了新的完善，为了更好的进行相关的记录、整理以及确保所有的利害关系者都能切实的遵守新的标准，就要通过制定相应的制度来保证。设定有意义的标准并不断的进行完善，并且如果所有的组织成员都切实的遵守标准，以下几种效果是很容易实现的。

- 经过标准化的处理得到的结果的一贯性得以维持。
- 更加全身心的为了业务处理过程的改善而努力。
- 每个组织成员提出的好的方式方法都在标准化的过程中得到了集中的体现，给组织整体带来了客观的利益。
- 组织成员的新老交替带来的知识和技术的交接变得更加容易，教育和培训的效果得到显著提升。

[图 5-6] 流程图的三种类型

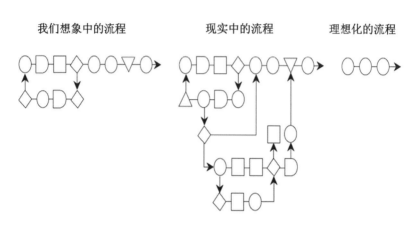

黄色的番茄酱和透明的可乐为什么失败
— 选择是由顾客来做出的

我们的企业举步维艰，而其他的企业为什么可以蓬勃发展？原因或许有很多，但是其中最重要的原因应该是蓬勃发展的企业大多拥有高效的经营战略。哈佛大学的波特教授提出三种可以相对于竞争对手获得更多利益的方法。第一，以低廉的成本制造或提供和竞争对手相同的产品或服务，并以低价销售的方法。第二，制造或者提供和竞争对手截然不同的独特的产品或者服务，并以较高的价格销售的方法。第三，在较小的范围或者夹缝市场中集中优势建立竞争优势的方法。

三个方法的共同点就是差异化。选择恰当的目标人群，提供和竞争对手不同的产品或服务并以相匹配的价格销售。也就是说，差异化是满足目标客户人群需求并产生收益的核心要素。

◉ 以企业的角度对差异化进行的尝试大多以失败而告终

以运动背心在脖子后面缝制的商标为例。很多人在买完运动背心之后做的第一件事就是把标签用剪刀剪掉。因为每次穿的时候坚硬的标签总会带来不适感。但是运动背心的制造商认为缝制这样的标签可以很简单的让消费者看到从而带来很好的广告效益，所以在很长的一段时间里，制造商固执的在运动背心上缝制标签。但是制造商在得知顾客往往剪掉商标之后，在几年前把缝制商标的位置移到了背心背部的外侧。这个例子充分说明了即使可以制造出深受顾客喜爱的具有差异化的产品，也要在像商标这样的细节上多为顾客着想，而不是把企业的欲望放在首位。

虽然说差异化战略的制定要以把握顾客的渴望和需求为出发点，但是更要完全的站在顾客的角度来满足顾客的这些需求。企业为先的想法是万万不对的。有很多的企业在制定差异化战略时以企业自身的观点来制定，最终往往屡尝败仗。

还有一个误区就是把"只有别出一格才能产品大卖"和差异化的概念混为一谈。做着有利于儿童兴趣发展的广告而面市的亨氏企业出品的绿色和黄色番茄酱、百事可乐出品的透明可乐等都是比较有代表性的失败案例。这是因为，只是企业自身感觉这是一种别出一格的创新，而没有考虑到这并不是顾客真正的需求。单纯的凭借别出一格而获得成功的产品或服务是屈指可数的。

● 差异化商品是可以在顾客心中刻上印记的商品

一次蒙上眼睛进行的试饮测试的最终结果表明，麦当劳的咖啡是韩国人最喜欢的咖啡。但是现实生活中韩国人最喜欢的咖啡不是麦当劳而是星巴克。这是因为星巴克长期以来在韩国消费者心目中留下了独特的印记。

实施差异化的下一个阶段是通过把对产品或服务独特的认识植入到消费者的脑海中的方法来满足消费者的需求。产品或服务的质量固然很重要，但是更重要的是要让消费者对产品或者服务产生差异化的印象。

最后的阶段是决定差异化产品的价格。如果完成差异化部分的成本较低，那么就要求企业必须提供相对于竞争对手更物美价廉的产品或服务。在服装市场很受欢迎的优衣库就是用的这种战略。当然也可以使用可以让消费者欣然接受的高端价格策略。咖啡陪你和星巴克的咖啡可以卖到一杯4000韩币，正是因为他们很好的使用了价格差异化的战略。

不可忽视的一点是，如果想利用低成本的差异化战略来建立竞争优势，公司内部一定要形成根深蒂固的节俭文化。需要进行高效的设备投资时，要做到彻底的对以间接费用为主的整体费用进行管理。相反，如果想利用高端形象和高端价格来建立竞争优势，公司一定要拥有强大的品牌形象、产品设计能力、市场营销能力、高品质等作为坚实的后盾，并且要在公司内部形成鼓励创新的企业文化。

每个产业的竞争强度不同，提升竞争力的战略自然也不同。例如，纤维和塑料产业有大量的企业在参与竞争，所以很难建立行之有效的差异化战略。这样的产业中价格竞争力是最核心的竞争力。尽最大可能缩减成本，"低成本—低价格"营销手段是最切实可行的。相反，在市场服饰、高端手提包等名牌产业以及类似夹缝市场的定向市场产业中得以生存的企业大多是依靠其独特商品才占得了一席之地。在这样的产业中，凭借强大的品牌形象建立差异化战略是最行之有效的方法。值得注意的一点是，像丰田一样的超优秀企业，没有过多的受到产业结构的影响，依然凭借缩减成本实施了差异化战略并制作出了产品。尽管丰田也生产像雷克萨斯一样的高端汽车，但是很大一部分车型使用和凯美瑞一样的零件，从而成功的形成了规模经济，缩减了成本。想要制造出高品质的产品就要投入高昂的成本是产业界固有的观念，但是越来越多的先进企业打破了这一常识。

(朝鲜日报，2011.12.1)

第六章

企业经营活动的组织化

组织化是在企业为达到目标制定计划之后而形成的。组织化的过程中组织设计决定组织框架，组织设计建立组织的结构。组织结构的类型有职能型结构，产品型结构，地区型结构，矩阵制结构等。在这一章我们将学习有关组织的意义以及组织结构的类型和特性等组织化的基础概念。

第一节 组织的概念和结构

1. 组织的意义

组织化是为了达到组织的目标，组织里的每个成员在业务确定后得到一定权力并对业务负有责任，相关业务的成员聚到一起形成一定规模的部门，这个过程就是组织化。组织就是这样的过程之后的结果。组织是不同角色和职位为了追求共同的目标形成的一个结合体，同时它适应环境变化。在这个组织定义下我们来简单看看组织的特征。

第一，追求共同的目标的意思是不管组织内部成员是否有意见不一致的情况，但是组织有一个总体的目标，组织的目标优先与个人的目标。例如，对于组织内部个人的目标是什么的回答可能会是多样的，但是如果组织的目标被定了下来，那么组织内部成员就要为实现组织的目标而努力。

第二，组织内部的成员有着不同的角色和职位，成员的角色和职位是为了完成组织的目标以及适应环境的变化而设置。

第三，组织是由人组成的结合体，所以可以看做是一个社会个体。

2. 组织结构

就像人类的身体是由骨头形成人体骨骼的一样。在组织里也有形成组织骨骼的骨头，那就是组织的结构。为了经营组织应该最优先形成组织结构。组织结构随着不同的环境以及追求目标的不一样也会不同，如[图6-1]中展示的三个方面来说明。

[图 6-1] 组织构造的基本要素

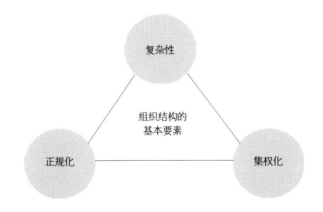

(1) 复杂性

复杂性(complexity)指的是在组织里业务和等级细分的程度。比如说劳动的分化越多那么就需要越复杂的组织结构，这指的是业务细分。还有，从社长到新社员之间有很多级别的话，那么这也可以说是复杂的结构。一个组织分布在不同的地区那么这个组织也可被叫做是复杂的组织。像以上的这些组织也可以称为有高复杂性。

复杂性高对组织来说有好处也有缺点。好处是在变化的环境里可以多方面的应对。业务分的越细就会有专门分管各种职能的部门，所以就可以实现多方面的对应。缺点是管理起来会比较复杂。各种各样的业务和部门在管理起来当然要比只有单一的业务和部门管理起来难。

(2) 正规化

正规化(formalization)指的是组织业务的标准程度。标准化指的是在组织里是否按着已定的规定和法律来办事。这就好像是一台机器按照设计好的程序来运转一样。

如果一个组织有对于业务的规定、规则、业务处理的指示等等，这个组织被认为是正规化高的组织。换句话说从办公时使用公文和报告书，组织内的规定和程序，规范行为标准的规定，公文指示等这些方面看出正规化的程度。正规化可以从规定和工作说明中看出。更为普遍的方法是对从业者自律权的保障和规范等规定中看出正规化的程度。

正规化的程度最高的组织当属军队。各个级别都有自己的权限和义务，怎样去行动，听谁的命令和命令谁都有规定。正规化低的组织可以说是研究所。在研究所里没有特别的指示，只有个人选择研究课题然后自行解决自己研究的课题。这个研究的过程是怎样进行完全靠自己自由决定。所以各自都可以进行各自的研究。

正规化的程度高的话会带来怎样的好处和缺点呢？好处是管理起来方便。因为所有的事情都是按规定来行动所以可以统一管理。好处是管理起来方便。同时正规化高的话可以有效地管理大型企业。虽然组织越大管理起来会越困难，但是正规化组织管理起来可以实行统一管理。我们也称之为组织的官僚化。但这也带来一些副作用，那就是在正规的组织里面个人的创造能力很容易下降，员工们可以不用想解决问题的办法只需要服从规定，这就是不注重创造能力的一面。同时正规的组织想要寻求改变很难。因为被组织内的规定束缚下甚至很难感到需要改变和产生不了改变的意志。

(3) 集权化

集权化(centralization)指的是决定权被组织上层和特定人物和特定组织掌控的程度。组织权限只在CEO或少数人手里的话那么可以说集权化很高。从CEO角度来看集权化的好处是创造价值会很容易。因为决定权只在CEO或少数集团那里，所以组织的利益指的就是CEO的利益。缺点是很难有效的适应周围环境的变化。中间管理者提出对应环境变化的对策，但是如果CEO没有意识到的话那么很难有效的实施。

与之相反的是分权化(decentralization)。分权化的组织会把决定权限分给中间管理者和下级。这里的权限指的是不必向上级汇报就有对下级指示的决定权。给与权限指的是决定权且包括处理业务本身。比如说对外营销部门的小组长可以指派员工到其他的地区去工作的权力，这种权力是从上级那里得到的。分化权利可以在组织内部培养出专家。

但是要很好的把权利转让下去的话需要通过教育和培训来完成，同时要以经验为基础。因为在没有通过教育和培训的条件下得到权力也很难做出正确的决定。但是很多的CEO并不愿意把权力分给别人也不喜欢这么做，因为权力的转让被看做是对管理的放弃。

3. 分工和生产能力

分工和生产能力的关系可以有助于理解组织结构。我们通常知道分工可以提高生产能力。一件东西被分成很多工序，这些工序被分到每个人头上，这些人只需要反复完成手里的单一工序就可以了。这样的话生产能力就提高了。还有分工下工序执行人即使不干了，也可以很快的通过培训出新的员工来顶替他，这样也节约了训练费用。

但是分工不是一定可以带来生产能力的上升。这要看分工的程度，分工到一定程度生产能力会得到提高。但是超过一定的程度的话生产能力是不会提高的。在一定程度之后分工会导致生产能力下降。因为如果分工分得太细的话那么在各个工序的完成上会感到枯燥和厌倦。同时这样会雇佣过剩的员工，在需求减少的情况下不做工的员工会增加。所以根据做工的任务分工到什么程度就行了呢?以下五个方面可以比较出来。

- 由做工速度来决定:做工的人可以自己来调整做工的速度的话就是说明还需要再分工。即，工人不能自由的调整做工的速度的时候才是完全的分工。

- 做工的反复：需要处理的工序种类越多那么说明还需要再分工。

- 技术需求：在工作的时候需要的技术越多那么说明还需要再分工。

- 投入度：越是需要投入的话说明还需要再分工。

- 处理业务的决定权：在处理事务的时候需要在方法和工具上做出选择的时候，决定权越大那么就说明需要再分工。

\<表 6-1\> 分工的程度和特征

特征 ＼ 分工的程度	高	低
做工速度的决定权	没有	有
做工的反复	反复	不反复
技术需求	低	高
投入度	不强调	强调
处理事情的决定权	很少	多

第二节 组织结构的类型

组织结构根据组织如何对成员怎么分配工作而具有不同类型，这样业务处理结果的报告方式也会不同。组织成员们要做的事分给不同的部门是有理由的。这是因为各部门按照先前已经订好的过程和程序来处理事务，越是专业的事务那么作为经营者来调整就很费劲。比如有个十几名员工组成的小企业社长对生产，销售，会计，材料等所有事情都很了解那么在这些部门之间产生问题的时候完全可以依靠经验和时间去处理是没有问题的。但是拥有100多名员工的中小企业里社长想要了解并解决所有问题是不现实的。所以不得不在企业里面设立几个部门并在里面提拔管理者来管理。那么社长可以通过这些部门的管理者通过协商解决调整各种事务。

在企业的组织表(organization chart)里常可以看到组织结构。如果企业经营要很好地进行，级别间(竖直)信息交流还有部门间(水平)信息交流要同时进行才行。组织结构如果不能充分的反映成员间的信息交流的话就会导致有用的信息不被用到，那么就会做出不适当的决定。为防止这些错误决定，数据收集和信息收集，分析都会需要很多时间。部门越多的话部门间的交流，意见调整和统一都不容易。这样就需要建立一个促进成员间意见交流和互相促进的机制。

组织设计最重要的要素是职位被部门化的标准是什么。标准不一样的话组织的结构会不一样，组织运营的方法也不一样。我们先来看一下各种组织的结构吧。

1. 职能型结构

在职能型结构里面以生产，对外营销，人事管理，财务等管理职能中心开设部门。例如，如[图6-2]社长下面以理事为代表的四个部门。各个部门里面是做同一样业务的人，他们和其他部门的业务不重复。部门只用管好自己部门的事而不用管理其他部门的业务，各个部门独自行动。比如说负责生产的部门里面从责任人理事到员工都是只用管理生产方面的事情。

职能型组织构造的长处首先可以说是专业化。管理特定的部门在这个部门里面可以积累相关职能的经验。第二可以避免业务的重叠。同一样业务由多个部门来重复管理的现象可以避免。缺点是部门间有利益冲突的时候各部门只考虑自己部门的利益这样有可能损害全体的利益。

[图 6-2] 职能型组织构造

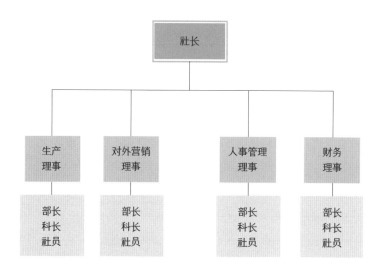

2. 产品型组织结构

产品型组织结构里通过特征产品或产品类别来区分部门。比如说以汽车企业为例，如[图6-3]商务车，小轿车，面包车3和产品类别，各个部门独立的负责经营各个产品类别。即部门的区分是按照产品为标准的。各部门都是独自经营并含有多种职能。例如说[图6-3]中所表示的一样在商务车，小轿车，面包车几个部门下面分别有生产，对外营销，人事管理，财务等下属部门。

产品型组织结构的长处是各部门独立运营，自己负责。在一个部门里面有许多职能可以进行学习。缺点是业务有重复的地方，这使业务的效率降低。以生产职能为例，各部门都有生产职能，这导致各部门重复同样的业务。

[图 6-3] 产品型组织结构

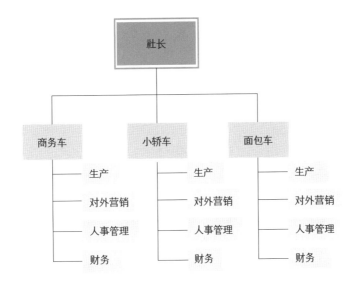

3. 区域型组织结构

区域型组织结构里面的部门是按照地区为中心来区分的。以银行为代表。银行在许多地区都设有支行，各个支行都是由支行长来管理，这种管理是半独立的。在物流业里面也可以发现很多以区域型组织结构而建立的企业。以百货店为代表，百货店在各地的分店都是相对独立的，它们独立经营。

产品型，市场型，区域型的组织构造又称为事业部制组织。产品型，市场型，区域型是以代表经营的事业部门来构成的。事业部门里面开设独立的生产，对外营销，人事管理，财务等单位部门。事业部制在我们前面的例子里面可以看出这个制度在对顾客的区分管理上，企业的快速判断，应对市场需求的变化上都有很好的效果。事业部制是把集中的权限和责任分给各业务单位，业务部门为中心的经营模式实现了快速应对特殊市场和顾客的需求。企业快速判断决定比起竞争企业更快速更有效的满足顾客变化的需求。同时各部门通过自主管理，创意管理更好的提升企业员工的积极性。通过对各部门的业务评价也让部门间参与到竞争中去。但是事业部制里面的人事管理，财务，对外营销等部门分别运营时从整个企业来看各部门间有不同程度的重复业务和生产能力下降的可能性。

[图 6-4] 地区型组织结构

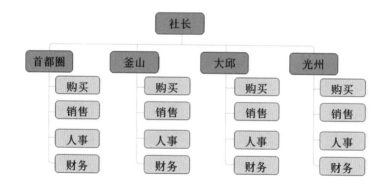

4. 矩阵制组织结构

矩阵制(matrix)组织结构可以看做是职能型组织结构和产品型组织结

构的结合。例如，说有一个给航空公司或国防部生产出货民航机和战斗机的企业。如果收到一份货物订单的话，为了完成这个任务需要从不同的部门中临时选出员工组成一个项目（project）小组。再有收到订单的话，又要重新从部门中选出代表组成一个项目小组，小组会持续到购买结束为止。一个订单被看做是一个项目，为完成这个项目的小组是暂时的。

矩阵制组织结构如[图6-5]所示。为完成项目A, B, C需要从各部门中选出需要的员工，各个小组为完成项目而组建的临时小组。从外观设计到广告的各个部门都只用完成自己的职能。矩阵制组织结构具有两种特征。一是一个员工属于两个组织并听从两个上级的吩咐。项目A的外观设计负责人不止在外观设计部门同时也属于项目A的成员。所以他即听从外观设计部门也听从项目A的吩咐。二是矩阵制组织结构可以说是职能型组织结构和产品型组织结构的结合。从外观设计到广告的各部门是职能型组织每个项目则可以说是产品型组织。

矩阵制组织结构所处的环境很复杂，部门间需要快速沟通和信息处理和信息共享，以及做出统一的决定。例如，新商品和新项目不断出现需要同时具有专门知识的职能型组织和产品型组织，矩阵制组织结构的长处就体现在这里。

矩阵制组织结构的长处是可以同时完成几个不同的项目，各个项目在完成之前都是通过各个项目小组来运营，几个项目可以同时进行，不同职能的部门也同时工作。缺点就是容易出现混乱的命令。比如说从职能部门和项目组里下达了不一样内容的指示的话容易在处理上出现问题。这样需要通过有关。

对人员的教育和培训。在矩阵制的组织结构里面收到新项目之后需要一定时间去适应，这要求员工的积极参与，如果没有员工的积极参与在这个组织里面容易出现问题。

[图 6-5] 矩阵组织结构

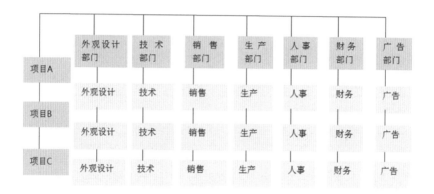

5. 网络组织

随着互联网和通信技术的发展，组织成员在假想空间成立组织成为现实。各个部门虽然不在同一个地方，它们之间的信息共享和处理业务都可以进行。各个部门分布在全世界各个角落，但是依然可以在网络里进行业务协商，也可以考虑见面对话。这样把核心业务的一部分分给别的企业来做，再结合为最终产品。

网络组织对于一些小企业来说也不需要大投入就可以获得外部的技术和设备，但是这样做会使业务的管理和调整上有不小的困难。结果就是在和其他企业的合约签订上，业务的协议，对产品的保证都不容易，这种托管试的业务处理方式一旦失败就会有很大的损失。

6. 组织结构的选择

选择组织结构需要考虑企业所处的环境以及具备的条件。不在意环境的组织不会总有好的结果。如[图6-6]是对组织结构的选择有帮助的方法。生产标准化产品的中小企业可以选择职能型组织结构，大型的电子厂商生产销售的产品种类繁多所以他们可以选择产品型组织结构。医药企业在精密技术上的高要求所以他们需要选择矩阵制组织结构，在海外有很多分公司的航空公司选择地区型组织结构。

[图 6-6] 组织的特点和组织结构的选择

组织的特点	适当的组织结构
小规模	职能型组织
国际化的业务和规模	地区型组织
生产尖端技术产品	矩阵制组织
多变的目标顾客群体	矩阵制组织
丰富的目标顾客群体	产品型组织
稳定的目标客户群体	职能型组织
运用特备的设备	产品型组织
专业技术	职能型组织
庞大的原料运输费用	地区型组织结构

第三节　组织运营的原则和组织结构的变化

1. 组织运营的调整原则

组织通过组织化把业务细分，使得各个业务实现标准化和专业化。但是要达成这个目标需要对人力、资源、业务做出调整，如果业务不做调整(coordination)和做出不统一的处理的话会导致业务处理过程拖沓和让业务处理员工参与性不高。就像一支足球队一样，尽管队内有的队员能力很强，但是没有好的战术以及没有磨合团队配合的话，在比赛中是很难取得胜利的。队伍在团队训练中可以明确个人的职能同时锻炼和队友的配合。特别是在有队员退场等特殊情况发生的时候团队配合就更加的重要。这需要队员把个人利益放到一边团结起来为团队利益而奋斗。

和组织运营相关的调整原则有以下三个方面。

- 统一指挥原则(unity of command principle)：这个原则意味着在组织里面听从一个人的指挥。即这种方式在组织里面只需要听从一个人的统一指挥。统一指挥原则在军队中被很好的体现出来。在军队里面团长听从师长的命令，营长听从团长的命令，连长听从营长的命令。不接受跨级的命令。在这种原则下明确的命令才能提升组织的生产能力与提高员工的参与。这种原则是打破了前面所说的矩阵制组织。

- 等级原则(scalar principle)：这是让组织成员间划清上下等级关系的原则。业务做出明确的分担，禁止重复和不必要的分担业务。但是这种原则。

    过于强调的话会导致在业务处理上的拖沓也会出现浪费的现象。需要根据情况在问题出现之前通过非公开的合作寻求解决方案。

- 管理跨度原则(span of management principle)：这个原则是规定一个人适合管理的下级员工的数目。一般的情况下组织成员的能力越突出和性格上更适合业务的话组织管理者所能管理的业务范围就越大。业务的处理标准和程序越明确，可管理的范围也越大。这是因为标准和程序是可以帮助管理员管理的。传统的情况下一个人可以管理下属职员在4到12名之间。但是1990年以后组织结构比起金字塔型多选择水平型的组织，在这种组织结构下可以管理的范围也有增加的势头。

2. 组织结构的变化

组织为了自我求生在环境的变化里面不断进行努力。这里面企业的自我变化和改革就是其中的一种方法。组织的改变和改革为的就是在变化中的环境里面和激烈的竞争中寻求发展和成长。在快速变化的环境中如果一个组织没有有效的应对的话那么这个组织迟早会消失。

组织的改变指的是组织内部的人员、组织结构、技术、经营方式、经营战略的改变。变化不一定意味的是新事物。在稳定的结构中选择一部分的改变也是可以的,也可以完全更换结构。因此组织变化的意义很广泛。那么组织变化的理由是什么呢?理解影响组织变化的因素可以有效的计划如何来变换组织。

组织目标的变化:组织目标的改变会使组织内很多地方都发生改变。例如,如果有这样一个企业,他的目标从稳定的盈利目标到扩展销售区域,那么组织的结构会跟着变化。职能型组织适合稳定的盈利。地区型组织结构更适合扩展销售区域。同时组织目标的变化也带来了人际关系和经营方法的变化。

技术:技术的发展帮助组织的生产方式得到改进。随着技术的发展大量生产体系的产生就是很好的例子。和过去重点在分工来增加组织的生产能力不同。现在自动化的生产方式帮助产生新的生产方式。

人力资源的供给可能:现如今发达的资本主义社会里面所面临的问题之一就是劳动人口减少的问题。韩国也不例外,劳动人口的减少在组织内部带来了很多变化。自动化的生产和经营就是其中的代表。电脑处理业务和自动化生产可以看做是劳动力不足所带来的组织变化。

法规:制定新法规和改变旧法规都会使组织进行改变。例如如果加强有关环境的法规那么组织在生产环节需要新设环境保护的设施和部门。

工会:组织内部新的工会的形成可以建立新的经营者和劳动者的关系。这样就会形成新的劳资关系

除了以上列举出来的几个影响组织变化的因素之外还有其他的因素。重要的是不管是什么影响变化的因素企业都需要改变适应这种变化。找到合适的变化才能使组织存活下去。

第四节 组织文化

1. 组织文化的概念和作用

组织是由人组成的，只靠外在和物质的管理是管理不好组织的。前面我们在说企业经营的时候属于无形资源的组织内气氛进行讨论。组织氛围强调的是组织心理和精神方面的用词，专门用语称为组织文化 (organization culture)。

通常文化指的是"在社会中广泛传播的特定规范，长久以来对人们的行为，价值观，认知产生影响"。规范指的不是靠法律强制，而是社会的规则。违反组织内部的规范不会受到惩罚，但是是对组织内部价值的挑战，那么他们会和遵守规范的人格格不入或被告知这种不遵守规范的行为是错误的，严重的话可能会被暴力制裁。

[图 6-7] 组织文化的结构要素

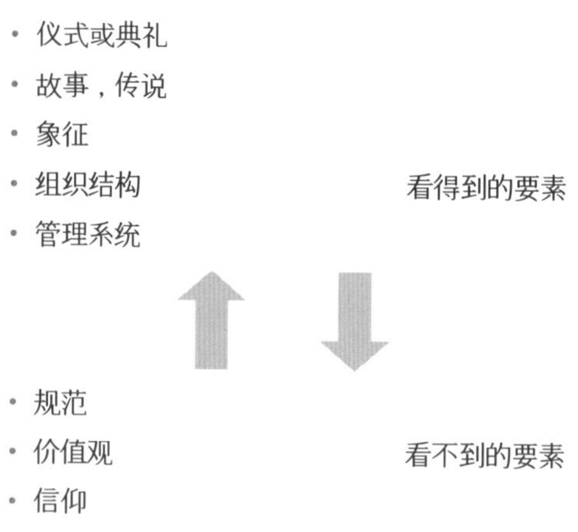

- 仪式或典礼
- 故事，传说
- 象征
- 组织结构
- 管理系统

看得到的要素

- 规范
- 价值观
- 信仰

看不到的要素

组织文化如[图6-7]中表达的不光只有组织内的规范，同时还包括组织成员共享的价值观，信仰等无形的东西。组织成员认可并接纳这些文化。组织文化很好的形成起来的话可以有助于组织发展，不然对组织的发展不利。所以组织文化是组织在经营和管理上需要考虑的重要因素。组织文化虽然是价值，家庭，信仰，思考方式等内在要素的组成，但是我们可以通过受组织文化影响的组织活动分析、发现、理解组织文化。

内部属性在企业活动中反复的被反映，这对分析组织文化有帮助。比如说组织成员的衣着，行动，企业内部的故事，企业正式和非正式的活动或聚会，办公室的装修都会在员工的内心产生影响。

现在我们来看看一些外形因素来观察组织文化。

议式(rites)和典礼(ceremony)：不光面向组织内部成员，对外部客人准备的活动同样可以帮助分析组织的文化。这种活动大多被用来强调企业的价值。加强团结和对核心价值的共同认识。实现这种无形价值的企业需要企业内英雄(hero)。即英雄成为这个价值的代表。

故事和传说：组织成员所知道的企业克服危机的事例或完成任务的故事对企业的文化都有很大的影响。这种故事是企业传奇人物的故事，他们成为模范从而影响规范和价值观的形成。虽然故事有一部分的内容是没有得到过证实的或是虚构而没有依据的故事，但是对组织文化的传播有积极的作用。

象征：可以用来理解企业文化的又一个东西是企业的造型和商标，还有就是社长的专用电梯，员工的专用食堂，工会食堂等设施都是可以反映一部分组织文化的标志。

组织构造：越是水平的组织就越有保障组织成员的自律的文化。竖直的组织就是强调命令和服从的文化。

权力关系(powerful relationship)：在一些企业里面从财务和会计中提拔起来的CEO很多，在一些企业里面很多工程师被提拔，还有一些企业选择特定地区出生的员工。通过这些都可以分析企业文化。

管理(control)系统：通过收入保障，企业做决定的方式，品质管理，员工的非正式聚会的资助都可以分析企业的文化。这些也都是帮助形成企业文化的东西。

像这种外在的要素和组织成员的价值观或遵守规范等反映出的组织文化在组织内起到得了不少作用。

第一，组织文化最人的作用就是让组织成员有归属感，让他们可以完成业务同时也对他们有约束作用。员工不再是单纯从组织里面依靠劳动获取报酬而是组织成员有共同存在意义，把企业理解为代表自己的一种存在。

第二，组织文化让组织成员可以放心的完成业务。因为有组织文化所以组织成员在做业务时有安全感。在问题发生后解决问题的时候组织文化可以作为方针帮助解决。同时对人际关系的形成也有帮助，在平时和有困难的时候组织文化都让组织成员带着安全感工作。

第三，组织文化告诉组织成员应该怎么去行动，让组织成员受到约束。这可以从国家间的文化差异来看这个问题。所有国家都有自己的文化，这些文化决定着这些国家人民的行动方式。像沙特阿拉伯和伊朗这些中东国家文化里面的行为方式和加拿大和美国这些强调自由文化的国家的行为方式比起来有很多不同的地方，其原因就是文化约束着社会的行为方式。

组织文化是企业经营中很重要的一个无形资源，其中的重要原因是企业的文化激励企业员工的热情和能量，让他们团结起来成为竞争力的核心。企业要想不断的发展成为一流企业和不断创造价值的话需要员工们努力变革。企业文化是他们的动力。因为企业的愿景和目标在深入到企业成员的心中，让他们自觉的去做，这些员工就是让企业改变的基础。看看有着辉煌业绩的国际企业的成功故事，他们都有着自己的企业文化。比如说变革的代名词3M，顾客第一的Nordstrom，以人为本的Hewlett Packard等，这些成功故事都是广为流传的。

2. 企业组织文化的类型

企业组织文化是随着企业经营战略或企业内部结构的变化而改变的。早期企业的创始人在建立企业组织和发展企业的过程中运用的经营战略和经营愿景对企业文化的形成起到了决定性的作用。企业创始人如果是志在企业扩张以攻击性的经营方式来运营早期的话，那么这个企业的组织的特点是进取和冒险的。在这种企业文化的影响下雇员热衷于危险性大但是有前途的业务。反之如果创始人是个小心谨慎的经营者的话，那么企业文化的特征也会受到影响，具有稳定和安全的特点。这种情况下企业雇员会避开危险的产业并且强调事前的调查和周密的准备。

企业组织文化根据企业经营战略是更注重灵活性还是安全性，更注重外部环境还是内部环境的需求可以得出四个类型如[图6-8]。例如适应型组织文化的企业更注重灵活性和外部环境需求变化的企业。

[图 6-8] 企业组织文化的类型

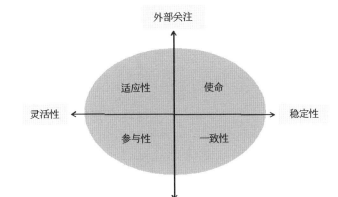

- 适应性(adaptability)组织文化的特征是通过灵活应对外部环境的变化以满足顾客需求的企业组织，注重革新，创造，如谷歌，

twitter,facebook,一样的公司里面可以找到这种文化，同时尖端的电子产品生产厂商，化妆品制造厂商也运用适应性组织文化，因为为了适应消费者需求，产品技术和市场环境的变化需要雇员的积极参与以及对雇员的应变能力和创新力有所要求。

- 使命型(mission)组织文化的特征是着重于组织目标的一种清晰认知和目标的完成，诸如销售额增长、利润率或市场份额提高，以帮助组织达到目标。个人雇员一般对特定水平的绩效负责，组织相应给与承诺及特定的回报。管理者通过建立愿景和传达一种组织的。

  期望未来状态来塑造雇员行为。因为环境是稳定的，他们可以把愿景转换成为可度量的目标，并且评价雇员达到这些设定目标的业绩。在这种情况下雇员被按照业绩而不是资历而获得回报，雇员被破格提拔也是经常有的事。

- 参与性(clan)组织文化的特征是通过组织成员的参加和投入来对应外部环境的快速的变化。成员的需求得到充分满足以达到好的结果。使成员参与和投入到企业里面并培养员工们对企业的忠诚。常常在服装产业和国际上的物流商那里可以看到这种组织文化。通过这种组织文化尽快满足顾客的喜好，需要并唤醒雇员的创造力以及在卖场里对顾客的业务处理上赋予雇员更多的决定权。

- 一致性(bureaucratic)组织文化的特征是在外部环境极为安全的情况下出现的企业文化，关注企业内部一致性。需要遵守组织内部已经实行的政策，所以通过各种各样的象征物和故事，典礼让这种政策更加牢固。比起创意的提议和自发的业务改善更注重内部规定和成员间业务的和谐协作。

3. 组织文化维系和变化

如果组织接受一种文化那么下一阶段就是维系这种文化。要维系组织文化要受到很多因素的影响。其中一个就是员工的选拔。在组织里面选拔员工的时候需要选择适应企业文化的人，那么这样企业文化才可以维系下去，如果选的是和企业文化格格不入的人那么企业文化很难维系下去，所以合适的员工才能维系企业文化。

组织内部的社会化(socialization)也对企业文化的影响很大。社会化方法中具有的代表的是对新员工的教育培训和定期举办的运动会。新职员在接手业务之前要通过训练对组织的特有文化进行学习，在接受业务之后也会定期受训来熟悉企业文化。运动会不止提供机会让员工们团结起来还可以让组织文化更加深入人心。

最后CEO对组织文化的维系起到很重要的作用。CEO根据组织的文化判断员工的行为，赏罚分明，这样才能维系组织文化。组织原本的文化要得到维系需要CEO不断的强调。因为员工们的价值，信念，习惯，规范，等是在很长时间中形成的而不会在短时间内改变。运用标语和标志，代表人物，意识等象征的东西对企业文化的维系也很有帮助。

但是组织文化在需要改变的时候也要变化。现在我们来看看在什么情况下组织文化可以改变和什么时候可以改变。

- 危机状况：组织遇到危机状况的话，组织文化改变的时机就到了。比如财政困难，盈利减少，劳资关系的恶化，革新技术的开发所导致的市场环境变化等都是危机状况。在这种危机状况里面经营者谋求很多办法，其中之一就是改变企业文化。
- CEO被替换：CEO被替换的情况下很多时候会成为企业文化改变的时机。新上任的CEO会强调自己特有的经营方法，从而以新的价值观来要求员工。CEO会提拔那些适合自己价值观的员工并实行新老交替和人事移动以新价值观为准来赏罚员工，同时要让新价值观深入人心而进行培训和教育。这个过程中组织文化会很慢或很快的形成。这种文化在组织员工变化的过程中自发的投入进去使得这种文化形成。所以新的经营活动不被作为基础的话组织成员的价值变化和行动变化很难实现。

- 组织的规模：组织规模小的时候比大的时候改变组织文化更容易。组织规模小的时候人员也少，很容易影响每个员工。交流起来也会很有效果。与之相反的是组织的规模大的时候要改变员工比较困难。

- 组织的年龄：组织的年龄越大要改变组织文化越困难。组织存在的时间越长意味着组织文化更加深入人心，要改变这种组织文化需要在很多地方下功夫才能改变。要去改变长时间形成的次序和习惯当然会引起人们的反抗。与此相反，组织的年龄越小那么更容易改变组织文化。

皮克斯电影的成功···秘密是企业内部的平等

从美国的旧金山机场坐车30分钟就可以看到一个的黑色铁柱子上面的写着很大的'PIXAR'标志。皮克斯公司的"玩具总动员""寻找尼莫"等14部动画片在世界上赚到了85亿美元(约9兆3,000亿韩元)。他们也被称为是地球上现存的最有创造力的地方。公司被修建的像一个巨大的度假山庄。宽阔的绿草地和随处可见的椰子树,户外游泳池,沙滩排球场等等···

在皮克斯我见到了Catmull社长,他的办公室和一位为我们做向导在外营销干了八年的职员的办公室(6.6平米)差不多大。在房间里有电脑,书和"怪物公司"的玩偶。在办公室的角落有一个滑板车。"用滑板车可以在公司里面方便快速的移动"。

Catmull从皮克斯的前身卢卡斯影业开始就为公司工作,1986年引入史蒂夫.乔布斯之后依然是公司的CTO(技术总监)和社长,可以说他就是皮克斯之父。

好莱坞电影的票房成功率不到15%,但是皮克斯的电影票房成功率是100%,其秘诀就是Cattmull社长在34年间所创立的平顺的企业文化。

"我在卢卡斯影业的时候就看到很多硅谷的公司,他们快速地成长然后快速地衰落。公司在成长的时候他们里面有很多聪明的人,有创造力,有顾客。但是到了顶点他们就犯错误,然后就破产了。我在想'他们的公司到底发生了什么''为什么他们会犯错误,如果我们也成功了,但是也犯错误了呢?'事实上1995年玩具总动员发布的时候我就实现了我的愿望(拍第一部长篇的动漫电影)然后我开始困惑,我开始想'目标达到了那然后呢?'最终我又定了一个目标那就是'怎样才能建立一个持续的有创造力的组织'。"

他自己说自己是一个"对官僚主义不放心的人"因为他认为"阶级的出现会歪曲组织的价值。

那是怎样的哲学改变了皮克斯公司呢？

"有几点，其中之一是如果我们成功了我们就会有保持下去的义务。那么就会遇到很多束缚。

在他们工作中，让员工们动弹不得，最后对变化产生恐惧感。经营者会说"对员工好一点""做一个有创意的人"，但是同时他们又会说"你不能超出预算和在截止日完工"，这两个对员工来说哪个更重要呢？"

那就是预算和截止日

"对，一直重复的是那句好听的话，但事实上管理者想的是'你必须在我的管理之下'。这个搞糟了所有事，所以怎样才能让我的组织感到轻松。人们犯了错误，但是我们会说'好'，这样就行了。世界很复杂，但是如果只从自顶向下的方式看问题的话在上层的管理者总是自认为自己看得很清楚并且知道所有发生的事情，只需要给出一个决定然后希望下级们把它完成好。但是事情并没有这么简单，有太多的不确定性。所以我的观点是自己来解决，自己来下决定。这个是核心。这样就可以让很多员工自己来处理问题。这也就让组织完成再构成，并且解决了组织结构本身的问题。把解决问题的权力交给员工。在员工即使失败和在工作中犯错误的时候，也要对他们表示肯定，这样的组织才是一个健康的组织。"

帮助12年间没有成功电影出现的迪斯尼脱离困境

Catmull所说的平平的组织是什么样子的呢？从2006年迪斯尼和皮克斯合并之后，他作为救火队员被引入迪斯尼之后发生的变化中可以看出。

皮克斯被迪斯尼合并之后皮克斯的员工们都很担心。因为长久以来迪斯尼和皮克斯是宿敌关系。但是令他们没有想到的是情况没有那么糟，反而是迪斯尼有求于皮克斯。迪斯尼Bob Lger会长把迪斯尼动画的社长和CCO交给了皮克斯的Catmul社长和John Lasseter CCO(首席创意官)。这一举措使得迪斯尼动画重新找回了昔日的辉煌。

"在我到迪斯尼的时候迪斯尼已有12年没有成功的电影了,狮子王是最后一部。迪斯尼的问题是在管理上,对过程的管理。完全仅凭借导演的视角来决定电影的情节,这样拍出来的电影注定失败。同时严重的微经营也是其中的问题"他接着说。

"财务队伍约束电影的制片队伍,结果两个队伍之间又出现不断的矛盾。我马上就删掉了财务队伍,完全不需要他们。因为电影制片的队伍知道该在电影上用多少预算和电影拍摄的截止日。"

迪斯尼在Catmull就任之前从'珍宝岛'到'公主和青蛙'在制作费用上花费都不超过了1亿5000万美元。但是Catmull所拍摄'长发公主'突然用了2亿6000万美元。他把皮克斯的文化都注入进了迪斯尼上了。建立了失败也没关系的文化。迪斯尼在2010年通过'长发公主'赚到了5亿9,000万美元的票房收入同时也是被外界评价为迪斯尼迎来了的第二次黄金时代。

每天的评价会议···快速的反馈

Catmull社长建立的这个平平的组织文化依然存在。他的代表文化就是每个员工都要参加的反馈文化。

在皮克斯或有3-4个电影同时开拍,每个电影需要200-300人。但是每天上午在制片队伍里面都有一个会议。动画制作人和策划人分别聚在小的电影房里,发表昨天的业务进度(未完成作品)和听取上司和同僚们的反馈。经营者和其他部门的员工也可以随时参加。会议是半坐在沙发上面喝着咖啡和点心进行的,但是反馈却很犀利。这样的会议直到电影制作结束整整开了两年。

实现'团队创意'的现场。这也许比起一些只由管理者来下决定的企业来说更像是在外星。

还有'大脑委员会'制度。这是皮克斯的7-8位代表导演在一年间会聚在一起3-4次对电影进行批评评价的委员会。委员会的标语是'残酷的诚实(brutally honest)'。但是委员会的意见只是建议不必都采纳。

对于每天给员工们看未完成品要求反馈，这对员工们来说是一种很大的压力。"是的。大部分人都这么说。但是每天都这样做情况就变了。才从大学毕业的新员工要把他的作品给John Lasseter导演('玩具总动员'的导演现CCO)看当然会紧张。但是每个同僚都这么做的话，就不会那么紧张了。如果每天都这么做的话就不会再紧张了。就在没有紧张那一瞬间。重新开始集中精力做事解决问题。这时创意就出现了。这时思考方式从自我中心的思考方式到问题中心的思考方式。

Catmull社长说'皮克斯大学'的公司内部教育讲座的目标就是'建立关系'。"许多企业把教育以培训和训练为目标，真正的目标是建立关系。艺术类员工和技术类员工一起听课这样就可以建立互相促进效果。"

(朝鲜日报，2013.9.14)

错误的
一张报告…对企业的影响

A 通信社的CEO B在新产品面市上遇到了困惑，对于通信企业的规定很多，所以在新产品面市之前需要听取政府的意见。在和政府的见面会结束之后A公司的新业务负责人对B做了这样一个报告。"政府方面的负责人对我们的新产品面市持积极态度。"

B听完这个报告后认为新产品一定会成功所以加大投资。但是之后政府方面的负责人对A的新产品的态度不像是积极的。后来才知道当时见面会议的时候政府方面的人说的是"我们会考虑一下"。这是圆滑的拒绝。但是报告的人却说的不是这个而是他本人的理解。

IT咨询企业的CEO C在2000年初的时候在准备网络电话的业务，现在想想当时听取的报告还觉得恍惚。C看了下级员工做的市场调查报告觉得对这个新产业很有信心。报告书里面写着'网络用户会急速增加'展现的是一种美好的未来。但是业务面市后市场的反应却很冷淡。因为当时不但网络建设不足对网络电话的概念都没有。消费者不会用上这个业务。出现这种情况的原因是写报告的人在决定报告的方向和论调是依靠自己的愿望和意见。

管理者78%"通过错误的报告书而进行过错误判断"

错误的报告书带着错误的判断和决定。壬辰倭乱(1592年)前为探明日本国内的动向朝鲜宣祖派遣了一支侦查小组，侦查小组最后报告的内容是"丰臣秀吉不会侵略朝鲜"宣祖相信了他们的报告没有对日本的动向作出任何防备。结果是朝鲜在壬辰倭乱的几年里损失惨重。在企业的立场来看，错误的报告会增加企业的支出。甚至影响企业的命运。

问题是有上述经历的管理者不在少数。最近世界经营研究院(ICM)做了一份面对100名企业家，专业经营者，管理者的调查报告。调查报告的问题是"你在下级职员的错误报告的影响下做出过错误判断和决定吗?"有四个人回答"很多"，78个人说"有一些"。10个人中有8个人因为错误的报告产生疑惑。

虽然管理者很多依赖报告书的内容。但是上述情况的发生导致对报告书的满意度不高。调查报告中对报告书'不满意'的管理者达到了24位，有55位的回答是'一般'。

尽早交流

有一半多的(55位)的管理者对于下级的报告书里面最大问题是'信息内容和依据不多'，认为是好的报告书的回答的前两位是'根据事实写的报告书'(29位)，'简单明了的报告书'(24位)。管理者也希望'有用的信息和事实根据，但是内容不完全准确的报告书'。但是这种报告书很难找。

只命令下级职员写报告书而不多做关心的管理者很难得到满意的报告书。写报告书的任务不是只交给当事人就可以不管了，而是在有空的时候进行有关报告书的交流才会对报告书有帮助。用在下午茶时间和吃饭的时间进行交流会很好。对下级员工的报告提出一些宝贵建议，告诉他们一些资料的来源。

重要的是报告书里面是是而非的话以结论和主张为基础做出分析。很多的管理员都说"抄别人的作业和在网络上找到一些信息而一点都不怀疑这些东西的正确性。这种大学生的坏习惯一直到上班后也没改掉的人不在少数。"事前调查不足和截止日前赶着写的时候，写报告书的人对于虽然不确信但是很容易找到的资料和数值情有独钟。指示员工出处不确定和只在网络上面找的东西需要通过和其他地方找出来的内容进行反复核对(cross check)。

最正确的方法是事前指示职员找研究院，协会，政府机关等有公信力的机关参考材料。

分开事实和意见

我们在写报告书的时候不自觉的会把自己的意见带到报告书里面去。对报告书的主题持积极态度的话写报告书的时候会找到更多的积极的资料，反之更倾向于消极地写报告书。这种情况的话管理者分不清'事实'还是'意见'。根据看着不错的报告书里面阐述的意见做出的决定可能是错的。所以管理者需要要求下级员工在写报告书的时候事实归事实，意见归意见。同时自己在判断报告书的时候需要有意识的分清什么是事实什么是意见。

为避免有倾向性的报告书，在作者的意见前面写上其他的意见会更好。对于左右企业在新领域的报告书。不要只听一个部门的意见要多听听其他部门和可以信任的外部的专家等的意见。特别是意见冲突的时候需要在报告书里面协商两方的意见，在做决定的时候需要充分的考虑。

(朝鲜日报，2011.8.27)

第七章
经营活动的指挥和控制

为了完成企业目标而制定的细分计划，需要进行各种组织活动，包括指挥活动和管理活动。本章主要介绍了为了能有效的完成目标所需要的各种要素和管理方法。

第一节 指挥和赋予动机

指挥是指为了完成组织制定的目标，而监督鼓励组织成员认真完成他们业务的行为。随着经营者的职位越来越高，脱离了特定的范围，从而担负起整个企业的运营，企业的全部业务如果由企业经营者一个人处理是不可能、不科学并且不合理的。所以很多事情都是交给下属去做。下属的工作能力可以反映出企业经营者的能力，为了让下属更有效率地完成任务，企业经营者要以身作则，起到模范作用。分配任务给下属时，要告诉他们为什么做这件事，怎样去做这件事，从而合理引导下属自发的去完成组织交给他们的任务。

经营者的指挥活动包括：和其他组织成员相互交换意见，制定企业基本经营方针和方向，为了发挥其最大的能力而采取的激励措施等行为。现在让我们来看看关于动机赋予的基本概念。

1. 激励的意义

激励这个概念用于管理，是指激发员工的工作动机，也就是说用各种有效的方法去调动员工的积极性和创造性，使员工努力去完成组织的任务，实现组织的目标。也就是说，激励是激发人们产生主动且积极地担负起责任做事的欲望以达到目的的行为过程。如同发明家爱迪生的一句话"天才是99%的努力和1%的灵感所成就的"一样，努力和为了努力的条件要素构成比什么都重要。因此，诱导和激励企业内部成员为了实现组织目标而主动地为之努力，并发展和改善组织内的人际关系，这是经营者要考虑的重要课题。

经过调查，即使采取各种各样的激励措施，企业组织成员中只有不足25%的人全身心的投入到工作中，60%的人没有真正的投入到工作中，剩下20%的员工注意力集中在和业务没有一点关系的事情中，甚至还有的妨碍其他员工。 所以是否有效的激励他们不是一件容易的事情。

想要充分调动他们的积极性要从了解他们的业务推进动机(drives)和需求(needs)开始。了解怎样才能调动组织成员的积极性之后，针对其制定适当的奖励措施。本章主要以亚伯拉罕·马斯洛的需求层次理论和弗雷德里克·赫兹伯格的双因素激励理论以及维克多·弗鲁姆的期望理论来简单说明下。

2. 亚伯拉罕·马斯洛的需求层次理论

需求是因对某种东西缺乏的时候，为了重新得到满足，自然而然流露出的身体上或者精神上紧张状态的一种行为表现。需求是从人的内心里显现的，可以通过学习和社会规范来强化或者减弱。1940年被成为"人本主义心理学之父"的亚伯拉罕·马斯洛提出了激发人的动机的五个需求，即生理需求、安全需求、归属与爱的需求、尊重需求和自我实现需求。如[图7-1]所示。

- **生理需求**：这是人类维持自身生存的最基本要求，包括衣、食、住、行、性的方面的要求。
- **安全需求**：一旦满足了生理需求后便人们开始向往对人身安全、生活稳定以及免遭痛苦、威胁或疾病的安全需求。公务员的职位人气高的愿意是因为其稳定性。
- **归属与爱的需求**：这一层次的需要包括两个方面的内容。一是友爱的需要，即人人都需要伙伴之间、同事之间的关系融洽或保持友谊和忠诚；人人都希望得到爱情，希望爱别人，也渴望接受别人的爱。二是归属的需要，即人都有一种归属于一个群体的感情，希望成为群体中的一员，并相互关心和照顾。感情上的需要比生理上的需要来的细致，它和一个人的生理特性、经历、教育、宗教信仰都有关系。
- **尊重需求**：尊重的需要又可分为内部尊重和外部尊重。内部尊重是指一个人希望在各种不同情境中有实力、能胜任、充满信心、能独立自主。外部尊重是指一个人希望有地位、有威信，受到别人的尊重、信赖和高度评价。
- **自我实现需求**：通过充分发挥自己现在拥有的或者潜在的能动性，把自己能力发挥到极致的一种需求。

马斯洛认为这五种需求是可根据它的强度和满足度由低级向高级不断发展的。即生理需求得到满足后会向往安全需求，然后是社交需求、尊重需求，一直到自我实现需求。然而，人在一个阶段下不止追求一个需求。做同一件事情的员工A和B，员工A不想加班，想早点回家，员工B不想早点下班，想通过加班赚取更多的报酬。在构成组织中，有着各种各样需求的人力资源是互相关联的，不会全都是追逐于一个最大的需求。

　　然而，随着时间的流逝，大部分的组织成员们都会发挥出自己最大的潜能，实现最上层的自我实现需求阶段，从这一点上可以看出，马斯洛的需求层次理论的一面。条件成熟，并且受到合理的教育和训练，还有提供强有力的激励措施的话，无论是谁都想去达到自我实现需求的阶段。组织内的规范，价值观等都会影响到尊重需求和自我实现需求。

[图 7-1] 马斯洛的需求层次理论图

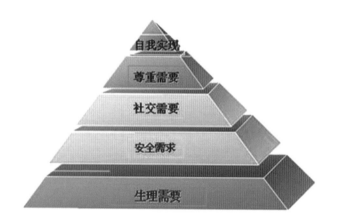

3. 弗雷德里克·赫兹伯格的激励因素—保健因素理论

　　赫兹伯格(Herzberg)的激励因素—保健因素理论又叫双因素激励理论(Two Factor Theory)。赫兹伯格认为：人类有两种不同的类型需要，他们之间彼此是独立的，但能够以不同的方式影响人们的行为。也就是说，对于自己职务存在不满的员工关心的是职务环境，满足于职务的员工则关心的是职务本身。

所以，使职工感到满意的都是属于工作本身或工作内容方面的；使职工感到不满的，都是属于工作环境或工作关系方面的。他把前者叫做激励因素，后者叫做保健因素。保健因素的满足对职工产生的效果类似于卫生保健对身体健康所起的作用。保健从人的环境中消除有害于健康的事物，它不能直接提高健康水平，但有预防疾病的效果；它不是治疗性的，而是预防性的。保健因素包括公司政策、管理措施、监督、人际关系、物质工作条件、工资、福利等。当这些因素恶化到人们认为可以接受的水平以下时，就会产生对工作的不满。但是，当人们认为这些因素很好时，它只是消除了不满意，并不会导致积极的态度，这就形成了某种既不是满意、又不是不满意的中性状态。

那些能带来积极态度、满意和激励作用的因素就叫做"激励因素"，这是能满足个人自我实现需要的因素，包括：成就、赏识、挑战性的工作、增加的工作责任，以及成长和发展的机会。如果具备了这些因素，就能对人们产生更大的激励。从这个意义出发，赫茨伯格认为传统的激励假设，如工资刺激、人际关系的改善、提供良好的工作条件等，都不会产生更大的激励；它们能消除不满意，防止产生问题，但这些传统的"激励因素"即使达到最佳程度，也不会产生积极的激励。按照赫茨伯格的意见，管理当局应该认识到保健因素是必需的，不过它一旦使不满意中和以后，就不能产生更积极的效果。只有"激励因素"才能使人们有更好的工作成绩。激励因素和保健因素不是位于一条直线上的两端，二是位于两条直线上相对的把握人们的需求。

近来，从现实中可以看出对工资、人际关系、工作条件等因素的满足并不一定能成为保健因素。考虑到唯独在韩国出现的激烈竞争和比较意识，赫兹伯格的双因素理论也不太适用。

4. 维克多·弗鲁姆的期望理论

这个理论的核心是人们采取某项行动的动力或激励力取决于其对行动结果的价值评价和预期结果可能性的估计。如图7-2所示四个因素对工作动力产生影响。

[图 7-2] 维克多·弗鲁姆的期望模型图

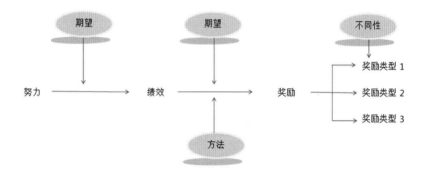

(1) 连接努力和绩效的期望值

如果不具备必要的业务能力和知识，那么就无法提高对自己行为的期望值。目标制定过高的话，不管怎样努力都达不到预期的结果。相反，目标制定的过低话，很轻松的就可以达到目标，取得预期的成果。在分配任务的时候，大部分都会把员工的期望值制定这两个期望值中间。

为了提高期望值，要对员工们进行必要的教育和培训，使得员工可以具备很好的业务能力，熟练的完成任务。给他们足够的时间，引导他们从简单的事情开始做。如果不对任务的难易程度、员工的个人能力差异进行区分，这两点会削弱员工的积极性。如果个人主观认为达到目标的概率很高，就会有信心，并激发出很强的工作力量，反之如果他认为目标太高，通过努力也不会有很好绩效时，就失去了内在的动力，导致工作消极，而产生不安感。

给员工的任务不能过于简单。员工如果有不安的情绪，这会影响员工对工作的专一度，而任务过于简单会使员工感觉工作无聊，进而萌生寻找其他工作的想法。因此科学性的制定目标就是，目标应该带有挑战性，且适当地高于个人的能力。但要注意的是，不可使目标过高，以免造成员工心理上的挫折，使他们失去取胜的信心；也不可使目标过低，以免鼓不起干劲，失去动力。

(2) 连接绩效和奖励的期望值

员工如果通过努力工作达到了预期的目标，但是却得不到所期待的经济或非经济奖励的话，就没有再继续工作的理由了。奖励分为内外两种。外在的奖励包括奖金、分红、荣誉证书等，内在的包括工作的愉悦感和成就感。为了能从奖励中满足那种期待感要准确的估计自己的工作能力，而且制定的奖励制度能公平的反应员工的工作绩效。并且要把相关信息准确无误的传达给员工，避免员工获得错误的相关信息而导致失误。还可以把取得好成绩并获得丰厚奖励的员工事例讲给其他员工听，这么做有助于提高员工的期望值。

(3) 效价 (valence)

效价 (valence) 是个人对奖励感觉到的满足感或者不满足感。奖励如果能满足个人的需求并且和个人重视的价值一致的话，效价就会高。晋升和提成制的奖励制度属于积极的效价，惩罚或者问责制度则属于消极的效价。

(4) 工具性 (Instrumentality)

工具性 (Instrumentality) 是指员工自己感知的成果和由此成果所取

得的奖励之间关联的程度。如果一个员工通过个人的努力取得了优异成果，但他所属部门的所有员工都获得相同的奖励，那么这种奖励制度就不合理。如果这样的现象散布在整个组织的话，就会阻碍员工们的积极性。这样的现象会成为使员工对管理层或者领导者产生不信任的决定性因素。

个人在组织内的行为反映出了组织内部的复杂性。举例，员工想通过认真工作取得优异的业绩并快速晋升。但是，如果个人的业务能力不足以达到预期的目标又或者即使达到了预期的目标，由于最高经营者的心思没有放在有效的奖励制度上面，又或者只是用一些荣誉证书，少量的奖金来替代晋升的话，会使员工不会产生全身心投入到工作的想法。不需要全身心的投入到工作而是投入一定的努力，随着时间也会得到晋升的话，就没有人真正去全身心的投入到工作之中。也就是说，如果全身心的投入到工作取得优异成果却得不到令人满意的奖励，即使有能力的员工也不会去努力工作，奖励不足就不能达到激励的作用。

5. 动机赋予和授权

最近，更加强调了企业员工对工作的投入程度，以及提倡通过授权和提高自主性来提高组织内员工对企业运营的关心程度。特别是由于经营环境的不确定性和复杂性的增大以及变化速度的加快等原因，应该提高组织内成员的自主性和对工作的投入。由领导者一个人负责所有重要的方案并做出快速而准确的决策变得越来越困难。因此，想要让业务正常的进行下去，就需要授权，把权力分给组织成员，让他们有足够的动力和兴趣，给他们创造出可以根据自己的想法，主动地做出决定的条件。

授权(empowerment)是非常适合这种情况下的一种概念。根据研究，心理学中的授权构成有意义、能力、自我决定力、影响力等因素。

- **意义**(meaning)：是指让人感到交付给自己的任务是有价值的、重要的，如果任务有悖于自己的信仰、价值观，那么意义会降低。

- **能力**(competence)：是指具备完成业务的能力(知识，技术，经验等)，即使将来有新的任务也会有信心的完成。
- **自我决定力**(self-determination)：是指处理业务过程中具有相当程度的自主性和独立性。
- **影响力**(impact)：是指自己的业务和决定能够影响到的企业成果的程度。

授权的组织成员发挥出自己的潜力并积极的投入到工作中创造出更高成果的可能性比没有授权的组织成员更高。并且，对待同事也带有积极的态度，可以提高相互间的信赖感。特别是对和顾客直接接触的服务业的员工的授权，不仅使员工对自己的工拥有满足感，而且也刺激了消费者的购买。总的来说，授权是指为了激发组织内成员的潜力，而赋予他们权力和责任，指导他们能够充分的运用权力和关怀他们的过程。

有效的授权要以上面所讲的意义、能力、自我决定力、影响力四个因素为基础向组织成员们明确的制定组织目标，为完成业务，需要提供多样的信息共享化的条件以及环境。同时也要进行人力开发和培训，以及赋予决策过程中的参与权和权力。

第二节　领导力

1. 领导力的意义

领导所发挥的决策或者影响力经常被称为领导力。举例，因为金部长的领导力强而取得了很好的成果，或国家队主教练者因为领导力太弱而丢了工作，这样的事情时有发生。领导力这个词语在企业里也是经常被员工们在日常对话中所提起，要想有效的达到组织的目标，组织成员的协助是必要的，与员工相互作用的经营者的领导力也很重要。也就是说，一个企业有没有具备优秀领导力的经营者或者管理者，会直接影响到这个企业的组织成果。

如果领导力是一流企业的核心力量中的关键的话，要想成为一流的领导人的话应具备什么样的能力呢？关于成功的领导人应具备什么样的条件，在当今社会上有很多种说法。研究表明，优秀的领导人要比普通员工有更高的业务水平，更好的控制情绪的内力，更强的好胜心以及内在动机，以及更正直。GE公司董事长兼CEO的杰克·韦尔奇(Jack Welch)提出了"4-Es"领导艺术理论。优秀的领导具备即使在高速变化中也可以有效应对的活力(Energy)，激励他人并且活跃气氛的能力。即使遇到艰难的抉择也能果断做出决策的能力(Edge)。贯彻战略意图，完成预定目标的执行力(Execute)。GE的领导力要素是完成目标最根本的原动力，包括它的迅速性、热情、协同性、有信念的意识决定力，强调以现场为中心的实践能力，而不是抽象经营。

另一方面，更细致的观察领导力的构成因素的话，目标、影响力、相互作用等这些因素也可以看作构成因素。领导力的第一个要素就是目标，可以看出想要发挥卓越领导力的领导者们都有明确的目标。目标是指企业的发展方向，组织者所提出的明确的目标可以使得组织内成员们积极的投入到自己的岗位中。领导者所指定的目标可以成为组织成员们的蓝图，蓝图是组织所希望的正确的方向，有时领导者以梦想或者热情的方式展现给组织成员们，组织成员拥有同一个蓝图是组织行动的中心点。

领导力的第二个要素是影响力。领导者的领导力和对组织成员的影响力有很大的关系。并且，这种影响力的根源里存在着领导者的权力。也就是说，拥有更多权力的领导者对追随者的影响力也会提高，正因为这样很多的领导力研究者都非常关注权力的种类和大小。

根据权力的影响力的源泉在哪里大体可分为奖励性、强制性、合法性、标准性、专业性等五大权力类型。前三项是有一定的职位才可以拥有的权力，所以被称为职位权力(position power)；后两项权力取决于个人的能力，所以称之为个人权力(personal power)。一般权利的发挥需要各种因素的相互作用。

- **奖励性权力**：领导代表性的奖励权利有工资、晋升、职务分配等。大企业中比较有地位的部门有人力资源部门、绩效考核部门、监督部门、因为它们拥有奖励性权利。
- **强制性权力**：领导拥有处罚员工、解雇员工、对员工职务进行变更等权利。
- **合法性权力**：承认领导权力的权威性并且遵从领导的权力和跟随其领导。合法的权力是从组织中体现出来的，除此之外，在个人的能力、文化价值、社会构造中也会体现出来。
- **标准性权力**：个人拥有的权利中最具有统筹意义的一项权利。领导没有了职权或者已经没有领导的必要的时候，还能够发挥其影响力，获得员工对他的尊重以及感受到他的魅力。宗教领导人就是这种权利的很好的体现。
- **专业性权力**：在某一领域下由于其自身的知识、技术、能力等个人实力而发挥出的影响力。

领导力的第三个本质性的要素是相互作用(interaction)。领导者所具备的影响力不是单方面的传递给组织成员或者追随者的。实际上发挥领导力是根据组织或者成员的实际状况而发挥出其相应的各自的领导力。不仅如此，领导的影响力不是当方面的传递给追随者，根据追随者的多种多样的行为(例如积极的服从，被动的服从，赤裸裸的反对等多样的行为)可以影响到领导者。领导者还要观察组织成员的反映来调节自己的领导力，从这点上就可以看出领导和组织成员之间的相互作用的一面。

　　一个领导者带领组织前进时，有些情况下是要通过人际关系起去统率组织员工的，还有些情况下是要通过业务中心制去发挥其领导力的。当然，根据组织所从事的行业和组织的成熟度，这个组织的状况和氛围会受到影响。这时，作为优秀的领导者就应该适当的发挥出其领导力，引导组织走向正确的方向。也就是说，利用赞扬或者关怀、适当的奖励和委任、信息传达、意识决定、问责和处罚等权力做出符合当时情况下的决策方案。从关于管理者领导力的书籍或者领导力培养计划中可以看出，对于沟通、矛盾管理、管理者的倾听所重视的原因，这是因为领导力的特性是通过领导和其跟随者间的相互作用实现的。

　　综上所述，领导力是指为达成组织的目标，领导者引导组织成员自觉的工作起来，所行使的社会影响力的过程。这一点上可以看出，领导力是领导者个人具备的特性，同时为达成组织目标而与组织成员相互作用的过程。很多学者把这样的领导力分为独权主义、民主主义、自由放任主义。

- **独权主义领导力**：是指组织内部所有的决定权都由领导者一个人做出单方面决定并由领导者制定工作计划以及下达指令，必要的部分才会让下属自己看着决定。
- **民主主义领导力**：把大部分的权利相应的分配给下属。
- **自由放任主义领导力**：尽可能的不参与或者不干涉决策的过程，把决定权完全交给下属。

　　从生产效率和成果的方面来看，自由放任主义领导力是最差的。但是，民主主义领导力和独权主义领导力根据情况的不同会产生不同的成果。一般情况下，民主主义领导力下的组织和组织成员的关系，从缺乏领导时组织成员的态度等方面来看，要比独权主义领导力下的关系显得

更加友好些，正因为如此，生产效率如果相同的情况下，选择民主主义
领导力更为正确。

2. 费德勒(F.E Fiedler)的领导权变理论

不考虑该组织所处的环境或其他条件，想要找到能够创造出良好成
果的领导力类型是很难找的。费德勒领导权变理论（contingency
theory）认为不仅在领导者的领导风格上，还可以从构成领导力的环境
中发现正确的领导力模型。即在特定的状况下，发挥出最适当的领导力
会增加这个组织的取得成果和组织成员的满足感。

最具代表性的权变理论是费德勒(F.E Fiedler)的费德勒模型，费德勒
强调领导的特性、行动诱导力以及有效发挥领导力的条件非常重要。
他把影响领导者领导风格的环境因素归纳为三个方面：上下级关系、
任务结构和职位权力。

- **上下级关系**：上下级关系是指下属对一位领导者的信任、爱戴和
  拥护程度，以及领导者对下属的关心、爱护程度。这一点对履行
  领导职能是很重要的。因为职位权力和任务结构可以由组织控制，
  而上下级关系是组织无法控制的。
- **任务结构**：任务结构是指工作任务明确程度和有关人员对工作任
  务的职责明确程度。当工作任务本身十分明确，组织成员对工作
  任务的职责明确时，领导者对工作过程易于控制，整个组织完成
  工作任务的方向就更加明确。
- **职位权力**：职位权力指的是与领导者职位相关的正式职权和在上
  级和整个组织各个方面所得到的支持程度，这一职位权力由领导
  者对下属所拥有的实有权力所决定。领导者拥有这种明确的职位权
  力时，则组织成员将会更顺从他的领导，有利于提高工作效率。

　　根据费德勒的研究表明，领导权变在领导和下属之间的关系良好、任
务结构单一、领导的职位权利越高时，对领导越有利。相反，如果领导
者和下属之间的关系不好，在任务结构复杂，领导者的职位权力越低，
领导权变对领导者越不利。根据这三种变数的特性领导者会处于有利或
不利的环境。

[图 7-3] 费德勒模型

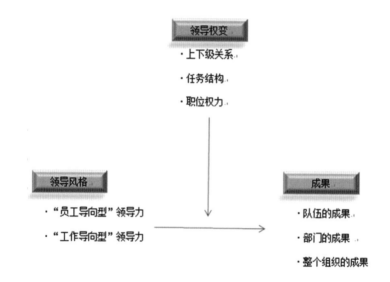

　　费德勒主张领导权变对领导者有利或者不利时，选择"工作导向型
(task-oriented)"领导力，领导权变对领导者无所谓有利或不利时选择
"员工导向型(relation-oriented)"领导力。员工导向型的领导方式倾向
于信赖和尊重下属，真正的关心下属的需求，实际行动中尊重下属的意
见，公平对待下属。而工作导向型的领导方式则倾向于根据业务明确分
工，认真检查是否遵守公司规则和业务处理方式，最大限度的发挥下属
的能力。

[图 7-4] 费罗伯特·豪斯(Robert House)的目标 - 途径理论

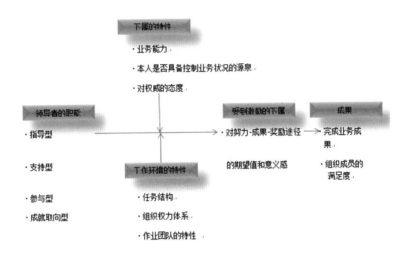

3. 罗伯特·豪斯(Robert House)的途径 – 目标理论 (Path–goal theory)

豪斯的目标-途径理论(Path-goal theory)来源于激励理论中的期待学说。这一理论注力于研究由领导的努力到成果、由成果到奖励的途径中期望值和目标效价的关系，从而了解领导的影响程度。领导通过提高下属对成果的效价、制造达成成果的必要环境，起到提升完成任务的期望值的作用。该理论认为，领导者只有让下属相信明确了达到组织目标所期待的行动途径就可以更容易更多的获得奖励，才能够激励到员工、提升绩效。目标-途径理论确定了下面四种领导行为。

- **指导型领导**(Directive Leadership)：为下属的工作制定计划和具体实施细则，积极地指导他们的工作的领导类型。
- **支持型领导**(Supportive Leadership)：关心下属的需求和福利问题，关注稳定健康的组织氛围的领导类型。

- **参与型领导**(Participative Leadership)：通过与下属的信息交换征求下属意见，多反映他们的提议和意见，以小组为中心的领导类型。
- **成就取向型领导**(Achievement-Oriented Leadership)：强调设定具有挑战性的目标，相信下属的能力，积极鼓励其达成目标的领导类型。

目标-途径理论如[图7-4]所示根据领导的环境要素(下属的特性，工作环境的特性)确定不同的领导类型，这是目标-途径理论的核心理论。领导者通过观察下属的特性以及工作环境，发挥出相应的领导力，使得下属们的努力-成果-奖励途径的期望值和目标效价得到保障进而提高业务成果、下属人员的满足感和奖励程度。

第三节　沟通

1. 沟通的重要性

为了使组织活动顺利的进行,需要组织内成员间有效的沟通交流。良好的沟通可以提高组织成员完成组织目标的动力。组织内的沟通就好比是人体内的血液循环。当人体内的血液循环产生异常时，人的身体也会产生不适。同理，如果组织内部没有有效的沟通、信息的交换和共享，那这个组织会处于麻痹、停滞状态。由此，可以看出沟通是指信息、信息的交换和意思的传递。

特别是随着组织的规模不断增大，同时出现的一种典型问题是组织内各部门间产生会很大的沟通壁垒。组织内部间的沟通不畅常常被称为企业的成长之痛，各部门只注重当前对自己有利的信息，而对于其他信息报以莫不关心的态度，因而使得组织内部盛行着首先考虑本部门的本位主义和利己主义。组织内部部门间一旦产生沟通壁垒的话，即使最简单的沟通都实现不了。上下级间、部门间、内外部间一旦缺少或断绝沟通的话，会使组织内的矛盾加深，进而导致降低企业竞争力。要想解决这一问题，就要重新建立起良好的内部沟通环境。很多企业刻意的去打通部门间的沟通壁垒从而创造出良好的、有效的交流环境。

便利贴的发明归功于强调组织内部沟通的3M(Minnesota Mining and Manufacturing)公司(明尼苏达矿务及制造业公司)。初期便利贴的发明者利用工作之余的时间发明了便利贴的原型——独特的弱性胶，但是却没想过把它变成商品。正当同事在苦苦寻找书签时，得知了他发明的弱性胶，并给予了肯定。此后，两个人通过不断的交流、沟通，便利贴诞生了。在当今科技化、信息化发展水平如此高的时代，仅期待一名有能力的职员提出创新的方案并且落实是不符合现实的。

根据不同的沟通路径、形式和载体，沟通可分为正式沟通和非正式沟通，正式沟通分别包括纵向沟通(自下而上沟通、自上而下沟通)、横向沟通和斜向沟通。

2. 纵向沟通

组织内部纵向沟通，可以根据意思传递或者信息流通分为自上而下(top-down)沟通(下行沟通)和自下而上(bottom-up)沟通(上行沟通)两种形式。

下行沟通是指资讯的流动是由组织层次的较高处流向较低处，通常下行沟通的目的是为了控制、指示、激励及评估。其形式包括管理政策宣示、备忘录、任务指派、下达指示等。有效的下行沟通并不只是传送命令而已，应能让员工了解公司之政策，计划之内容，并获得员工的信赖、支持，因而得以有效的期待，同时有助于组织决策和计划的控制，达成组织之目标。但是当资讯自一方传至另一方时，有些资料会被忽略掉。当资讯传经许多人后，每一个传送过程都会造成更多资讯的损失，甚至遭扭曲误解。在组织中，当讯息下行沟通经过许多组织层级时，许多资讯会遗失，最后接收者真正能收到的只是一小部分而已。因此精简组织，减少组织层次，能使沟通有效执行。

上行沟通是指下级的意见向上级反映，即自下而上的沟通。目的就是要有一条让管理者听取员工意见、想法和建议的通路。同时，上行沟通又可以达到管理控制的目的。提案制度和苦衷处理制度等运用网络沟通的方式比较常见。有效的上行沟通与组织环境和工作氛围直接相关，努力营造和谐的工作氛围。

3. 横向沟通

横向沟通指的是流动于组织机构中具有相对等同职权地位的人之间的沟通。为完成组织目标，要减少独立部门，业务负责人的不必要的矛盾，并引导、促进相互间的协助和信息交换的必要过程。为达到这个过程，部门间的协议或者妥协是必须要经过的过程，为了顺利进行这一过程需要营造和上行沟通一样的和谐的工作氛围。

特别是部门间的信息共享是指同一阶层形成的信息交换，是组织成员之间的业务调整·统合的前提条件。如果没有信息系统的支持，横向信息共享很难有效的进行下去。因为随着组织成员的增多，是无法与每个人都进行信息交换和协调意见的。为了横向沟通有效的运行，需要建立可以让组织成员连接到任何一个人，完善的信息信息系统。

4. 斜向沟通

斜向沟通是指群体内部非同一组织层次上的单位或个人之间的信息沟通和不同群体的非同一组织层次之间的沟通。这种沟通的主要目的是给予对方或者双方互相提供信息，资源或者合作。正因为斜向沟通不属于正式的命令体系，所以会导致沟通的重复性以及部门间的矛盾。

组织内的沟通不单单只有正式沟通一种形式。实际上，在组织中形成的沟通大部分由与正式权限阶层无关的非正式沟通途径形成。非正式沟通和正式沟通属于互补的关系，在组织内的沟通形式当中所占的比例较高。非正式沟通主要是由信息的缺乏，不确定性以及因情绪而产生的矛盾等因素下产生的，和正式沟通在某些方面存在不同点。非正式沟通通常被称之为小道消息(grapevine)，是因为它的意思传达渠道像一串葡萄藤蔓一样复杂，进而导致信息不能够准确的传递。组织内所散播的传闻和流言蜚语等都属于小道消息的一种。根据情况可以有效的利用非正式沟通渠道中的信息交流和意思传递，所以非正式沟通需要适当的管理。

第四节 控制

1. 控制的意义

无论计划制定的如何完美，如果在执行过程中对其没有恰当的管理措施的话计划也有可能达不到预期的效果。管理过程中的控制职能是指对实际经营活动是否按照计划进行监督，或者为了不使经营活动脱离计划而进行的预防和修正的活动。管理者应当制定适当的措施并利用人力以及物质资源来实现目标。此时，使目标得以按照计划进行下去的经营者所采取的一切管理活动就成为了控制活动。管理这一词给大部分人带来的是一种否定的感觉，虽然给人带来一种被强迫以及被监督的感觉，但是控制却不是管理者强迫下属的一种行为。

经营活动中的控制工作包括三个步骤：1)确立标准；2)衡量成效；3)

纠正偏差。所以，如果没有适当的控制手段很难让计划按照设定好的标准有效的、顺利的进行下去。在组织中标准也是一种目标，标准作为评价的基础，所收集到的信息必须是有用的、可评价的，这样控制工作才能进行下去。因此，控制工作对于生产部门和销售部门是可行性的，与成果测定有关的人事部门和研发部门给控制工作带来一定的困难。例如，开发新药的时候，测试1000种试剂也很难开发出一种新药，谁也无法确信它的成功与否。但是，对于生产部门的控制工作就简单多了，产品的不良率设定在0.01%的话，在其实际的生产线上测量不良率就可以了。

[图 7-5]　PDCA循环管理

控制也是适用于日常经营管理过程PDCA循环管理中的核心活动。PDCA循环管理如[图7-5]所示，是指由计划(Plan)-执行(Do)-检查(Check)-处理(Action)组成的循环管理。例如，周一上班首先要制定要处理的事情的先后顺序，分配任务给各组织成员(Plan)后限于一周内执行(Do)。

星期五下午检查业务进展状况并检查出现问题的部分和没有达到预定
成果的部分(Check)，解决问题和找出失误的理由或改善业务处理方式
(Action)，完成这一周的工作。下一周继续循环这样的过程，通过这样
的循环过程来持续改善企业和实现了组织成员们的学习过程。

　　控制活动在PDCA循环中属于检查和处理阶段。如果没有适当的控制活
动，就没法及时地把握目标达成情况也不能从员工的失败中吸取教训而
获得进步。

2. 控制方法的类型和条件

　　企业经营的控制措施根据事情的进行过程和特性，如图[7-6]所示，
大体可分为预防性控制、同期控制(过程控制)和反馈控制的三种类型。

　　预防性控制(preliminary control)是指在经营活动正式开始之前，防
止活动脱离了预期的目标或标准所实施的控制，预防性控制被称为最彻
底和最根本的控制类型。预防性控制能否顺利，在过程中进行事前检
查，确保人力以及物质资源充足是很重要的。无论计划制定的多完美，
规则和程序多完善，如果支持他成功的资源得不到保障，很难成功。

[图 7-6] 控制手段的模型

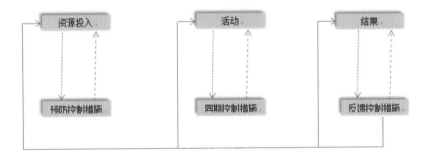

　　如果从业员有能力也值得信赖，即使缺少其他控制也可以确保控制的

有效性。与此同时，应在组织成员间进行适当的业务分工。利害关系相冲突或有丧失相互约束能力危险的业务，是不可以让一个人同时监管的。此外，生产完成品时，所需要的配件在入库时的严格检查和自来水供给给消费者前的充分检查都属于预防性控制。

预算也可以当作是预防性控制方式的一种。预算是以为了让经营活动有效的进行下去而树立的经营计划，以数量或货币单位表现出来的。也就是说，经营活动的单位或部门间实行业务时通过分配所需的人力、物质资源来编制预算。这种预算可以评价出相关部门是否有效的使用资源，是否有效的完成了目标竟而被用作控制的基础。通过预算控制从整体来综合调整组织目标，并且把资源分配给各部门或各责任单位并且赋予责任，正因为赋予了他们责任，才可以实施控制各部门间的活动。

同期控制法是指对正在进行的活动给予指导与监督，以保证活动按规定的政策、程序和方法进行。根据经营管理者直接到现场监督，查看计划是否按照预先制定好的步骤和规定进行而形成的一种控制方法。同期控制法的优点包括，最终结果出来前都可以进行修正，投入的费用小，是一种及时有效的控制手段。为了有效地控制，经营者要迅速而准确地得到关于进展情况的信息。

反馈控制(feedback control)是把焦点放在最终结果上，是最常用的控制手段。管理人员通过分析工作执行的结果，将它与计划相比较，发现偏差所在，并采取相应的措施以防止偏差发展或继续存在。反馈控制的主要缺点是时滞问题(不及时性)，即从发现偏差到采取更正措施之间可能有时间延迟现象，在进行相应的措施给予更正的时候，实际情况可能已经有了很大的变化，或者事情已经结束且已造成不良的后果。反馈控制的优点是可以提供计划和执行是否得到了有效的执行，以及提供有效执行的信息，有利于下次制定类似的计划。并且可以提供对员工的绩效考核和奖励基准的信息。反馈控制通过绩效考核可以使得从业人员拥有成就感以及反省错误等，起到增强员工积极性的作用。反馈控制如

[图7-7]所示，包括控制对象和内容的选择、标准的制定、标准和实际的比较、评价，根据脱离标准而拟定纠正措施的过程。

(1) 控制对象的选择和控制内容的制定

选择部门和职能为控制对象，控制对象可以是经营活动中的投入物，生产过程，产出物等。例如，PC生产企业的情况，投入物就是指各种电子配件，生产过程则是PC组装线(PC组装过程)，产出物则是完成品。一旦确定了控制对象后就要选择是否符合的管理指标。要选择像市场占有率，库存水平，不良率，劳动投入时间等具体的对象。

[图 7-7] 反馈控制的步骤

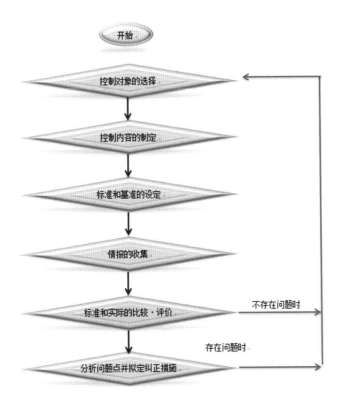

(2) 基准的设定

制定为了进行比较的标准或目标值，不仅起到把组织目标明确的传递给管理者或组织成员的作用，还可以使组织内部的沟通顺畅进行，还可以作为评价成果好坏的一个标准，还有助于采取事后措施。如果不能以数值来表现出基准时，基准的设定应当采用可以容易的客观理解，并且保证事后措施可以很容易。

(3) 信息收集及标准和实际的比较·评价

应对考核组织内的细分单位或经营活动的实际执行成果进行考核。如果没有成果考核便无法与计划相比较，竟而导致无法拟定修正措施。另外，及时的收集关于成果的信息以便及时地对没有按照计划进行的活动进行修正。

按照制定的标准测定活动的成果后，应当比较和评价两者的差异。标准和实际结果存在差异时，应分析产生差异的原因。差异一般分为有利和不利两种差异。不利的差异在未达到实际目标时产生，产生不利的差异时应当找出原因并彻底地进行分析，并采取必要的修正措施使目标达到预期的目标值。对有利的差异也要分析其有利的原因，积极地把握这些因素制定更好的战略计划，必要时可以采取合理的奖励措施。另外，差异还分可控制差异和不可控制差异。在生产部，由于工人的失误使得材料投入量过大，从而引起产品成本增加的不利差异是属于可控制差异，因材料购买价格的上升而引起的产品成本过高的不利差异属于不可控制差异。

(4) 纠正措施

标准和实际结果产生差异的话，经营者应从以下三个选择中选择一个：①不采取任何纠正措施，差异产生在允许范围之内，或者经营者认为这个差异属于不可控制的差异的情况下可以不采取任何纠正措施。②不利的差异产生并已经超过可允许的范围时，经营者应当采取相应的纠正措施达成预期目标。纠正措施包括战略的修正、培训的强化、职位调动或者人员调动、改善工程等。③即使在现有的条件下竭尽全力，因目标或者标准制定的不切实际，也会产生差异。另外，因不可控制的原因也有可能使得差异持续的增大。此时，与对经营活动的修正措施相比，更有必要调整自身的标准。

2. 控制措施的条件

不管选择什么样的控制措施都是为了形成有效的控制，而事先制定的控制措施都要满足以下的几种条件。

- **与目标的联系性**：因为控制是为了有效的实行制定的措施，所以控制对象理应与为了达成企业的目标有着密切的联系性。主张优秀的产品质量是企业成长的捷径，而以实际销售额和生产量来评价的控制措施是得不到职员的认可的。
- **客观性**：通过个人情感改变控制措施或把控制措施当成获取利益的手段是很困难的。例如，通过公认会计师监督企业的运营状况是为了维持客观性。
- **完整性**：完整性是指控制措施为达成企业目标而采取的行为以及取得成果的程度。仅用生产量来考核生产管理部门的话，可能会出现很多不良产品。因为，一旦完成了生产量目标，不良品可以事后修补。在这种情况下不仅要考核生产量，也要把不良率和库存水平纳入考核标准里。考核营业部门的情况下，只用销售额和出库量来考核的话，会出现打折销售和转嫁给承包业者的情况。同样，仅用采购单价的高低来考核采购部门的话，会出现产品质量问题。

- **及时性**：是指为了有效的控制，必要的信息能否及时的提供。例如，现已普及的销售系统可以实时提供销售的产品的种类、类型以及库存量的信息，有助于库存管理和销售管理。
- **合理性**：当很多人都无视控制措施时，经营者应找到致使这种情况发生的原因。没有适当的奖励制度作为保障会降低组织成员的积极性，在无关紧要的方面进行控制措施，或者采取过于严重的处罚制度都会产生无视组织的情况。

案例1：想成为优秀的领导者吗？

　　2009年初，谷歌开展了分析组织内部人员的活动。"找出能够培养出优秀领导者的方案。一位优秀的领导者不仅可以提高企业的成果，还可以提高员工们的幸福感。比开发下一代谷歌搜索引擎更为重要。"分析人员组织收集了有关于组长级别以上的100种，一万多条信息。业务评价·面对面调查·问卷调查·事例研究等把可收集到的资料用了整整一年的时间全部彻底地分析一遍，并总结出了通往成功领导者的8项基本管理准则。按照重要性进行了排位，却得出了令所有人都意料之外的结果，一向追求超级精英主义的谷歌，自1998年创立以来倍受重视的"技术型专业性"勉强排到了最后一名。取而代之的是"与下属的1对1接触"，"认真倾听下属的意见"，"关心职员的幸福感"占据了前几名。

　　斯坦福大学罗伯特·萨顿(Robert Sutton)教授的主张是"想成为优秀的领导者应具备均衡的业务能力和人性美是项目氧气的结论"。"谷歌把这个结论用于组长培训中，并改善了四分之三低评价组长的业务能力"。组织心理学博士萨顿教授主要研究了人的因素对企业所产生的影响。"使优秀职员流失的最大原因就是领导者无视职员，侮辱职员，使其没有继续留在公司工作的欲望。领导者如何使用职权对待员工会影响到整个组织的文化以及成果。优秀的领导者不仅可以把成果提高到期待值以上而且还懂得如何去尊重职员。功劳分发给下属职员，责任由领导担负。在企业提出不正当要求的时候领导者要为职员当人体盾牌来维护下属职员的利益。这时，职员们为了领导者着想，反倒会更努力的去工作。没有成为优秀领导者的特效药和捷径。想要成为优秀的领导人就要像狗一样奔跑，每当摔倒时，都要重新站起来。在紧要关头的时候更要去帮助下属职员们前进。"

罗伯特·萨顿说过"如果被'权力中毒','时间压力','高压锅型成果'等因素所束缚，无论是谁，随时都有可能成为一名失败的领导者。要想成为优秀的领导者之前先要把自己内心深处的失败领导者的一面清除掉。""成为优秀领导者的办法中，有一种是不能重蹈覆辙失败领导者的路"。"可以从2个层面上评价领导者，第一个层面是从业务处理能力方面上评价，第二个层面是从能否理解和尊重他人的方面上评价，萨顿教授是以第二个评价方式为基准来判定领导者是不是一个失败的领导者。既没有业务能力也不尊重下属的领导者毫无疑问一定是个失败的领导者。就算一个领导者有很出众的业务能力，但是，藐视下属，不尊重下属，使得下属失去工作动力的领导者也是一个失败的领导者，与无法让组织整体有效的运转是一个道理"。

萨顿教授说过"从人的本性角度上来讲，想要成为一个既不优秀也不失败的领导者也是一件非常困难的事情"。

1. 为什么很难成为优秀的领导者呢？

萨顿教授从心理学研究中找到了为什么很难成为优秀领导者的原因。他以'饼干实验'为例，"三名学生，让其中的两名学生写报告，剩下的一名学生做评委。把装有饼干的盘子放到他们面前。担任评价的那名学生瞬间变成了'猪'，吃的要比写报告的两名学生吃的还要多，张嘴的同时还掉下了很多碎饼干渣子"。通过实验可以看出即使拥有很小的权利，人都是以自我为中心。不会把其他人，特别是下属放在眼里，这种现象被称为'权力中毒'(power poisoning)现象。

萨顿教授说过"人一旦受到规定的时间内取得一定成果的压力就会陷入'时间压力'(time pressure)'高压锅型成果'(performance pressure-cooker)的现象中，致使领导者无暇顾及身边事物"。在'好撒玛利亚人'实验中可以看出，"让入学新生以好撒玛利亚人为主题发表演讲，同学在前往演讲场所的路上看到一名路人因咳嗽太厉害而躺在地上，在'离演讲的时间还有很长时间'的情况下演讲学生中有63%的人选择去帮助那个咳嗽的人，但是'马上就要开始演讲'的情况下只有10%的学生选择去帮助那个咳嗽的人"。

2. 失败的领导者会毁掉一切

萨顿教授说过"失败的领导者不仅会毁掉下属员工和公司甚至也会毁掉自己。"失败的领导者会危害到下属的身心健康。10年间对3100名瑞典男人进行追踪调查显示，在与失败领导者工作的男人比在成功领导者下工作的男人心脏病发作几率要高出20%以上的危险。

失败的领导者甚至可以折磨到下属的家人和恋人。萨顿教授说过他曾收到过"只要我回到家里，我都会骂领导很长一段时间，致使妻子每天晚上都要忍受两个小时的痛苦"这样的邮件。

失败的领导者可以给公司造成巨大的损失。2001年美国Cerner集团(Cerner Corp.)的CEO 尼尔·L·帕特森 (Neal L. Patterson)给下属管理者发了这样的一封邮件'如果每周六，上班的员工数没有超过半数的话，那么两周后首先从你们开始开除'。有人把这封邮件公开了，该公司的股价仅仅三天就下跌了22%。不仅下属就连市场也会抛弃如此失败的领导者。失败的领导者也会毁掉自己："有能力的职员是不会遵从失败的领导者的；业绩很难提升时；当失败的领导者在'崴脚'时，'被害者'们会联合起来去反抗失败的领导者，这时失败的领导者彻底被打败了"。

3. 如何避免成为失败的领导者

萨顿教授指出"避免成为失败的领导者的第一个阶段就是要认识到在自己成为领导者后受到压迫的时候也有可能成为失败的领导者这一点上"。"人们总是有过高评价自己的倾向；驾驶者中占90%的人认为自己的驾驶水平在平均水平以上；美国高等院校的学生中70%的人认为自己的领导力在平均水平以上；要先打破这种错觉。"

第二阶段是要有名"控制官"在身边。萨顿教授认为"在领导者做出失败领导者所做出的决定或行动时，旁边要有起到给予警告并管制的一个人存在"。但是"治疗失败领导者最有效的药是羞耻感和自豪感，领导者要经常的问一问14岁的儿子，自己所做的一切会使他感到自豪还是羞耻"。这个方法是萨顿教授治疗失败领导者的根本处方。

在做出失败领导者做的事后，请求下属职员的原谅也是一种办法。在追求成果的过程中会出现过多的压力转向职员的现象发生。在以提高销售额、确保利润为目标的企业中领导者们很难保持优秀领导的印象。萨顿教授说过"为了能重新得到下属职员的信任，平时就应该多争取些下属职员的'情感分数'"。

4. 该如何处理坏下属？

"不肯为组织努力的下属，焦躁·不安·传播烦恼的下属，不尊重对方的下属"都被萨顿教授定义为"坏下属"。"一名坏下属就可以使组织的成果下降30%～40%。这和一个烂苹果会使整箱的苹果全部烂掉的道理一样，要立即纠正问题。"

在员工试用阶段时就应该辨别出坏下属。有时应聘时没有出现一点问题，但是随着时间慢慢的流逝变成了坏下属。在改善他们的时候是需要耐心和时间的。萨顿教授说过"选择的问题"，如果项目是一个月的项目，就不需要为了改善谁而去费心，因为为期一个月的组织活动结束后这个组织就会解散。如果项目是要合作好几年的项目，那这个下属就有必要去改善了"。

有时想要改善一名员工很困难，因其出众的业务能力辞退时还觉得可惜的情况也实有发生。在中西部航空公司(Midwest Airlines)中被称为'安全管理皇帝'的老工程师，拥有惊人的寻找出机械缺陷的业务能力。但是他却是一个说话刻薄的人，尝尝把同事的心伤的粉碎，管理层只好安排给他独立的办公室，起到物理性的隔离他和他的同事的效果。萨顿教授说过"企业是一个追求效率的组织，使其他下属可以不受坏下属的影响也是一种办法。"

虽然这样做有效的阻止了坏下属影响其他下属的情况发生，但是会使其社会沟通能力下降，导致和同僚之间关系不是很融洽的情况也可能会发生。不用刻意的去改善或者隔离他们。"任何地方都有像狼一样的孤独者，他们会把自己的业务处理的很完美。对这种情况，放任自流是最好的办法。"

5. 要给予失败的领导者痛彻心扉的报复吗？

"在现实中报复失败的领导者是很困难的，不够力度的小报复往往会遭到更惨痛的回击。""女编导(PD)的领导是一个即偷吃自己的饼干又爱折磨自己的一个坏领导。于是女编导就往自己的饼干里放了泻药，领导从此不再偷吃饼干了，但是取而代之的是各种杂活让女编导去完成。结果女编导辞退了这个工作。想要打败拥有权力的领导者是很难的。"

萨顿教授建议"应该机智的应对失败的领导者"。记录下他所有的恶行，"对女性护士的语言侮辱的主任医师；向下属脸上扔未熄灭烟头的电视台领导干部；每次把出差的费用报很高的领导；受到这些人坑害的受害者们应该齐心协力起来，在失败的领导者业绩下降时；公司接受监事监察时和CEO要有更换领导者的意向时，要把握住这样的机会，这样的机会一定会有的。"

萨顿教授说过"失败的领导者应该先了解下自己的下属员工有多机智，如果这些下属员工具有忍耐性的话就真的应该保持高度紧张了，因为他们随时都有可能收集足够多的证据来抓住你的致命弱点给你致命的报复。"

优秀的领导者是可以正确的理解下属的想法和感受的，所以，为优秀领导者着想的下属会更积极的为领导者工作，这是萨顿教授所得出的结论。想要成为优秀的领导者同样需要了解人的心理。萨顿教授还说过

"人们往往有一种自己明明做了10件事却认为自己做了15件事的倾向。想要获得下属们的爱戴，比起他们的实际业绩要多称赞他们更为重要"。

如果失败的领导者使得员工不能正常的工作，那么优秀的领导者便是可以使员工可以充分发挥其能力去工作的领导者。萨顿教授呼吁大家"从减少会议和杂物开始"。站着开会要比坐着开会在决定决策的时间上可以节省34%的时间，决策的质量基本没有差异。另外，人在做着其他的事情时，想要注意力马上回到主要业务上的时候平均需要25分钟的时间。业务评价表，出差报告书尽可能做到简单化。优秀的领导者还应该在企业下达"白痴般的指示"时为下属充当"人体盾牌"的作用，否则很有可能会毁掉自己的发展前途以及员工们的未来。"用政治家一样的触觉来辨别出'一定要胜利的，实际上是可以获胜的斗争'，不值得在小斗争中丢掉生命。"

(朝鲜日报，2011.09.09)

案例2：想要创建像沃尔玛·苹果·百事可乐一样的品牌，首先要培养一名适合这个品牌的领导者

沃尔玛、苹果、百事可乐他们所追求的是各不相同的品牌形象。总是以出售价格低廉的商品是沃尔玛所追求的品牌形象；创新性的，卓业的设计是苹果公司所追求的品牌形象；百事可乐把自己的品牌形象定位于富有青春、活力的形象上。那么，这样的企业需要一名什么样的领导者呢？当然是需要一名适合于自身品牌形象的领导者了。沃尔玛需要的是'具有追求价格效率，可以及时的把所需要的商品供应给顾客'能力的一名领导者。苹果公司所需要的是一名'可以打破常规并附有创新性，

创造新产品和制定优越售后服务'能力的领导者。百事可乐公司则是需要一名'具有挖掘有才能的、可以提供崭新Idea的职工'能力的领导者。只有这样才能让企业有效的树立起自己所要建立的品牌形象。

实际上，被誉为人才士官学校的全球性企业都在探索能够培养出符合企业形象的内部人才·管理者的人才管理战略。被誉为人力资源管理(在此之前，人力资源被叫做"人事管理"(human management)的开创者美国密歇根大学罗斯商学院教授戴维·尤里奇(Dave Ulrich)，也译为戴夫·乌尔里克(或奥利奇)在接受《每日经济》MBA报刊的书面采访时指出"经过十年时间对被誉为人才士官学校的150家企业进行观察结果显示大部分企业选择了'把对外的品牌形象套用到内部管理中'的方法。"

尤里奇教授把上述方法称之为"领导力品牌"。领导力品牌具体是指培养出具有'把企业固有特色合理的融入到顾客和投资者所期待中'能力的领导者。尤里奇教授说过"拥有领导力品牌的领导的企业可以带给顾客和投资者'这个公司往后还会创造出高质量的产品或者服务的'这样的信念。"

以下是和尤里奇教授一问一答的内容。

研究'领导力品牌'的原因是什么？

· 大部分人的研究主题都放在如何刺激企业的关注度和想象力上面了。我在成长的过程中很容易对听到过的主题或经验产生浓厚兴趣。我在拥有很强好奇心和开放性思维方式的父母身上学到了'在警戒线工作法'，从中学到了把一个Idea从这个领域跳跃到另一个领域的方法。领导力品牌就是从警戒线的一端跳跃到另一端后而产生的理论。一般人都认为领导力是关于组织内部的，而品牌就是指外界对企业的评价，把两者合起来就是领导者要把"要知道的"和"要做的"和顾客所期待的有效的融合起来。'领导力品牌'是一个既有趣又要求想象力的一个主题。

如果IT·财务·人力资源管理的负责人也了解顾客们的需求的话，就会提升企业品牌价值。为此，应该怎样做？

· IT·财务·人力资源管理这些经营支援部门的大部分专家只把注意力集中到他们业务活动范围以内，对业务活动范围以外的事情没有一点关心。如果，也让他们负起企业成果的责任的话，经营支援部门的专家们不仅会为了解全球化技术·人口·消费者·限定趋势等经营环境还会为了解消费者·规制主管等主要外部利害关系者的需求是什么而去努力。

你为什么把教育培训分为'员工集中式领导力教育培训'和'领导个人领导力培训'呢？两者有什么区别吗？

· 领导力不单只针对领导者一个人的，它还针对整个管理系统。我们以有魅力且有活力的领导者为基准的话，重点当然是'领导者'本身。相反，如果以企业长久的成长为基准的话，重点则是'领导力'。比起依赖于一名有能力有魅力的领导者，有必要创建一个可以系统的培养出符合自身企业品牌领导者的这样一个管理体系。(GE公司以Reginald Jones为开始，不断培养出像John Frances Welch Jr, Jeffrey R. Immelt这样优秀的经营者。这是因为该企业拥有可以培养出优秀领导者的管理体系，即使优秀的领导者离开了企业，优秀的接班人也会坚定不移的让企业继续发展下去。)

在企业面临危机的时候，比起符合企业自身品牌的领导者，企业更需要有实力、有魅力的领导者。

· 在企业面临危机的时候领导者有往往想靠一己之力去解决问题的倾向，而不是安排任务给下属去共同解决问题，因为领导者认为亲自去解决问题的时候会使失误率降到最低。但是，如果企业危机都是由领导者一个人解决了的话，会增加企业对优秀领导者的依赖性，长久下来对企业来说会成为更大的危机。企业通往成功之路所需要的建议往往是掌握在最前线职员手中的，当领导者与职员共同努力解决问题时，会使职员们感受到领导者是一位对新方案或建议是持以开放性态度的领导，职员们会在参与解决问题的时候认识到企业所要解决的问题就是自己所要解决的问题，会像领导者提供更多的解决问题的建议。

领导力培训应该符合顾客和投资者的观点，因此在教育培训的过程中需要顾客和投资者的参与。

• 像史蒂夫·保罗·乔布斯这样理想的企业领导人都有一种天赋，能在顾客和投资者知道自己的需求之前就预见到他们想要什么。最好的市场调查并不是直接问消费者他们的需求是什么，而是通过观察了解到消费者的心理。但并不是每个领导者都拥有预知消费者需求的才能。所以领导力教育培训时需要顾客和投资者参与其中。

(每日经济新闻，2013.02.22)

第八章

市场营销的管理

所谓"无营销不成企业"，能够和消费者直接沟通的营销活动是非常重要的。通过这一章，我们来简单剖析一下消费者的需求和满足渠道，以及营销的概念、构成要素和主要功能。

第一节　营销的概念和范畴

1. 营销的概念

从报纸或者电视中我们可以接触到的最多的关于企业新闻的单词之一就是营销。企业为顾客创造产品和服务，顾客支付适当的价格来购买。营销是指通过这样的交换过程来满足人类的需要，并以此获得利润的企业内部所有行为。

很多人会混淆营销和销售的概念。当然，销售是营销的一部分，但营销在销售之上。彼得·德鲁克曾经主张营销的目的是将销售变得不被需要。他认为说营销的任务就是发现消费者无法被满足的需要，然后找到满足他们需要的方式。在营销取得成功的时候，人们就会喜欢产品，互相告知产品的价值，从而让商家无需再耗神于销售。

因此营销就是销售的等式是不能成立的。在公司拥有产品的很早以前就已经开始了营销。营销是用来剖析消费者的需要而开发新产品，确定价格后通过妥善的流通渠道到达消费者手中的行为。而销售出现在产品开发和生产之后。此外，营销会一直持续到产品的寿命耗尽之时。选择好目标顾客之后改善商品的功能和价值，确定商品是否能够满足顾客的需要等多种多样的行为都包含于营销。现在，我们来了解一下营销的核心概念。

(1) 消费者的需要和需求

消费者的需要(needs)指的是感受到缺乏的状态。只要消费者的群体是人类，需要永远都存在。比如说，人类为了生存会需要吃的，穿的和休息的地方。作为人类，有这样的意识是很正常的。相反，需求(wants)指的是消费者为了满足需要而选择的特定对象。比如说，人类为了生存需要食物。消费者为了满足自身对食物的需要会感受到对特定商品的需求。特定商品可以是大米或面食等。

任何一个消费者都会感受到对事物的需要，但是为了满足这个需要而感受到的需求会受到消费者的喜好、处境、文化的影响。当韩国人感受到早上对食物的需要的时候，他们选择大米饭和辣白菜的概率相对于西方人要高。但是这样的选择也是根据个人的喜好而具有多样化的特点，有的韩国人也有可能会选择百吉饼。而且人们对特定商品的需求会由于时间的流逝而发生改变。因而今天早上也许会想吃大米饭，明天早上也许就会想吃三明治。

区分好需要和需求在营销当中是非常重要的。消费者可能会感受到同等的需要，但是每一个消费者为了满足需要而对商品选择的需求可以是多种的。营销人员要能够意识到消费者对销售人员正在销售的商品的需求会随时因为对竞争商品的需求而变动。比如说，在引进空调之前，消费者对电风扇的需求是很大的。但是相对于对电风扇的需求，很多消费者对空调的需求更大了。那么，营销人员要随时洞察到消费者的需求是如何变化的，同时要有对策面对需求的变化。

(2) 满足

消费者通过利用产品和服务满足自己的需求，此时消费者会更加满足于能够满足自身期待值的商品。当商品的品质（performance）高于期待值（expectation）时，消费者当然会满足于商品，但是如果商品的品质在期待值之下，消费者就会感觉到不满。

很多人会很容易认为消费者会满足于商品的好品质。但是当消费者对商品有很大期待值的情况下，无论商品的质量有多高，都可能无法满足消费者。相反，商品的质量虽然不高，但是消费者对商品的期待值很低也能够满足消费者。比如说，美国的西南航空公司虽然在准时到达和收取客户行李方面只取得了中等的成绩，但是顾客满足度却取得了最高纪录。那是因为西南航空公司的低票价让消费者对其抱以很低的期待值。西南航空公司的服务水平已经完全高过了消费者的期待值。

(3) 价值

消费者感受到的价值（value）是消费者在使用商品后得到的利益和购买商品时支出的费用（costs）之差。营销人员应该增加消费者感受到的价值，那么有两种方法来达到这个目的。

第一，通过增加消费者获利的方法增加消费者感受到的价值。最简单的方法就是提高商品的功能，通过让消费者体验到这些功能来提高消费者的获利。比如，通过提供汽车低价位的黑匣子和导航仪的方法增加消费者得到的利益。

第二，通过减少消费者购买商品时需要支出的费用来增加消费者从商品感受到的价值。同样的功能却价格更低，消费者将会减少支出，增加内心感受到的价值。营销人员应该努力通过改善商品生产方法的途径来降低制造成本，或通过找到更有效率的流通渠道来降低商品的最终价格。

经济不景气时，与不通过商品的附加功能来提高价值的方法相比较，通过降低费用的方法来增加价值更受欢迎。由于消费者在经济条件差的环境下购买力会降低，廉价商品会更受亲睐。因此将不必要的功能略去，只提供商品必须的功能，这样可以有效降低产品的成本。

2. 消费者行为分析

消费者行为指的是个人或者群体为了满足自身的需要、需求和梦想而选择、购买、使用、交换商品和服务的过程。只有正确地了解诸如消费者在众多商品当中如何选择和评价品牌等消费者行为因素才能展开有效的营销活动。

从理解消费者的购买行为出发，如[图8-1]，可以思考刺激-反应理论。如果通过外部环境和营销行为来刺激进入到消费者的认知世界，消费者就会对此产生反应。想要的商品选择、品牌选择、光顾卖场等行为属于最终产物。刺激消费者的主要原因有设计、广告、卖场内部装修、价格和流通战略等多种多样的方式。

[图 8-1] 消费者行为模型

[图8-1]中的认知世界的最终产物就是消费者购买过程。大部分的消费者会经过相似的购买程序。[图8-2]总结了构成购买过程的几个阶段。消费者会经过必要的认识，信息搜索，方案评价，决定购买，使用和体验，以及最后的购买后的行为等阶段。通过这个过程，我们会了解到在消费者的实际购买行为里购买前和购买后的阶段也是非常重要的。

购买过程的第一个阶段就是必要的认识。好比饥饿或者肚子空荡荡时自身感受到的最基本的要求，消费者会跟随朋友和周围人们的需求或者商品广告等传达的刺激而形成消费者的需要。第二个阶段是信息搜索。人们在购买平时一直使用的洗发露或其他物品时一般不会去经过信息搜索的过程。但是如果与能够满足自身需求的商品或者服务有关的信息没有被完整地保留在记忆当中的话，人们往往会搜索更多的信息源。在充分的信息搜索过程之后就会进入第三个阶段，即方案评价环节。对从方案里选择出的商品或者服务的功能和质量、价格等多种属性进行了解后，就会自然地判断出每个属性的水平和相对重要度并得出综合性评价。第四个阶段是决定购买的阶段。即使在前一个阶段已经形成了有关商品和服务的评价的结果，也未必一定会形成购买。消费者会被周围人们的意见或态度等影响，还会因为家庭开支的预算减少而推迟购买。并且如果消费者对购买结果没有形成信心的情况下，将购买推迟或者取消的可能性也是很大的。第五个阶段是实际购买之后所经历的过程，最后的第六个阶段就是购买之后的行为。购买了商品之后消费者会感受到满足或者不满足，会形成与购买商品之前期待值的比较。如果超过了期待值，此后被包括在购买过程的方案中而再次购买的可能性较大，反之不会形成此后的再次购买行为。即，根据购买之前消费者的期待和实际使用过程中得到的满足两者的差异对购买之后的行为有很大程度的影响。

[图 8-2] 购买过程模型

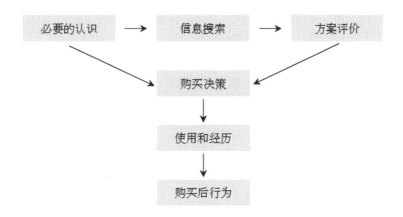

一般情况下，消费者会连续地经过[图8-2]的六个阶段，但是并不代表所有的消费者都会经过这六个阶段。有些消费者会跳过中间的阶段，直接走相反方向。比如说，我们在购买平时一直使用的化妆品或者办公用品时会直接省略信息搜索和方案评价的阶段而直接实施购买行为。这样的行为会发生在品牌认知度较高的商品上。

3. 营销的主要决定

企业为了有效地展开营销活动，会计划和实行满足顾客需求的各种不同的活动。比如说，有位商家想要做饰品业务。他需要做出有关营销的几个重要决定。

- 要把我们公司的饰品卖给哪些客户群体？应该如何定位我们的客户群？应该按照收入将客户群分类还是按照性别或喜好来分类客户群？

- 我们应该提供什么样的产品？应该展现出商品的五彩斑斓和华丽的外观设计还是设计成简单又简朴的款式？

- 饰品的价格应该定位在哪个范围以内？是否应该给购买数量较多的顾客以优惠政策？
- 应该用什么样的途径接近消费者？应该设立在百货商店、珠宝店、礼品店、饰品专卖店中的哪种店面里比较合适？
- 如何把我们的店宣传给客户？是否应该不仅依靠店员而是同时使用广告来进行宣传？

这样一连串的决定能够对营销的两个重要概念的说明起到帮助。第一个概念是以上条目中的第一个，是营销中起到至关重要的决定，即市场选择。市场选择的意思是指对于满足消费者的哪些需求，以及不去满足消费者的哪些需求做出明确的规定。无论是哪个企业都只具有非常有限的资源和能力，所以企业只能满足一部分特定的消费者群体的需求。任何一个企业都无法做到"给所有消费者提供所有产品"。

以上条目中最后的四条是有关市场营销组合(marketing mix)的内容，指的是管理者为了实行营销活动而可以使用的途径。市场营销组合是企业为了从目标用户获得想要的回馈而使用的工具。市场营销组合的构成要素一般分为产品(product)、价格(price)、流通(place)、促进(promotion)四个部分，还可以称为4P。

- 产品：是作为市场提供的制造物本身，通过有形的商品、包装和购买争取到消费者的一系列服务
- 价格：是包括运输和保证等附加费的商品价格
- 流通：是使目标市场的顾客们能够轻松地使用和接触到产品而对其进行的位置转移
- 促进：是指告知目标用户商品的购买可行性和优惠政策，或为了吸引消费者而做的广告、促销、直接邮寄销售、PR等交流活动

第二节　营销战略

市场选择和市场开发都是营销战略的核心。那么现在将营销战略按照[图8-3]分为几个阶段，仔细了解一下具体的活动内容。

[图 8-3] 营销战略过程的构成

| 分析市场机会 | → | 市场细分化 | → | 选择目标 | → | 定位 |

1. 分析市场机会

有关市场的调查分析是营销的出发点。没有经过调查就如同闭着眼睛跑市场。有效的营销能够深入地调查出市场机会，分析在这个市场里创造的收益是否能够达到企业的目标。对消费者进行调查会发现，消费者自身的要求、感受和喜好的程度都是各不相同的。女性往往和男性喜欢不同类型的鞋子，胖人和瘦人也会需要不同类型的鞋子。如果鞋子加有漂亮的流行设计，根据不同的收入、教育程度和喜好，人们所选择的范围会扩大。这种分析市场的活动叫市场调查。

2. 市场细分化

市场战略的重要决定之一是要多大程度地管理和同步于市场。消费者们自然有不同的需求。那么卖家将会尝试假设所有的消费者都是一样的，然后生产一个产品来满足所有消费者，也有可能会将所有的要素作为中心，将消费者分为几个群体之后展示出属于每个群体的产品。

市场细分化(segmentation)的意思是将拥有不同需求的各种类型的消

费者按着对特定产品群的态度、意见、购买行为或者人口统计的变化等进行消费者群体分类的过程。市场细分化是为了能够正确地剖析出消费者的需求，并根据需要探索出市场机会。卖家开发出能够满足消费者团体需求的产品来满足消费者。比如说，沃尔沃汽车公司将消费群体分为注重安全性和不太注重安全性的两个市场。

3. 选择目标

将市场分为几个之后要决定出需要满足哪个市场的需求。企业应将收益或者未来机会大的市场作为目标市场。检测出针对于每个细分市场中的成功要素与自身的竞争力，能够让企业智慧地选择市场。

[图 8-4] 营销目标选择的类型

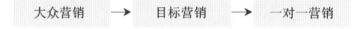

目标选择(targeting)是指根据对象的范围分为[图8-4]里呈现的三个大方面。这三点随着营销的历史共同发展。即从大众营销发展成为目标营销，如今正在从目标营销逐渐演变为一对一营销。

- 大众营销(mass marketing)：不区分市场，将市场整体看做一个对象，提供标准的商品和服务的企业一般采用这种方法。著名的可乐公司与针对特定消费者相比，更倾向于满足所有的消费者。
- 目标营销(target marketing)：不将整个市场当做对象，而是针对于一个或者一个以上的特定市场进行开发和销售对应的产品。生产十多岁的消费者主要购买的饮料或者服装的企业都可以被看做是在进行目标营销。

• 一对一营销(one to one marketing)：一对一营销是从营销活动中最为细微的阶段里发展开来的针对于每一个消费者而提供商品供给和交流的营销方式。例如，做住宅定制的建设企业为了设计出顾客想要的房子会与每一位顾客共同施工。再如外国某著名汽车生产厂商提供给消费者一个网站，让每一个顾客能够做出自己想要的设计。随着网络技术的迅猛发展，针对每位顾客的喜好来一对一提供服务的活动已经在逐渐展开，但是因为费用的问题导致个人商品化还没有活跃起来。一对一营销虽然非常理想，但因其实际效用不大，大多数商家会将市场分为几个后选定目标市场。

4. 定位

定位的意思是在细分的市场中选定好目标市场之后，与竞争商家的产品相比较时产生的差别要素在目标市场消费者的意识当中占有一定位置的过程。定位战略是指为了产品的定位，利用产品、价格、流通、促进等营销组合的方式来实现的过程。

营销者确定了本公司的产品定位之后，要让每一个营销组合的要素全都为产品定位的形成做出贡献。例如，将本公司产品的目标市场定位倾向于汽车安全性能的消费者时，要尽量推出高性能的保险气囊系统、轮胎、制动器等与安全性相关的配件，还要做出以安全性能为主题的广告来告知消费者。而且倾向于安全性能的消费者大多数属于高收入人群，要尽量在他们的居住地附近开设代理店。

第三节 产品管理

1. 新产品开发和产品的生命周期

任何能够满足消费者的需求或需要的元素都属于产品的范畴。因此不仅仅是有形态的物体，服务、场所、构想、组织体等也都可以成为产品。但是在营销管理的角度来看，产品的概念是在能够构成产品的简单而必须的属性集合体之上的。因为消费者会将产品视为满足他们自身需求的所有便利元素的集合。而且营销管理者在开发产品时首先要确定这个产品能够满足消费者的哪些需求，即消费者能够在这个产品上得到哪些便利。

正如当今消费者的嗜好都各不相同而且随时都在变化，在激烈的竞争环境下新产品会很大程度地影响企业的成败。然而新产品的开发也带有很大的危险性。所以企业应该有效地管理好新产品的开发过程，尽全力推出一定能在市场中取得成功的产品。新产品的开发过程如[图8-5]所示，需要经过几个阶段。

[图 8-5] 新产品开发过程

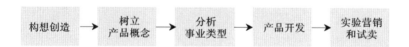

新产品的开发在新产品的构想创造阶段就已经开始了。如果得到了富有创意的新产品构想，那么下一个阶段就是将这些构想一个一个地发展成为产品概念。产品概念的意思是将构想具体化，用有意义的词语将产品表现给消费者。例如，有些食品制造企业想要开发加入到牛奶当中改善营养和味道的粉末，这就是产品构想。这样的产品构想可以根据产品所提供的便利、产品用途、瞄准的顾客市场而发展成为"为了早上没有时间好好吃饭的职场人而提供营养膳食"的产品概念。

事业性分析是经过前两个阶段之后在销售、市场占有率、收益率等方面针对构想进行评价的过程。无论构想有多好，一旦构想形成的产品被认为无法在市场为公司达到预定目标，经营者就应该在这个阶段果断地抛弃这个构想。

如果要把前两个阶段都通过了的产品构想应用到实际的产品生产当中，那么最后的阶段就是实验营销和试卖。实验营销指的是将新开发的产品实验于与实际市场类似的环境和特定消费者的过程。即便是顺利通过了实验营销的产品在市场中也未必能获得成功。因此经营者应当运用在实验营销环节获得的资料和经验，尽全力避免在试卖的过程中遭遇挫败。

无论制造得多么好的产品也会由于消费者喜好的变化、竞争公司的攻击、技术的发展等原因最终失去在市场的主导位置。正如同人也有幼年期、青年期、成年期、老年期一样，产品也有生命周期。产品生命周期自产品在市场当中从出现到消失，经过投入期、生长期、成熟期和衰退期等过程。

- 投入期：消费者由于对产品不是特别了解，所以对产品的需求不大。这个阶段的市场营销的任务就是让消费者了解该产品的存在及其使用效果。
- 生长期：这个时期是产品品质提高的阶段。随着价格的降低需要开始大幅度增加。消费者对该产品有一定程度的了解并且销售该产品的卖场也逐渐增多。虽然由于广告，促销活动以及销售网的扩大会消耗一定的费用，但是急剧增加的市场需求使销售额和利润都大幅度的增加。
- 成熟期：竞争变得越来越激烈，销售额开始降低。由于激烈的竞争，价格被调低的同时开始展开多种多样的促销活动。

· 衰退期：由于新产品的开发，代替产品的上市，新技术的研发，
消费者喜好的变化等因素，销售额大幅度的降低。广告和促销活
动也逐渐减少，把成本降低作为重点。

[图 8-6] 产品生命周期

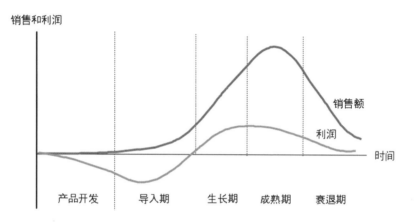

2. 产品的品牌战略

(1) 品牌和品牌战略的意义

品牌是指用以和其他竞争者的产品或劳务相区分的固有名称、记号、
设计、图形等。为了明确表示是特定制造厂商的产品，品牌中所使用的
名称和标志现在已经成为了企业的核心资产。品牌战略就是把企业的一
种产品或者品牌发展成为强有力或具有价值的品牌的一种战略。没有一
个企业是仅仅为了几年的利益去开发产品或者品牌的。所有的企业梦想
都是想使自己的产品或者品牌走向世界，从而获取长远性的利益。想把
这样的梦想变为现实最重要的就是熟悉品牌战略。

如果每个公司都像世界名牌哈雷戴维森(Harley-Davidson)那样去构

建自己的品牌价值和文化，并拥有一群狂热的爱好者的话，顾客即使花
再多的钱去购买哈雷戴维森也愿意感受从未有的归属感和幸福感。更有
利的是因为顾客的参与使哈雷戴维森这一品牌变的更强。这就是品牌战
略的核心。从细微的小事开始慢慢把品牌做大做强，然后在维持现有的
强力品牌的基础上继续对其进行品牌强化，这就是品牌战略。企业的品
牌通过多样化的市场营销活动，使消费者增加新的认识从而增加品牌价
值。

那么怎么知道这个品牌是强有力的呢？换句话说，构成强力品牌的要
素有哪些呢？[图8-7]中可以看出强有力的品牌由品牌的认知度，已认
知的品质名声，品牌联想，品牌喜好度四部分组成。

首先，品牌的认知度就是顾客对品牌现在认识的程度。就是这个品牌
在顾客的心里占有多大的地位。例如，新世界的易买得比其他品牌拥有
更多的卖场，在相对比较近的距离为消费者提供产品或者服务。通过这
样的选址和多样的市场营销活动，易买得成为了在同种产业中认知度最
高的韩国代表性折扣店。第二，已认知的品质名声是指提到该品牌时顾
客所能感到的该产品或者服务的品质水平。占有国内手机百分之五十
以上份额的三星品牌手机-盖世手机(GALAXY)，是具有代表性的享有高
品质名声的品牌手机。不仅产品本身优秀，售后服务也具有世界水平。
第三，品牌联想指的是顾客想到该品牌时所能联想到的品牌形象。提到
某品牌的时候，如果首先能在脑海里想到它好的印象，才有可能成为好
的品牌。最后，品牌喜好度就是顾客对品牌的喜欢程度。这种喜欢程度
可以表现为喜欢某品牌，然后想持续的购买它，而且还想跟别人推荐
它。特别是购买高级车的情况，相对于理性来说，更倾向于感性的去选
择自己喜欢的品牌。比如对于购买奔驰的消费者来说，奔驰品牌象征着
富贵和荣誉，基于其象征的含义消费者对该品牌有很高的喜好度，同样
也吸引更多的人去购买该品牌。

[图 8-7] 强有力的品牌构成要素

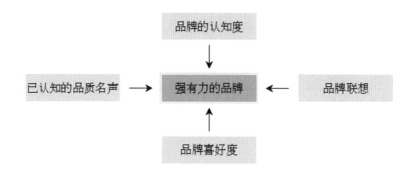

(2) 品牌资产价值

品牌资产也称为品牌权益，是指只有品牌才能产生的市场效益，是为了强调其在市场营销战略中的重要性产生的。品牌资产是根据长期累积的名声和对顾客提供的价值而产生的无形资产，顾客对品牌的认知意味着对产品或者服务的的肯定。也就是同样的商品，品牌产品要比其他商品更获得消费者的青睐。这就是品牌作为无形资产的市场营销效果。比如，可以外卖的咖啡店有很多，而且味道差不多，但是人们愿意花更多的钱去买外国名牌咖啡星巴克。这就是品牌除了产品自身的有形资产之外带来的无形资产。

我们有很多种方法评估品牌资产的价值，其中一种方法是根据品牌名称能够支持的溢价水平确定品牌资产的价值；也就是说顾客愿意多花多少钱去买一个品牌产品而不是普通产品。据研究表明，72%的顾客愿意支付20%的溢价去购买一种品牌，40%的顾客愿意支付50%的溢价。购买化妆品的时候，大多数的女性即使在性能和功效差不多的情况下会更愿意购买高级的品牌产品而不是低价的产品。这就是消费者愿意花更多的钱去购买品牌产品的例子。

优秀的企业不是仅仅考虑短期的利益，而是为了企业的长期性的持续增长努力把自己产品打造成为品牌产品。战略性的去构筑强有力的品牌需要经过几个阶段，首先要树立品牌的长远规划和市场定位，然后具体的去设计并进行品牌市场营销的过程，此后是测定市场营销成果的阶段，最后是通过反馈对品牌持续性的强化和革新阶段。

第四节　价格管理

1. 决定价格的影响因素

消费者要想使用某种产品或者对某种产品拥有所有权就得支付一定的价钱，支付的价值总和就是价格。企业制定价格的时候不能定的过低以至于企业的利益得不到保障，也不能过高以至于没有消费的需求。所以在制定价格的时候营销人员不仅考虑内部因素，外部因素也要考虑。

(1) 内部因素

决定价格的内部因素主要包括企业的营销目标，市场营销组合战略、成本。企业的市场营销目标是在生存战略的情况下，需求的增加是最主要的，所以要把价格定低。反之如果是以利润极大化为目标，应在考虑需求和供给的情况下制定能够获得最大利润的价格差。如果企业目标是以抢占市场占有率为目的，就要制定尽可能低的价格。这是因为企业管理者相信拥有市场占有率优势的话可以实现低成本的产品生产以及长期性的高收益。

企业的市场营销组合战略也对价格的决定产生影响。价格是市场营销组合(产品，价格，分销，促销)之一。如果根据企业的目标市场和市场定位来制定市场营销组合战略，价格作为市场营销组合中的一项也要起到作用。比如，想要开发可以对抗外国高级汽车的国产高级车，不仅要利用高品质的配件去生产高品质的汽车还要实行高价战略。

和产品相关联的生产和流通成本也是价格决定的重要因素。产品成本是制定价格的最底限，消费者对产品的需求是价格的上限。消费者根据能从产品中获得效用的程度支付价格。所以营销人员要在两个极端中找出最合适的价格，并且在制定价格之前要理解需求和价格的关系。

产品的流通也是成本要素之一。一般制造商想要自己的产品被摆放在零售商的货架上的话，需要向零售商支付一定的费用，这个费用叫做上架费(slotting fee)。上架费首先是在美国的食品业发展起来，后来扩散到书籍，服装，计算机等其它产业。

(2) 外部因素

决定价格的外部因素有产业环境(竞争公司的存在)、竞争环境、顾客的需要。营销人员认为决定价格的重要外部因素是竞争公司的存在。如果某公司和竞争公司的产品品质相当，产品价格却比竞争公司高，那么这个公司就会失去很多顾客。但是如果能提供比竞争公司成本更低的价格，那么在竞争中就会获得有利的地位。由于相似的产品的出现，竞争越来越激烈，要根据市场的变化制定价格。反之，由于烟草，电力，邮政等这些服务行业的垄断地位，在价格决定上有关部门拥有相当大的主动权。

一个国家的竞争环境也是决定价格的重要因素之一。经济景气、经济萎靡、通货膨胀等经济条件都对价格的决定产生持续性的影响。比如，经济不景气的时候，比起附加性能多的产品，人们更倾向于只有最基本效能的廉价产品。

价格制定得是否恰当的决定者是消费者。所以应该把价格政策设定为顾客指向性的。顾客指向性的价格制定是首先要搞清消费者通过产品得到的效用价值有多大，针对价值的大小去制定价格。产品的需求曲线是在一定的期间内，消费者对于不同价格产品的需求量。一般需求曲线中的价格和需求是反比例的关系。在价格高的情况下因为预算是既定的，所以消费者就会减少需求。但是对于炫耀性产品来说，即被称之为名品的产品，价格越高却越能受到消费者的青睐。

2. 定价方法的原理和类型

(1) 定价原理

为了能制定出适当的价格，要从产品或者服务所能创造出来的价值出发。价格决定原理有两种：一是以成本为基础，此外是以价值为基础。以成本为基础的定价原理是站在销售者的立场以产品为中心进行价格的决定。营销人员在制定价格的时候是在制造产品成本的基础上再加上目标利润算出来的。营销人员通过市场营销要向购买者确认的是购买者是否获得与支付的价格相应的价值。这种方法的不利之处在于如果把产品价格制定得过高，消费额就会下降，如果制定的价格过低，收益性就会减少。

以价值为基础的定价原理是根据顾客感觉的产品价值制定目标价格。根据目标价格进行产品设计，然后推算制造该产品所需要花费的成本。所以以价值为基础的价格决定是通过分析顾客的需求和价值计算出来的。

[图 8-8] 决定产品价格的原理

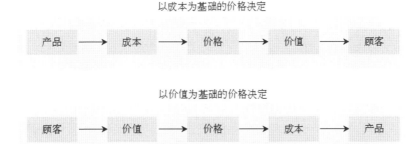

以成本为基础的价格决定

产品　→　成本　→　价格　→　价值　→　顾客

以价值为基础的价格决定

顾客　→　价值　→　价格　→　成本　→　产品

(가) 定价基准的分类

一般价格决定的方法有三种：成本导向定价法，需求导向定价法，竞争导向定价法。成本导向定价法是以产品的成本为中心制定价格的方法，分为成本加成定价法和目标定价法。所谓成本加成定价是指按照单位成本加上一定百分比的加成来确定产品销售价格。比如，零售商花200元买了一袋零食，在购买价格上加上利润(购买价格的25%)总共250元，这种情况用的方法就是成本加成定价法。所谓目标定价法是指根据估计的总销售收入(销售额)和估计的产量(销售量)来制定价格的一种方法。比如，为了能使某汽车公司提升20%的投资收益率而采用的方法就是目标定价法。

需求导向定价法不是以成本为中心，是以顾客对商品价值的认知为依据的定价方法。比如，即使成本很低，但是消费者认为它的价值很大或者需求强的话，那么就可以制定高价格。反之，即使成本再高，需求不强的时候也要制定低价格。

竞争导向定价方法是一种企业为了应付市场竞争的需要而采取的特殊定价方法。主要有随行就市定价法和投标定价法。所谓随行就市定价法不是按照成本或者市场需要而是按照行业的平均现行价格水平来定价。比如，按照同行业的统一价格或者根据不同的情况可以稍微高点或者低点。钢铁、造纸、肥料等产品同质性高的市场大多数采用这种方法。投标定价法是以推测竞争对手的价格为基础决定价格的方法。比竞争对象提出更低的价格才能争取到签订合约的机会。

(3) 差别价格战略

企业实行差别定价法的原因是因为差别定价化战略能增加企业的利益。差别定价法主要分为四种：

· 基于时间差异的差别定价：在实践中我们往往可以看到，同一产品在不同期间里的效用是完全不同的，顾客的需求强度也是不同的。在这种情况下就得使用差别化政策。比如，比起只能在晚上观看电影的上班族来说，大学生无论在什么时候看都无所谓，所以为了吸引大学生白天去看电影，所以就推出了上午打折的电影票。

- 基于不同地区的差别定价：由于运输费用较高，在消费者地区间移动距离短的地区实行的一种战略。比如，产品出口的情况，给不同的国家提供不同的价格。一般给发展中国家制定的价格要比发达国家低。

- 基于顾客差异的差别定价：这一战略是根据购买者的特性主要在服务行业使用的一种差别化战略。比如，游乐园或者动物园的门票对老人或者小孩采取免费或者低价的措施，或者坐公交车或者地铁的时候对学生采取优惠的价格等。

- 基于数量差异的差别定价：消费者大批量购买的时候给与折扣，或者根据不同的数量给与不同的优惠来促进消费。大型仓库型的折扣卖场是一种给大批量购买者优惠的一种零售业体。

第五节　流通渠道管理

分销是制造商把产品或者服务传达给消费者。分销渠道是在给最终消费者传达过程中所参与的制造业体或者商人的集合。所以分销就是把产品或者服务效率性的从制造商开始转移到消费者为止之间各种组织间的相互作用。从宏观经济上来说，分销被称为流通，流通是生产者和消费者之间的产品和信息的交流，通过流通使生产者和消费者能够更好的交流，实现更好的宏观经济服务。

1. 价值的创出

分销渠道具有把产品从一个场所转移到另一个场所的功能；此外还有分类的功能：包括对产品的分类，分等，装配，包装等，使商品能符合顾客的需要；分销机关作为信息交流的接触点所能提供的搜集信息功能；分销渠道还可以减少生产和消费者之间的交易次数使得成本减少。

(1) 场所的价值

最终消费者分布范围广，制造商主要位于特定的区域。因此造成了生产者和消费者之间地理位置上的不一致。分销渠道有把产品从一个地方传递到另一个地方的职能。如果没有分销机构，制造商为了能把产品直接传递到消费者手中需要投资仓库和卡车等物流设施。这对于大企业来说也许很简单，但是由于成本问题对中小企业并非易事。即使可以投资物流，因为物流费用过高也会带动产品单价的提高。

(2) 形态的价值

消费者想要购买产品的种类和数量也许和制造业商所能提供的不一致。制造商为了规模经济更愿意对少数产品进行批量生产。相反的是消费者只对需要的产品进行少量购买。也就是说，制造商喜好的少品种大量生产和消费者的多品种少量购买之间的供需不一致时常发生。这时候分销渠道就会发挥它的"形态的功能"。

为了解决这种供需不一致现象，分销机构从制造商手中购买大量产品然后一小部分一小部分的把产品销售给最终消费者。具有这样形态价值的分销机构有进行散货销售的便利店，而仓库型的公司大多数是进行成箱销售，所以相对来说较少的具有形态的价值。

(3) 搜集信息的功能

营销机构使分销渠道两端的制造商和最终消费者之间的信息交流更加畅通。如果没有分销机构这一媒介，消费者和销售者之间如果想进行交易必须要直接接触。如果是这样，消费者必须把制造商的产品一一记住而且直接去制造商那进行购买，这时为了比较产品而进行选择的过程也需要消耗大量时间。

(4) 交易次数的减少

如果制造商和消费者数量很多且没有分销机构的情况下，制造商和消费者必须进行直接交易，往来的交易频率非常高。由于每次的交易都会产生费用，因此如果交易频率过高，制造商就会因为成本的增加不得不提高产品的价格。这样会造成消费价值的降低，所以在制造商的立场上需要降低交易的频率。

[图 8-9] 分销机构的作用

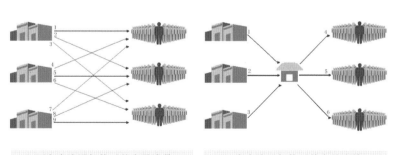

不存在流通机构时的交易次数　　　　存在流通机构时的交易次数

如果有分销机构，相比生产者和消费者间的直接交易而言，交易次数的减少会带来交易费用的减少，那么顾客得到的价值就会相应的增加。如图[8-9]可以看出分销机构的经济性作用。左图是没有分销机构的情况，消费者和制造商的直接交易是九次。消费者购买产品和服务要花费很多的费用，而从右图可以看出，分销机构的加入使得交易次数减少，相应的也大大减少了不必要的花费。

2. 流通渠道的类型和成员

分销渠道随着商品的不同有不同的形态，大概分为四个类型。

- 生产者 → 最终消费者：没有中间商的加入，广泛应用于医疗设备，飞机，船舶等高价产品。
- 生产者 → 零售商 → 最终消费者：家电以及家具产品经常使用这种形式，担当这种的零售机构有百货店和代理店。
- 生产者 → 批发商 → 零售商 → 最终消费者：主要适用于小规模生产者，不太容易和消费者直接进行交易的食品、医疗、酒类等产业。
- 生产者 → 零售商 → 中间批发商 → 零售商 → 最终消费者：主要适用于水果，蔬菜，谷物等第一产业的产品。零售商非常零散的情况，批发商很难与其直接进行交易。在生产者看来，分销渠道非常复杂不容易对流通的数量以及价格进行控制。

其中分销机构的核心构成要素是零售商和没有实体店铺的网络零售商，以及最近流行的特许经营(franchise)。

(1) 零售商

零售商是为个人或者非商业性目的的机构的最终消费者提供产品或者服务活动而言的。也就说零售商的顾客是盈利企业或者机关购买者的话，这些个别消费者的动机就不一样了，为了再销售而进行购买的分销构成成员不是零售商。

零售商作为制造商 → 批发商 → 零售商 → 消费者传统分销模式中与最终消费者接触的这一环节，对制造商销售量的好坏起着重要的作用。零售商作为制造商和消费者的中间商有几个重要的功能。

第一，零售商为消费者提供想要的产品。零售商从各个供给者手中获得多种多样的产品或者服务以供消费者选择，以减少消费者所消耗的费用和时间以及提供给消费者更宽的选择。产品的多样性和产品构成因零售商的不同而采取不同的战略。产品的多样性是指产品和其他产品的构成有的不同性，强调的是产品产业链的宽度。产品构成是指是否拥有不同模式的产品，强调产品产业链的深度。一般专卖店强调的是产业链的深度。而便利店比较侧重于产业链的宽度。

第二，零售商从制造商手中购买大量的产品之后进行分类，分等后传递给消费者。好事多等这样的大型仓储公司比传统型零售商(百货商店，超市)，在进行批量产品购买方面来说更能提供低廉的价格。针对这种仓库型的销售业体传统的销售商也有自己的策略，比如采取买一增一或者买一个增一些别的东西的方式。

第三，零售商通过利用产品的存货周转率和获取利润来为顾客提供价值。存货周转率是指存货资产通过销售在一定时间周转的次数。存货周转率高的话意味着仓库管理很有效率以及零售商的高销售量。利润是销售商的购买价格和销售价格的差异，也就是零售商通过销售产品得到的利益大小。以前提供个人服务的高价格都会伴随着高利润和低的存货周转率。但是在经济不景气的时候消费者更注重从产品中所能获得的价值，通过提高存货周转率和降低利润是成功的重要因素之一。

第四，零售商为消费者提供免费的修理服务，以及对产品进行派送，设置，使用方法的说明等服务。随着同种和异种零售业体间的竞争激化以及竞争产品间的产品标准化，优质的服务已经起着决定性的作用，零售业独特的特征就是其服务水平。

零售商根据零售的机能性产品配货，一次最低的购买量，服务水平等分为很多种类型。比如，百货商店，大型超市，专卖店，仓库型折扣店，便利店，大型折扣专门店，超市等有实体店铺的零售商以及通过网页，网络，自动贩卖机等进行销售的没有实体店铺的零售商。

(2) 通过网络的零售商(没有实体店铺)

传统型的市场营销是由企业为主导通过中间商人寻找最终消费者的活动，网络市场营销，既可以是销售者找消费者，也可以是消费者找销售者的活动。利用网络去寻求消费者的网络零售商方式是无店铺零售业体中最流行的一种形式。现在韩国拥有网络零售业发展中所需要的尖端技术，比如：超高速的互联网，尖端的移动通信，以及保安技术。得益于这么好的技术，韩国的网络零售业正在快速发展。

网络已经是所有商品进行销售的主要渠道。通过卖场或者上门推销的方式，在购买前进行确认之后，然后在网上购买的化妆品是网络零售中的主要品目。已经在十几二十多岁年轻人当中非常熟悉的网络已经把购物的舞台从线下转移到了线上，并逐渐取代卖场和上门推销的方式。最近大米也利用网络进行销售。

通过网络进行分销的一个重要特征是活跃了销售者和消费者之间的相互作用。原来的市场营销都是单方面的进行信息交流，购买者通过四大主流媒体(新闻，电视，收音机，杂志)上的产品广告，被动性的决定是否购买。而网络是购买者主动去搜集信息，提供了使消费者和销售者能站在同等位置上的环境。产品上市后，在产品使用后期可以把其产品放在网上进行销售。

(3) 特许经营

特许经营在现代分销产业中占有很大的比重。特许经营是指本部管制加盟店特许经营权拥有者以合同约定的形式，允许被特许经营者有偿使用其名称、商标、专有技术、产品及运作管理经验等从事经营活动的商业经营模式。在韩国，饮食服务行业和便利店以特许经营的方式发展的速度很快，但是在整个分销行业中占得比率不是太大。相比而言，在美国的零售商大约百分之四十都是以特许经营的方式进行。

怎么对特许经营进行定义，意见不一。之所以这样是因为特许经营合约方式和系统运营的多样性。从本部的观点来看，本部通过签订许可证合约为加盟店提供产品，服务，商标，运作管理经验等从而获得合约金，专利费，租金的商业模式。

特许经营合约不仅仅单纯的赋予销售店销售的权利，还涉及到营业权的设定，相互间的权利和义务的设定，职能和作用的分担，指导和管制等全盘性的经营权的复合合约。重要的是，特许经营是一种本部对市场进行彻底管制的分销渠道。在厚厚的合约书上面规定着和市场营销关联的本部的权利，产品和服务的品质管理，价格政策的指定，广告等促销活动等方面，本部都有控制决定权利。

3. 分销渠道的设计

制造商之间的竞争越来越激烈，发展壮大的分销行业要求获得比制造商更多的利润以及要求制造商负责促销活动。这样使得制造商在除了现存的职能外更多的会考虑怎么去选择更有效的分销渠道。比如，制造商设立直营店的方式，虽然有很好的通知决定权但是制造商要进行很多的投资，而且受到分销机构排斥的可能性很高。所以制造商需要去构筑新的分销渠道或者对现存的分销渠道进行体制上的修正。

分销渠道的设计随着分销渠道构成元素的不同而不同。在制造商的观点而言对于分销渠道设计的决定需要进行几个决策。首先，决定是利用直接渠道还是间接渠道，如果是利用间接渠道的话要决定每个渠道上的构造成员上的职能及任务。也就是决定通过哪种分销业体进行产品销售，然后决定这个零售商的职能是什么。即使是间接渠道也要决定包括电子零售和样品日录陈列室等各种渠道的哪一种。同时也要决定是否用复合渠道的形式。

分销渠道构成成员为了达成分销渠道的目标，要决定利用什么样的分销业体、零售商的数目以及每个零售商要提供什么程度的分销服务。这时候要决定采用什么样的分销覆盖范围，是密集分销，还是独家分销，还是选择性分销。

- 密集型分销：运用尽可能多的中间商分销，使渠道尽可能加宽。消费品中的便利品(卷烟、火柴、肥皂等)和工业用品中的标准件，通用小工具等，适于采取这种分销形式，以提供购买上的最大便利。
- 独家分销：为加强产品形象，在一定地区内只选定一家中间商经销或代理，实行独家经营。适用于大多数的高价家电产品或者男女用的正装类产品。
- 选择性分销：这是介乎上述两种形式之间的分销形式，在不同的地区，有条件地精选几家中间商进行经营。适用于化妆品，乳制品，家电产品，服装类等。

第六节 促销管理

促销策略是指企业如何通过人员推销、广告、公共关系和营销推广等各种促销手段，向消费者传递产品信息，引起他们的注意和兴趣，激发他们的购买欲望和购买行为，以达到扩大销售的目的的活动。促销通过使用手段的不同分为以广告，宣传等措施吸引消费者的拉式策略以及以中间商的促销和人员推销为主的推式策略。

拉式策略采取间接方式，通过广告和公共宣传等措施吸引最终消费者，使消费者对企业的产品或劳务产生兴趣，从而引起需求，主动去购买商品。这种策略比较适合那些喜欢名牌或者奢侈品的消费者。推式策略是以直接方式，运用人员推销手段，把产品推向销售渠道。适用于购买日常日用品的情况。

1. 广告

广告是通过电视，收音机，杂志等媒体把产品或者服务的属性和优点传递给消费者的手段。拥有把同样的信息进行反复传播的优点。因为广告在特定时间对特定的听众传递信息，所以要区分广告的目标是为了传递产品信息还是为了说服消费者购买还是为了让消费者记住商标。

信息传达型广告是在新产品进入市场时主要使用的方法，这时广告的目标是构筑最基本的需要。说服性广告随着竞争的激烈而变得重要，而企业的目标是构筑选择性的需要，这种情况下对特定商标进行直接或者间接比较的比较广告。回忆性广告是产品在成熟期时进行的广告战略，比起说服消费者来说更重要的是使产品不要在消费者的脑海里消失。

当今社会要支付高价的媒体费用，所以广告稿的质量很重要。因为无论在广告中投入多少费用，这个广告如果没有引起任何关注，那么就变为好无意义。消费者每天都会接触不同的广告，更不会对所有的广告都有印象，或者即使有印象也不一定能长期记住。所以营销人员要努力使自己的广告做到差别化从而使消费者记住。

2. 宣传

宣传是通过在媒体上发布产品，服务，企业等新闻或者评论来刺激需求的方式。也是为了维持良好的企业形象或者为了使企业获得好的评价和大众消费者维持良好形象的方式。依据企业现况或者新产品的开发或者与企业相关联的活动作为新闻素材进行制作，通过媒体传播或者开记者招待会。

宣传要把对产品或者公司有关联的而且能使人们感兴趣的东西找出来。提示与产品相关的有益的逸事，或者给言论媒体提供有关使用该产品之后的益处素材。如果没有充足的故事素材，营销人员可以举办有新闻价值的活动。

宣传业务的负责人和媒体人之间的个人关系也会对宣传的成败起着重要作用。即使是有意思的素材，如果媒体人对其不能感兴趣的话，也不能把这些素材做成新闻去引起消费者的作用，所以宣传负责人要满足媒体人并维持良好的关系。

3. 促销

促销是短时间内为了扩大产品或者服务的销售而进行的方法。广告是购买之前对购买理由提供信息的一种方法，而促销是购买时为了促进销售对购买理由提供信息的一种方法。

促销分为消费者促进方式，包括价格折扣，免费样品提供，优惠券提供，赠品等；以及中间商促进方式，包括购买补贴，产品补贴，免费产品提供，协作广告，提供设置特别展览的促销费用等。虽然促销是为了补充广告以及人员推销，但是现在越来越多的人认识到了促销的重要性并被人们广泛的接受，比如现在不管哪个年龄层的人都在使用优惠券。

4. 人员推销

人员推销，是指企业通过派出销售人员与一个或一个以上可能成为购买者的人交谈，作口头陈述，以推销商品，促进和扩大销售。广告，宣传，促销不是进行面对面接触的促销手段，而人员推销是通过面对面的交流实现的。销售员直接向顾客提供信息，如果顾客能积极的做出评价并进行购买，那么人员推销是非常有效率的。

人员推销分为外部推销和内部推销。销售人员如果直接访问消费者的职场或者家庭的销售活动称为外部销售。如果销售人员是到零售店铺对消费者进行销售活动那么就称为内部销售。

人员推销每个顾客也有一定的问题，为了解决，必须对每个顾客采取不一样的方法。所以几乎所有的工业产品都依靠人员推销，消费品中保险或者化妆品等对人员推销的依存度也比较高。推销人员通过和顾客频繁的接触为长时间人际关系的形成提供亲密的信任基础，同样，企业为了使顾客的人生价值达到最大化做出贡献。但是这些推销人员的人力成本以及运行营销组织的费用在市场营销中所占的比重是非常大的。所以营销人员如何有效地去调整人员推销所花费的费用也是重要的课题之一。

向员工敞开心扉的公司才能赢得消费者

曾经前途光明的某公司的销售额持续下降。公司的主要董事召开了紧急会议。在这个时候大家最关心的问题会是什么呢？包括CEO在内百分之九十的人都在想采取什么的措施才能吸引消费者。但是瑞士国际管理学院全罗莎教授持有不一样的看法。作为世界名门瑞士国际管理学院最早也是唯一的韩国教授提出的观点是首先在内部员工之间进行评判。她的观点在《哈佛商业评论(2009)》和《投机性经营杂志(2010)》等经营杂志上都有过发表，在产业界和经营学界都引起了极大的关注。

全教授通过对英国63个企业的消费者和员工的调查表明，在员工内部进行评判比在消费者之间进行评判更能促进销售。如果在员工之间评判不好而在消费者之间评判好的话会引起销售的下降。因为员工不强的自豪感以及较低的自信心在不经意间传递到了消费者身上，从而引起销售额的下降。

全教授的研究方法是通过拟人化的方式去进行企业的评判。包括'善，兴，格，能，权'五个方面。这里面除了权代表不好的意义以外，其余四个都代表好的评判。全教授以前主张的是具有领袖风范的领导型管理方式，现在随着时代的需要，提出了能够引起员工们共鸣的变革式领导方式。变革式的领导是善和兴的结合。为了增加员工对自己公司的自豪感和自信心，现在的公司老板不得不转变领导方式。

真正的敌人是内部员工。如果连他们都不能满足的话，又怎么能满足消费者的需求呢？但是并不是工资越高，员工就一定得到满足。和员工一起去寻找企业的发展规划也不见得一定有好的企业形象。企业要寻找属于自己的方式，分为以CEO为主的从上而下(top-down)方式和以员工为主的从下而上(bottom-up)方式。特别是与消费者直接接触的员工的观点是非常重要的。

2005年索尼公司进行过内部评判和外部评判，奇怪的是相比外部评判，内部评判的结果非常不好，索尼员工已经对公司的自豪感减少了很多。结果在之后，索尼被三星超过了。索尼失败的原因是没能和员工一起分享企业的构想以及发展规划。而三星员工们一直团结一致的投入与索尼的竞争。

苹果公司是个比较特别的公司。如果说三星电子是卖电子产品的话，苹果出售的是创始人乔布斯的构想。苹果公司的消费者和员工都是苹果产品的狂热爱好者。这就是高兴里面的'兴'。苹果公司的员工感到为乔布斯工作是一件无比自豪的事，而且在新产品出现的时候，熬夜等待的顾客并没有感到一丝不快。这种追捧是不可复制的。当然也不是所有的企业一定要做到这样才行。

苹果公司也有问题。苹果公司和三星在全世界9个国家进行过关于专利权的三十多场诉讼。这场专利权战争的真正胜利者是败诉的一方。如果苹果公司在专利权之争中取得胜利的话，消费者的立场是会感到苹果公司拥有高高在上的'权'。苹果公司立场是别的公司窃用了自己的构想。消费者并不想看到一个公司进行的独奏。如果一个公司对竞争对手一贯的进行攻击会让人们感到这个公司的傲慢。苹果公司渐渐的凸显这一特征。苹果应该开始比现在更加'善'的发展方式。

即使内部评判再好，也会在某个时候有倒塌的可能性。善，兴，格积攒的内部评判有可能会向权转换。英国的零售企业乐购，玛莎百货就是很好的例子。创始人最开始的善的哲学有可能会陷入公司内部的派别或者老一派的作风朝着'权'进行变质。出现这样调查结果的一般情况是销售额会下降。即使因为员工的忠诚和信息共享增加了销售，但是也要警惕这种职场文化有可能转变为'权'的危险性。没有事情是永远的，索尼是这样，苹果公司也不会一直是第一的。

企业评判的五大标准

(1) 善：1998年韩国发生外汇危机的时候，金伯利公司并没有裁员，而是把三班次转变为了四班轮倒，工作时间每周平均56个小时变为了42个小时。第二年金伯利有限公司在卫生巾销量方面第一次超过了其竞争对手P&G公司，坐上了第一把交椅。这就是把真实的善的情感传到消费者那儿的案例。

(2) 兴：苹果公司对产品不是进行单纯的罗列或者展示，而是设立了能让消费者亲自试用其产品的展示厅，从而引起消费者的兴趣。在时尚界中'兴'的例子是西班牙的ZARA，最新的流行设计，比较低廉的价格，快速的产品周转率都是其取胜的因素。快速的产品周转率是消费者能够时刻保持其产品新鲜感的重要因素。

(3) 格：主要适用于名牌产业。但是追求'格'并不是一件容易的事情。农心为了推崇时尚和品味推出了包装为黑色的辛拉面，但是这与消费者对其认知产生了混乱。农心以前强调的普通老百姓的亲情，兄弟情，但是现在以黑色做包装，与消费者产生了距离感。

(4) 能(省略)

(5) 权：数十年的评判标准在一瞬间有可能倒塌。象征着推动力的'能'有可能变质为'权'。2007年苹果推出iphone的时候，诺基亚对其嗤之以鼻。诺基亚认为触摸屏他们已经尝试过了，消费者根本不买单。在过去十五年诺基亚收入都是赤字。全教授认为诺基亚长期以来的安逸感造成了这个局面。2010年上任的诺基亚CEO史蒂夫·埃洛普第一天上班给每一个员工发去了邮件，询问的是员工认为应该在公司内部进行何种调整。在2000多封回信中，有相当一部分人是说'感觉诺基亚无论对谁，在什么事情上都没有责任感'。诺基亚员工中有很多都用着苹果的手机和安卓系统。而诺基亚却不明白真正的敌人是自己的员工。

(朝鲜日报，2013年3月10日版)

第九章

企业会计的理解

　　企业内、外部的所有经济利益相关者能共同使用的财务信息是企业的根本，也是企业的核心，财务信息一般按照规定的会计制度定期以一定的报告形式汇报财务状况和经营成果，这个时候制作的财务报告叫做财务报表(financial statements)，财务报表里包含了许多企业内、外部的经济利益相关者和决策者们能够使用的各种各样的信息。从2011年开始，在证券交易所和韩国电子股票交易系统上市的所有企业按照韩国新会计准则(K-IFRS或者K-International Financial Reporting Standards)进行会计信息编制。IFRS的主要财务报表是损益表，财务状况表，还有现金流量表。损益表是指反映企业在一定会计期的经营成果，即提供关于收益性的信息，从大的角度来说是由收益和成本构成。财务状况表反映企业在一定日期的资产和负债以及资本的构成状况。现金流量表是反映企业在一定期间内现金增减变动情况的财务报告。

第一节 会计循环和类型

1. 会计循环

企业具有消费者，工会，政府机构，投资者，金融机构，普通群众等多的利益相关者。比如说，金融机构是为企业提供贷款的资金借贷机构。企业如果向金融机构提交贷款申请，银行为了做出信贷决策，将会收集关于这个企业各种各样尽可能多的信息。这个时候金融机构使用信息可以分为会计信息和非会计信息两大类。非会计信息包含了企业生产产品的市场占有率，管理者的能力，技术水平等。这些非会计信息虽然有用，但是向金融机构提供的核心信息是企业的负债率，收益率以及现金增减状况，这些信息可以称之为会计信息。像这种会计信息可以帮助企业的利益相关者做出合理决策，将信息加工成会计信息并且提供给使用者以助于使用者做出合理决策是会计的基本目标。

会计是对企业的资金运动进行核算并且记录，借助于专门的技术方法对信息进行处理，再把信息传达给利益相关者的一个过程。换句话说，就是企业运营过程中发生的财产或者财物的变动过程用钱的增减来测算并且记录，然后在这个基础上管理者把企业经营管理的有多好向企业所有者或者一些利益相关者汇报的一个过程。会计信息的使用者可以分为管理者、职员等内部使用者和投资者、债权人等外部使用者，关于企业经营管理状况的信息要明确地并且迅速地提供给这些使用者。就是说不管企业经营的好坏都要汇报，以后该收入的钱有多少及支出的钱有多少也有必要向主要的利益相关者汇报。像这种会计信息的制作并且传递给使用者是企业的首要责任。

企业为了制作会计信息，从经营过程中产生的商业交易记录到财务报表的编制，需要经过一连串的会计处理程序，在连续地会计期间，这些工作周而复始地不断循环进行，这种循环过程被称之为会计循环

(accounting cycle)。如[图9-1]所示，会计循环分为商业会计交易的记录，会计交易的分录，分类账户信息的汇总，财务信息的汇报等四个阶段。

[图 9-1] 会计循环

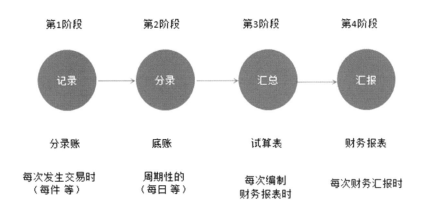

第一阶段是在经营活动过程中会计负责人在每次交易发生时选择需要进行会计记录的事项，根据发生顺序记入分录账的阶段。这个记录的过程称之为簿记(bookkeeping)，记录方法采用复式簿记(double-entry bookkeeping)的方法．日常核算中不用区分左边和右边，账户金额的增加用加号(+)计算，账户金额的减少用减号(—)计算。但是在复式簿记中使用的并不是这种方式，而是一种非常独特的方式，增减符号被左边(借方或者debit)和右边(贷方或者credit)所替代，账户金额的增减记录在左边或者右边。比如说，现金的增加记录在左边，现金的减少记录在右边。还有收益的增加记录在右边(贷方)，成本的增加记录在左边(借方)。使用这种复式簿记的方法不管是什么样的账户交易明细都可以一目了然。

第二阶段是跟在分录账上记录的交易一样根据每个分类账户(比如说

现金，应收账款，应付账款)进行分类并且计入相关底账的一个阶段。
在第一阶段录入分录账的所有交易根据相关分类账户的底账进行正确分
类并且要周期性的过到底账的一个阶段。

第三阶段是对于底账上记录的所有分类账，站在会计期末的角度或者
站在编制财务报表的角度进行余额或者总额的核算，并将其金额根据账
户名称集中起来制作汇总表。这个时候编制的表为试算表。试算表里的
每个分类账的余额全都集中标明，以便编制财务报表。这个时候从复式
簿记的特性上来讲左边的合计金额必须等于右边的合计金额，这个是非
常重要的，如果左右两边不相等，就说明在第一阶段和第二阶段的交易
记录，分录过程中有错误，必须重新检查。

第四阶段在试算表上标明的账户名称和金额，按照会计准则等设定的
方法和顺序，要把收益和成本的名称恰当排列以编制损益表。还有要把
资产，负债以及自有资本分别标明以编制财务状况表。现金流量表可以
以损益表和财务状况表作为参考进行编制。企业有义务在每个季度还有
每个会计年度编制财务报表并且汇报。

最后，为了能与下一期的会计记录联系起来需要对本期末的会计账簿
进行结算，根据结算程序，损益账户或者其他临时账户的下一期期初余
额要从0开始。另一方面，财务状况表上的资产，负债，自有资本的账
户不进行结算，下一期继续使用。

2. 会计的类型

根据会计信息的使用者会计可以分为以下两大分支。

- 财务会计(financial accounting)：以为主要投资者或者金融机
  构、股东们提供关于企业的财务状况和经营成果等会计信息为主
  要目标。

• 管理会计(managerial accounting)：以为企业内部的决策提供需要的关于成本及经营管理等会计资料为主要目标。

通过会计循环编制的财务报表是以服务大多数普通信息使用者为目标而产生的会计信息加工过程。企业把以编制不偏向于某些特定利益相关者的财务报告或者财务报表为主要目标的会计称为财务会计。另一方面，以加工企业内部或者管理者在经营管理过程中需要的会计信息为目标的会计称为管理会计。除此之外，还有税务会计(tax accounting)和会计审计方面。大多数的企业需要缴纳公司税，增值税等税金，按照相关法规支持纳税申报的会计称之为税务会计。

财务报表上的会计信息不能偏向于某些特定的使用者，必须要以公平公正的态度编制和汇报。为了提高企业提供的会计信息或者财务信息的可信程度而设立的监察系统中有一个是外部审计制度(external auditing).企业通过公认的外部审计人员(通常为注册会计师)检查该企业编制的财务报表是否合理。

第二节　财务报表的构成

1. 财务报表的种类

如果通过会计循环将会计资料整理到某个程度，就要将所有利益相关者能共同使用的核心信息根据相关的会计准则以报告的形式编制。这个报告称为财务报表。财务报表包括损益表(或综合收益表，statement of comprehensive income),财务状况表(以前叫做资产负债表，statement of financial position),现金流量表(statement of cash flows)，所有者权益变动表，附注。这里面最重要的损益表，财务状况表，现金流量表的定义如下。

- 损益表(或综合收益表)：一段时间内企业的收益和因此投入的成本，还有提供关于企业利润或者亏损的重要信息。
- 财务状况表：反映企业在某一特定日期所拥有的财产状况的财务报表，提供关于资产，负债，资本等信息，利用会计平衡原则，资产=负债+资本。
- 现金流量表：反映在一段期间内企业的现金增减变动情形的财务报表，对现金增减有影响的活动大致可以分为经营，投资及融资三个活动分类。

[表 9-1] 财务报表上的基本用语

财务状况表	为了反映现在企业所拥有资产，负债及资本的构成状况而编制的财务报表。
资产	企业过去的交易或事项形成的，由企业拥有或控制的，预期会给企业带来经济利益的资源。
负债	是指企业过去的交易或者事项形成的、预期会导致经济利益流出企业的现时义务。
资本	在企业资产中将所有的负债抵消后所剩余的剩余资产。
损益表	一定期间内的经营成果，即除了有偿增资或者分红等和股东的交易外，提供关于通过企业所有交易实现利润或发生亏损的信息的财务报表。
收益	根据企业正常的经营活动，以销售产品或提供劳务为代价获得或者在除此以外的活动中发生的资产流入与负债的减少。
成本	根据企业正常的经营活动，因销售产品或提供劳务产生或者除此以外的活动中发生的资产流出、使用与负债的增加。
纯收益	收益减去各项成本后所剩下的余额。

财务报表全面系统地揭示企业财务状况和经营成果，这些重要的核心财务信息可以为包括利益相关者在内的大多数信息使用者的合理决策提

供依据。为了编制财务报表而采用的会计准则是以公正性作为基本方针，由注册会计师组成的外部审计制度可以称之为了检查编制的财务报表是否符合公平公正的原则而存在的审计系统。

但是现行的财务报表存在一定的局限性，许多难以确认的信息被省略。比如说，企业是否履行了其社会责任，关于企业人力资源的信息等都很难通过财务报表得知。除此以外，因为成本分配或者会计估价等是通过人为的计算方法进行评价或者分析，所以就产生了实际的财务状况或者经营成果不能按时提供的忧虑。参考<表9-1>，对财务报表上最基本的用语定义做出了概括。

2. 综合收益表的构成

K-IFRS[6]正在采用的是综合收益表。综合收益是指，除了和股东的资本交易以外所发生的净资产的变动。未在构成综合收益项目中的本期净损益中确认的，但是通过除了资本交易以外的其他企业活动造成净资产变动的项目叫做其他综合收益。

综合收益表能够反映一定期间内企业的销售收入和销售成本，还有关于利润或者亏损的重要信息，它可以为企业或者管理者的成果评价提供重要的依据。从收益中扣除成本是所得的利润，因此，有条理的概括、整理关于收益和成本的主要项目是编制具有可信赖性的综合收益表的基础。

编制综合收益表没有固定的格式，通过下面的过程，为了便于核算，

---

6) IFRS(International Financial Reporting Standards)是国际会计准则理事会(International Accounting Standards Board:IASB)所颁布的易于各国在跨国经济往来时执行的一项标准的会计制度。现在约100余个国家全面采用了国际会计准则或者采用了与国际会计准则类似的会计准则。从2011年开始，韩国国内所有的上市企业具有根据韩国新会计准则编制财务报表的义务。

规定将销售(收益)，销售成本，本期纯利，总综合利润等项目一定用单
独的金额表示。

[表 9-2] 综合收益表的示例

综合收益表

奥铁马购物中心	从1月1日到12月31日	单位：万元
销售额	23,000	
其他收益	3,500	
（总收益）		26,500
销售成本	16,000	
销售费	3,250	
管理费	2,500	
金融成本	400	
其他成本	150	
（总成本）		(22,300)
税前净利润		4,200
公司税成本		(1,100)
本期纯利		3,100
（其他综合利润）		1,400
本期总综合利润		4,500

① 估算销售额。销售额不包括跟经济业务无关的利息收益和因证券
   投资获得的利润或股息收益等。
② 核算销售成本。销售成本是指相关期间内已销售产品的生产成本
   或已提供劳务的劳务成本以及采购成本。
③ 核算销售费和管理费。销售费及管理费虽然与销售额没有直接联
   系，但是包括与营业有直接联系的营业厅管理费，交通费，广告
   费，办公室租金等费用。

④ 核算金融成本和其他成本。金融成本是指从外部借取资金使用时所支付的费用。

⑤ 核算税前净资产，扣除向有关税务机构缴纳的公司税后核算本期纯利。

⑥ 除了以上项目外，核算其他综合利润，将此计入利润，核算本期总综合利润。

3. 财务状况表的构成

(1) 资产

资产(assets)是指企业为了经营，所拥有或控制的有无形的经济资源，现金、不动产、机械、专利权等多样的资源都包括在内。资产可以划分为一年以内可以变现或者运用的流动资产和一年以内不能变现或者运用的非流动资产。流动资产包括现金，应收账款(因销售商品还没能及时回收的账款)，存货资产(为了经营活动而储备的材料或者商品)，租赁保证金等。非流动资产包括有形资产(以一年以上为周期作为考虑的各种投资资产，机械或设备及建筑物等)和无形资产(像营业权或专利权这种眼睛看不到的资产)。

(2) 负债

负债(liabilities)包括企业在经营过程中所产生的借款和因购买物品或机器而发生的债务等。负债也是划分为流动负债(偿还期在一年以内的债务)和非流动负债(偿还期在一年以上的债务)。流动负债包括采购债务(购买商品或材料暂未付款而对卖方的欠账，应付账款或应付票据都包含在内)，暂收款(按照约定供给商品并且提前收取的钱)，未支付费用(像水电煤气费这种已经接受了服务但还没支付服务费用的意思)，短期债务(企业向银行或其他非银行金融机构借入的短期借款)等。非流

动债务包括 年以后需要偿还的长期债务和公司债务等。

[表 9-3] 财务状况表的示例

财务状况表

奥铁马购物中心		12月31日 现在		单位：万元
资产		负债		
I.流动资产		I.流动负债		
现金	1,000	采购债务		3,000
应收账款	5,000	短期债务		0
存货资产	1,000	暂收款		1,000
租赁保证金	3,000	未支付费用		1,000
II.非流动资产		II.非流动负债		
投资资产	0	长期债务		2,000
有型资产	5,000	公司债务		0
无形资产	0	负债总计		7,000
资产总计	15,000			
		资本		
		I.资本金		5,000
		II.利润盈余		3,000
		资本总计		8,000
		负债和资本总计		15,000

(3) 资本

资产减去负债所剩下的叫做资本(owners' equity)，它由资本金(企业在工商行政管理部门登记的注册资金)和利润盈余(营业过程中使用后所剩余的利润)构成。

4. 现金流量表的构成

现金流量表是企业财务报表的三个基本报告之一，是反映一家公司在一定时期现金流入和现金流出动态状况的报表。在综合收益表中，没能详细描述关于现金流入流出的许多交易对企业的现金流量变化产生了怎样的影响，而现金流量表弥补了这个不足。现金流量表可以划分为三个部分，由经营活动现金流量，投资活动现金流量，筹资活动现金流量构成。现金流量表的构成项目可参考〈表9-4〉。

[表 9-4]　现金流量表的构成

经营活动现金流量	
现金流入： 1. 商品等的销售（包括应收账款回收） 2. 利息收入，股利收入	现金流出： 1. 商品等的购入（包括采购债务结算） 2. 对供货商和职员的支出 3. 利息支付，公司税缴纳等
投资活动现金流量	
现金流入： 1. 贷款的回收 2. 金融产品的处理 3. 有形资产的处理	现金流出： 1. 贷款的出借 2. 金融产品的购建 3. 有形资产的购建
筹资活动现金流量	
现金流入： 1. 资金的借入 （包括期货.债券的发行等） 2. 股票的发行	现金流出 1. 借款的偿还 2. 有偿减资及普通股票的取得 3. 股利支付

经营活动现金流量是指，商品生产和提供劳务及销售商品所创出的现金流量。包括向客户销售商品，还有提供劳务所获得的现金和购买商品，接受劳务向交易处及职员支付的现金。投资活动现金流量包括：资金的出借还有回收，金融资产，投资资产，有形资产及无形资产的购建还有处理中流入或者流出的资金。筹资活动现金流量包括通过借款和发行股票等所流入的资金，还有通过偿还债务和分配股利等所流出的资金。以上所描述的主要财务报表间的相互关系可参考[图9-2]。

[图 9-2] 主要财务报表间的相互关系

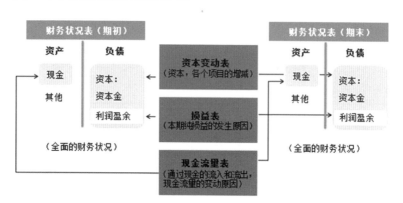

第三节　财务比率分析

为了了解企业的经营状况或者发展可能性，还有经营的健全性等，需要详细分析企业的损益表或者财务状况表。因为像损益表或者财务状况表这样的财务报表里反映了企业一段时间内的经营成果，还有在一定角度反映了企业的财务现状。财务比率分析是使用这些资料的分析道具。财务比率分析提供关于企业的盈利能力，偿债能力，营运能力，企业的财务风险等概括性信息。这里面对于外部信息使用者来说最重要的概念应该是企业的盈利能力和企业的财务风险。

1. 企业的盈利能力

为了分析企业的盈利能力，经常被使用的有每股利润，销售净利率，资产收益率，净资产收益率等指标。这些收益比率可以分析出投资者和债权人共同投入的资金是否被有效利用。

每股利润(earnings per share: EPS)，即每股的利润、每股的收益，是反映企业盈利能力的指标之一，也是在企业业绩报告中使用最普遍的。销售净利率(profit margin)是从销售额中扣除所有成本后的利润率，它的计算公式中分母为销售额，分子为本期净利润，将分子换做营业利润，就可以作为销售营业利润率的概念使用。

资产收益率(return on assets: ROA)，也叫资产回报率，他是用来衡量自有资本和借入资本(借入资金或债券等负债)合并后的总资本投资能创造多少净利润的指标，这个比率反映了企业筹措的总资本是否被有效的利用。净资产收益率(return on equity: ROE)是衡量股东们投入的资金是否得到了有效利用的指标。

使用<表9-2>和<表9-3>的综合收益表和财务状况表计算奥铁马购物中心的收益比率，计算过程如下，下面的计算当中使用的是本期净利润，但是也可以使用本期总综合利润去计算收益比率。

$$每股利润 = \frac{本期净利润}{流通股总股份} = \frac{3,100万元}{1,000} = 3.1万元/股$$

（流通股总股份假设为1,000股）

$$销售净利率 = \frac{本期净利润}{销售额} = \frac{3,100万元}{23,000万元} = 0.135（13.5\%）$$

$$资产收益率 = \frac{本期净利润}{总资产} = \frac{3,100万元}{15,000万元} = 0.207（20.7\%）$$

$$净资产收益率 = \frac{本期净利润}{自有资本} = \frac{3,100万元}{8,000万元} = 0.3875（38.75\%）$$

2.财务风险和活动性

企业的资金按其取得的来源，分为借入资本(负债)和自有资本。过度的使用借入资本，就增加了破产的可能性，这个称之为财务风险。评价财务风险的主要标准是企业是否长期具有支付债务本金和利息的能力，如果要分析某个企业的财务风险，普遍被使用的指标是负债率和利息备付率。

负债率可以用很多种方法计算，韩国通常使用的负债率计算方法为：分子包含所有负债，分母为自有资本。利息备付率(interest coverage ratio)是指项目在借款偿还期内各年可用于支付利息的息税前利润与本期应付利息费用的比值。这个比率是向债权人反映息税前利润比本期应付利息费用多出多少。使用<表9-2>和<表9-3>的综合收益表和财务状况表计算奥铁马购物中心的财务风险比率，具体如下：

$$负债率 = \frac{总负债}{自有资本} = \frac{7,000万元}{8,000万元} = 0.875（87.5\%）$$

$$利息备付率 = \frac{息税前利润}{本期应付利息} = \frac{销售额 - 销售成本 - 销售费 - 管理费}{本期应付利息}$$

$$= \frac{1,250万元}{400万元} = 3.125（312.5\%）$$

负债率和利息备付率是评价对于长期债务的本金和利息是否能及时支付的标准，但是下面的流动比率是用来衡量企业流动资产在期限为一年以内的短期债务到期以前，可以变为现金用于偿还负债的能力。就是说流动比率是流动资产对流动负债的比率，这是评价流动性主要使用的方法。使用奥铁马购物中心的资料计算流动比率，具体如下：

$$流动比率 = \frac{流动资产}{流动负债} = \frac{10,000万元}{5,000万元} = 2（200\%）$$

除此以外，表现企业活动性的财务比率也可以使用存货资产周转率和总资产周转率。存货资产周转率是推测存货资产在一年内能够周转几次，还有转换成现金或者应收账款的速度，这个值越大库存越小，说明生产和销售活动正在有效的运行。

$$存货资产周转率 = \frac{销售额}{存货资产} = \frac{23,000万元}{1,000万元} = 23$$

总资产周转率是指销售额与资产总额的比率，因为资产总额与资本总额的数额一致，所以总资产周转率又称为总资本周转率，这个值如果大就说明流动资产和非流动资产全部正在有效的被利用，周转率如果低的话就说明投资过剩的可能性很高。

$$总资产周转率 = \frac{销售额}{总资产} = \frac{23,000万元}{15,000万元} = 1.53$$

第四节 会计审计

财务报表所反映的主体是企业，所以企业也必须要对其内容负责。但是通过虚报利润，还有虚报负债或者股票发行前的利润等多种理由可以提高企业管理者们的报酬，所以企业管理者很容易陷入对财务报表弄虚作假的诱惑之中。如果向信息使用者提供的会计信息里夹杂着错误和虚假信息，那么信息使用者就不能做出正常且合理的决策，然后就可能引起社会舆论受到众人的批评。因此就需要外部的审查机构对企业的财务报表是否合理的反映了企业的财务状况和经营成果进行审查。在韩国，规定在股票市场上市的企业所编制的财务报表必须接受注册会计师的审查。

　　注册会计师根据对企业财务报表的审查结果作出审计报告书，在审计报告书中含有对其审查结果所出具的审计意见。审计意见分为无保留意见，保留意见，否定意见，拒绝表示意见四类。

- 无保留意见(unqualified opinion)：审计人员的审计范围不受限制，依照会计审计准则的要求进行审查后，确认被审计单位编制的财务报表遵循了企业会计准则时所出具的意见。
- 保留意见(qualified opinion)：对财务报表能产生重要影响的审计范围受到限制时，或者，虽符合企业会计准则，但前后期不一致，且变更不合理时所出具的意见。
- 否定意见(adverse opinion)：财务报表严重歪曲了被审计单位的财务状况、经营成果和资金变动情况时所出具的意见。
- 拒绝表示意见(disclaimer of opinion)：是指审计人员在审计过程中因未搜集到足够的审计证据，无法对被审计单位的财务报表发表确切的审计意见时所出具的意见。

第五节　成本及管理会计

1. 成本及管理会计的意义

　　任何一个提供并且销售产品或服务的企业，都会关心各个商品的生产成本。决定价格或者中断现有商品的生产，决定是否生产新产品等多种决策领域中都需要关于产品成本的会计信息。成本会计是掌握投入到生产中的材料费，劳务费，经费等成本，从而估算各商品成本的过程。与成本会计相比具有综合性的管理会计是为了组织内部的多种决策而提供有关信息，还包括分析这些信息的专门方法。管理会计是为了帮助企业内部的经营管理者做出合理决策而提供相关信息，从这个方面看，这与其服务对象是企业外部的利益相关者的财务会计有所区别。

[表 9-5] 财务会计和成本及管理会计的差异

	财务会计	成本及管理会计
会计信息的使用者	企业外部的利益相关者	企业内部的监管层，管理者
信息的主要内容	财务及经营成果	关于制造成本的信息及对于各种资源的利用（成本及效益）成果
用途	企业成果的评价及比较	决定价格，生产项目的交替，关于设备投资的决策支援

2. 制造成本的构成明细

如[图9-3]，制造成本由材料费，劳务费，经费构成。经费包括电费，水费，检查设备的折旧费，厂房的租赁费等。根据不同的情况，分析制造成本时也分成直接成本和间接成本。直接成本是指生产费用发生时，能直接计入某一成本计算对象的费用。间接成本是指生产费用发生时，不能或不便于直接计入某一成本计算对象，而需先按发生地点或用途加以归集，待月终选择一定的分配方法进行分配后才计入有关成本计算对象的费用。

[图 9-3] 制造成本的构成明细

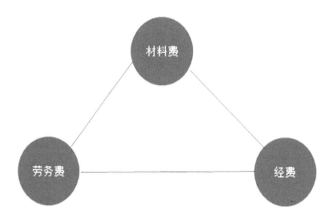

是亏损？是利润？ 只有威尼斯商人知道

'托马索，多明戈，尼克罗西三个人建立了伙伴关系。托马索在1472年1月1日投资了760杜卡特，4月1日取出了200杜卡特。多明戈在2月1日投资了616杜卡特，6月1日取出了96杜卡特。尼克罗西在2月1日投资了892杜卡特，3月1日取出了252杜卡特。1475年1月1日他们知道自己获得了3168杜卡特$13\frac{1}{2}$格罗索。请计算他们各自应得的份额。'

上面是15世纪意大利商人子弟们在商业学校学过的习题的示例，这个题目超出了单纯的零售商或者货郎的标准，反映了当时整个欧洲大陆这个舞台上极为复杂的伙伴关系和与其匹配的实际商业世界。这种情况下，明确掌握自己事业的实际情况变的比什么都重要。因此，将所有交易一一计入账簿，然后将其合理分类并且计算的方法就得到了发展，复式簿记(double-entry bookkeeping)将这种发展带入了顶峰。

虽然不确定复式簿记的发明者是谁，但在大概1300年左右，意大利的会计们初次使用了这种方法。估摸着也许是从代数式中得到了启示，从而发明了复式簿记。代数式中在一边的是加号，如果转到另一边就成了减号，就像这种，每一项经济业务发生时，以相等的金额计入到借方和贷方，这种有组织性的管理事业是复式簿记的核心。这种方式也叫做'威尼斯方式(alla veneziana)'，从这个方面看，复式簿记可能是依靠威尼斯商人开发出来的。

复式簿记最初在意大利被广泛使用，过了很长一段时期，北欧才引入了这种方法。例如，在16世纪，欧洲最厉害的商业家族中有一个是福格尔(Fugger)家族，这个家族就没有使用复式簿记。意大利的商人们分明在14世纪就逐渐采用了复式簿记。中世纪意大利的商人中，记录保存最多的是Francesco di Marco Datini，从1366年到1410年的会计账簿现在还有保存，其中1383年以前的账簿采用了叙述式的会计记录形式。

虽然能看到他在这个时期很多商业活动的面貌，但如果说最重要的事实，就是没法知道他通过商业活动获得了多少利润或者遭受了多少亏损。不仅是我们不知道，估计连Datini本人对他的事业状况也就知道个大概。1383年以后使用了复式簿记，这样就可明确的掌握其事业的实际状况。

事实上，在复式簿记得到传播以后，在很多情况下账簿记录的还是很潦草。当时的商人不会像现在一样将借方.贷方的数字完美对上，只要大概准确就很满足了，比什么都奇怪的是，当时的商人们不及时的进行收支结算。其实簿记的目的就在于最后的收支结算，但是15世纪的商人们，习惯拖延很长一段时间才进行结算，有时候，到账簿的最后一页快写满的时候才进行结算。根据实际情况选择合理的公司经营方式还需要再等等。

被称作复式簿记之父的意大利僧侣数学家卢卡·帕乔利(1445～1517)对复式簿记的所有内容进行了整理，并编写成书出版。他的著作《算术、几何、比与比例集成(Summa de arithmetica, geometria, proportioni et proportionalita, 1494, 1523)》是一本人人都能学的数学入门书。内容包括占星术，建筑，雕刻，宇宙论，军事，甚至于神学，几乎包含了能用数学解释的所有领域。其中，'计算和记录'的章节中对商业算数和簿记的内容进行了系统地整理。这个部分因为相对独立，所以后来被翻译成了多国语言出版。到了19世纪，还被德国和俄国作为复式簿记的入门书使用。

如果按照他的方法，需要对商业活动的三种账簿依次进行整理。首先要把所有的交易及时写入备忘录，然后将其内容在分录账中整理，最后在底账中使用复式簿记的方法进行分类计入。每年进行有规则的结算。结算的时候准备一张纸，在纸的左边列举借方总额，在纸的右边列举贷方总额，之后把两项全都加起来进行比较。如果把亏损或者利润相加，两边的数值必须完全一样。万一数值不一样的话，就说明计算有失误或者有遗漏，就要再重复一遍复杂的计算过程。从结果上看，如果收入大于支出，就说明事业很成功，反之，则会有不眠之夜。

这个部分里有一句祈祷的话：'神!请保佑我们这些诚实的信徒不饱受磨难!'帕乔利没有忘记这句话。无论如何，好好整理账簿才能分辨收益和损失，才能判断事业的趋势。只有这样做，才能保持优秀的伙伴关系。'经常计算会使友情天长地久'这句话是他的高明主张。

再补充一点，小写数字的使用对计算的发展做出了很大的贡献。像'1934? C97'这种简单的计算也使用罗马数字的时候，真的会成为一件非常复杂的事情。因为MCMXXXIV和XCVII相乘就是(1,000-100+1,000+10+10+10-1+5)乘以(100-10+5+2)的意思。欧洲资本主义的发展与计算的扩散有很深的关联。

(朱京哲，首尔大 西洋史学科 教授，韩国经济新闻，2010.12.4)

第十章

财务管理

第一节　财务管理的意义

1. 财务管理的目标

负责企业资产管理的首席财务官(chief financial officer: CFO)需要时刻斟酌以下问题：

- 维持对基本产品生产的投资？还是实施有关新产品开发的投资？
- 怎么样就维持基本产品生产或新产品开发而进行融资？

第一个问题的答案如下。基本产品的生产和新产品生产所需要的费用和新产品未来收益比较的话，如果新产品创造的现金流大于基本产品创造的现金流，则可以进行新产品开发。像这样，考虑到企业经营效益而决定投资类型、投资金额和投资对象的决策行为，可称做投资决策。投资决策和资产取得或资产投资有关联，在财务状况表上分为流动资产投资和非流动资产投资。

第二个问题涉及了决定投资所需的资金怎样筹资，从哪里筹资，需要多少资金的融资决策。投资资金的融资途径大体可分为借入资本(即负债)和自有资本。所以，企业需要决定究竟是利用借入资本还是自有资本进行融资。融资决策和标明企业借入资本和自有资本的构成比率的资本结构(capital structure)有着密切的关系。如今，任何一个企业的借入资本率(即负债比率)过高的话，在融资环节中则会利用自有资本进行融资。与此相反，借入资本率过低的话，在融资环节中则会利用借入资本进行融资。如图10-1所示，投资决策和融资决策是企业财务管理的两大轴心。

[图 10-1] 财务管理的目标

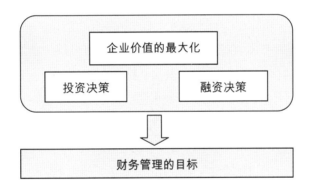

财务管理的目标是什么？企业管理者能想到的目标不过就是企业的生存，市场占有率的极大化，利润的极大化等。但这些目标作为企业财务管理目标的话，则存在一定的问题。例如，提到企业的目标第一个想到的便是利润的极大化。但是这里利润的概念比较模糊。究竟是指营业利润、本年纯益、还是全面收益？是指今年的利润还是几年的平均利润？为提高特定年的利润，企业往往会实施拖后支付管理费、拖后补充库存等方法。所以，利润的极大化并不能成为财务管理的目标。

在讨论企业财务管理方法时，假设上市公司的CFO站在股东的立场上而进行决策。以这种假设的观点来看，财务管理的目标较为明确。股东购买股票的目的即为取得分红和资本利润（因股票价值上升而取得的收益）。所以，CFO的决策需要体现股东利益，并设法提高股票价值。即，财务管理的目标为企业价值的极大化和股票每股价格的极大化。

2. 企业的现金流

企业的经营活动大部分和现金流有关。企业进行生产、销售活动时，在购买原材料和支付职工薪金的过程中会产生现金流出，而在销售产品时则会产生现金流入。流水线上的原材料，用于生产的机械设备以及仓库里的成品都算作已经支出的现金。所以，生产过程越长或者生产出来的成品的库存时间越长的话，就会有越多的现金被套牢。

通过销售活动获得的现金流则会再次投入到生产过程中去，用在购买原材料、支付工资、填补制造经费和一般的销售管理费上。产品通过赊账交易而销售的话，现金会在贷款回收之前被套牢，从而导致应有的现金流无法投入到生产环节中从而造成困难。现金的循环和外部资本的提供者有着紧密的联系。上市公司会在企业成立时通过发行股票进行融资。企业在正常营业的过程中创造的现金流无法充当运营资金的情况下，通常会通过外部增资、发行债券或者银行贷款的方式筹集资金。在这种情况下则需要向外部股东或债权人支付利息或者分红。万一借入的资金太多，则可能会因为过重的利息而导致破产。

财务管理，用一句话总结，其实就是对于现金流循环过程的综合管理活动。即，企业为经营活动融资并资产管理的一系列活动。正如之前所提到的，财务管理的目标是企业价值的极大化。为了让企业价值极大化，应通过运转企业资金以创造出最大量的现金流。从资产中创造的未来现金流对于企业的现在价值有着很大的影响。

所以，未来的现金流该怎么样预测呢？为了预测未来现金流，需要先通过预测未来销售额而制定预测财务报表。在这里就不对此做详细介绍了。但是现金流作为财务管理中的一个重要概念，它的预测往往需要会计学的基础。

第二节 货币的时间价值

财务专家要面对众多挑战中的一个便是决定未来现金流的现值。例如，为了让企业的财务管理者做出正确的投资决策，首先会在投资方案中写下未来现金流的预测值，然后推算出未来现金流的现值。同时，为了做出正确的债券投资决策，通常会考虑债券创造出的未来现金流，即利息和本金的现值究竟为多少。换句话说，财务管理者对于货币时间价值(现值或未来价值)的理解是基本中的基本。

货币的时间价值指的是现在10,000元韩币的价值会在未来某个时间超过10,000元。其中的原因就是现在的10,000元韩币如果存入银行，未来则会得到本金10,000元和利息的总合。利率或资产的预期回报率通常为正。万一某投资资产的预期回报率为负值，投资者则不会投资这个资产。所以这样的投资资产不会存在。

1. 未来价值

未来价值(future value：FV)指的是投资金额算上利率在一段时间后会达到的值。计算未来价值或现值的时候，假设每经过一个计息期后都将所剩利息加入本金，这种计算方式称为复利计算(Compounding)。为了得到更多的利息，需要预测最初的投资额在每个计息期能得到多少利息。未来价值可通过如下公式进行计算。

$$FV=Co\times(1+r)^t$$

Co为现在的投资额，也被称作PV（现值）。r为每个计息期的利率，t为计息期的数量。这个公式假设了利息会在每个计息期支付，并按照复利的方式来计算未来价值。

比如，如果100万韩币存入了年利率为10%的银行，两年后能够得到多少钱呢？解决这个问题需要将10%的利率和100万韩币联系起来以计算两年后的未来价值。所以，未来价值可以通过如下方式计算。

$$FV=100(1+0.1)^2=121万韩币$$

再看一个例子。如果未来三年里每年年末往银行存入4,000万韩币，年利率为8%，并且现在已存入7000万韩币在银行里，那么四年后能够得到多少钱呢？解决这个问题需要将各个现金流的未来价值计算出来并相加。

$$FV=7,000(1+0.08)^4+4,000(1+1.08)^3+4,000(1+0.08)^2+4,000(1+0.08)^1$$
$$=约23,548万韩币$$

2. 现值

现值（present value：PV），又称现价，指的是未来费用或收益在当今的价值。现值公式如下。

$$PV=\frac{FV}{(1+r)^t}$$

例如，面值为1,000,000元韩币，年利率为10%的定期存款，一年后得到的1,100,000元韩币和现在保有的1,000,000元韩币的价值相等。这里的1,100,000元韩币贴现的话，10%的利率即为贴现率。假设如果有人投资1,000,000元韩币的话，往后三年不归还本金每年得到500,000元韩币的分红。评价这个投资方案的方法就是用现在保有的1,000,000元韩币的价值和今后三年间每年年末得到的500,000元韩币做比较。假设贴现率为10%，则这个投资方案的现值可通过如下方式计算。

$$\text{一年后得到的500,000元韩币的现值} = \frac{500,000}{(1+0.1)} = 454,545\text{元韩币}$$

$$\text{二年后得到的500,000元韩币的现值} = \frac{500,000}{(1+0.1)^2} = 413,223\text{元韩币}$$

$$\text{三年后得到的500,000元韩币的现值} = \frac{500,000}{(1+0.1)^3} = 375,657\text{元韩币}$$

所以，这个投资方案的现在价值就是所有现值相加得到的总合，即1,243,425元韩币。但是，如果贴现率为25%的话，这个投资方案的现值就达不到1,000,000元韩币了。

$$\text{投资方案的现值（贴现率=25\%）}$$
$$= \frac{500,000}{(1+0.25)} + \frac{500,000}{(1+0.25)^2} + \frac{500,000}{(1+0.25)^3} = 976,000\text{元韩币}$$

第三节　投资决策

为了企业的未来收益，利用各种融资方式筹集来的资金会投资到各种资产中去。企业为了得到未来收益可以决定现有资金的投资方式。

企业的投资根据投资收益所持续的期限的不同分为经常性支出和资本性支出。

经常性支出，又称作收益性支出，是指效果在短期内发挥并结束的资金支出。为了购买原材料而支出的材料费，为了购买劳动力而支付的劳务费都是经常性支出的例子。资本性支出是指从投资获得的未来现金流入持续一年以上时间的支出。例如，机械设备，建筑等固定资产支出；新产品开发，业务拓展等方面的支出。像这样影响力持续时间很长投资决策往往是决定企业长期收益性和风险的根本原因，所以需要树立缜密的事前计划。投资长期资产时，需要同时考虑到其收益性和风险。在这里，收益性指的是预期的投资收益；风险指的是由于未来发生的不确定事件而导致的受损可能性。一般来说，想要得到高收益，必要承担高风险。

所以，做出投资决策时需让两者达到平衡。决定投资决策的就是资本预算。有关在资本预算过程中使用的投资方案评价方法和盈亏平衡点的分析如下。

1. 资本预算

资本预算(capital budgeting)是针对于投资后可获得在一年以上收益的对象的预算过程。资本预算包含对于土地、建筑或生产设备、新产品开发、业务拓展的投资，以及投资的影响力在一年以上的有关广告费、市场调查费和研究开发等方面的投资。这样的投资决策存在着大规模资金流出及类似风险，所以需要对其进行全面管理。

进行投资活动时会涉及到现金流入及流出。投资价值高的对象往往现金流入大于现金流出。为了做出最佳的投资决策，首先需要评价投资的定期纯现金收入。定期纯现金收入指的是某段时间内现金流入额减去现金流出额的部分。资本预算就是拿纯现金流入额的现值与初期投资额比较和评价的过程。

在未来引起的费用和收益的现值根据贴现率的变化而变化。贴现率越高，未来资产价值的现值就越底；与此相反，贴现率越低，现值也就越高。这么说来该怎么样决定贴现率呢？一般来说，贴现率就是定期存款这类毫无投资风险的投资方案的最大收益率。万一使用贷款投资的话，贴现率就是贷款利率。

下面会详细介绍净现值法、内部收益率法、盈利指数法、回收期法等投资方案的评价方法。其中，净现值法和内部收益率法的使用较为普遍。

(1) 净现值法

净值(net present value)指投资方案所产生的未来现金流入以贴现率折现之后与原始投资额现值的差额。例如，经济寿命为n年的新机械设备导入需要C份额的投资。新设备的启动可以在i年内赚得的纯现金收入或称纯收益(总现金流入-总现金流出)为Ri。净值用NPV表示，资本成本(又称贴现率)用r表示，则NPV的公式如下。

$$NPV = \frac{R1}{(1+r)} + \frac{R2}{(1+r)^2} + \cdots + \frac{Rn}{(1+r)^n} - C$$
$$= \sum_{i=1}^{n} \frac{Ri}{(1+r)^i} - C$$

在只有一个投资方案的情况下，NPV的值需要大于0。在有相互独立的多种投资方案的情况下，在NPV比0大的前提下，选择NPV值最大的投资方案。

(2) 内部收益率法

内部收益率(internal rate of return：IRR)就是NPV等于0时的收

益率。即，投资方案中预期现金流入现值和资金流出现值相等时的贴现率。例如，导入经济寿命为n年的新设备需要C份额的投资。新设备的启动可以在i年内赚得的净现金收入或称净收益(总现金流入−总现金流出)为Ri的话，内部收益率就是能让以下公式成立的贴现率。

$$C = \frac{R1}{(1+r)} + \frac{R2}{(1+r)^2} + \cdots + \frac{Rn}{(1+r)^n}$$

$$= \sum_{i=1}^{n} \frac{Ri}{(1+r)^i}$$

以上式子中的r为IRR。单一投资方案的情况下，即能选择的投资方案只有一个的情况下，投资方案的内部收益率比投资时需要的资本成本(或贴现率)大的话，可以选择此投资方案。例如，从银行贷款进行投资时，贷款利率为5%。如果此投资方案的内部收益率不高于5%，可以放弃此项投资。在可以选择的投资方案有两个以上的情况下，在内部收益率比资本成本高的所有投资方案中选择内部收益率最高的投资方案。

决定是否选择单一投资方案的方法时，利用资本预算法和内部收益率法来评价的结果是一致的。但是，在评价相互独立的多种投资方案时，投资方案的投资规模和寿命明显不一样，或投资规模和寿命即使相同但现金流模式明显不用时，　利用这两种方法评价可能会有不同的结果。

评价多种投资方案时会产生不用评价结果的原因如下。使用内部收益率法的时，假定由某投资方案引起的预期现金流入直到投资结束时，以投资方案的内部收益率又进行再投资；但使用净现值法的时候，假定的是资本成本进行再投资。但是以内部收益率不断进行再投资的假设非常不现实，所以净现值法比内部收益率法更合理。

(3) 盈利指数法

盈利指数(profitability index：PI)是指未来现金流量的现值和初始投资的比率。单一投资方案的情况下，这个比率大于1的话则可以选择此投资方案，如果这个比率小于1的话则可以放弃这项投资方案。并且，如果出现两个以上盈利指数都大于1的投资方案，则应选择盈利指数最高的那个投资方案。盈利指数用公式表示的话如下：

$$PI= \left[\sum_{i=1}^{n} \frac{Ri}{(1+r)^i}\right]/C$$

正如以上公式所示，PI和NPV有着密切的关系。NPV为正值的时候，PI比1大；NPV为负值的时候，PI比1小。

(4) 回收期法

回收期(payback period)是指用投资方案所得的净收益偿还原始投资额C所需要的年限。例如，假设i年时的净收益为Ri，目前的投资费用为C的情况下，回收期N的最小值则可由如下公式求出。

$$C \leqslant R1 + R2 + \cdots + RN$$

这种计算方式较为简便所以被广泛使用。这种方式即不考虑回收期后的现金流，也不考虑货币的时间价值，所以较之前三种方法具有一定的不合理性。

(5) 投资方案评价方法的应用

下面通过具体的事例来介绍以上投资方案评价方法的应用过程。例如，某企业用2亿5千万韩币投资了自动化系统。由于自动化系统的导入而引起的预期全年现金流(现金流入-现金流出)如［图10-2］所示。在初期投入2亿5千万之后，一年后得到4千6百万元，两年后得到5千2百万元。等到5年后这个系统作废后被处理时，一共可以得到1亿2千6百万元的现金流入。

[图 10-2]　现金流示例材料

- 回收期法：使用这种方法时，投资金额会在四年多一点的时间内全被回收。截止至第四年末时的现金流入额为46+52+58+67=223，第五年又能得到126的现金流入。

- 净现值法：假设资本成本或称贴现率为10%的情况下，NPV为2.33。考虑到经济效益的话，导入此自动化系统不失为一种好的选择。

$$NPV= \frac{46}{(1+0.1)}+\frac{52}{(1+0.1)^2}+\frac{58}{(1+0.1)^3}+\frac{67}{(1+0.1)^4}+\frac{126}{(1+0.1)^5}-250$$
$$= 2.33$$

- 盈利指数法：通过净值和费用可以轻而易举地算出盈利指数。当得出PI的值比1大的话，则可把此项投资方案看作是有经济效益的。

$$PI = （250+2.33)/250=约1.01$$

- 内部收益率法：内部收益率可以通过如下试错法公式求出。由于IRR为0.103或10.3%，即资本成本大于10%，所以这个投资方案有一定价值。同时，自动化系统不仅可以让产品品质有所保证，而且可以减少由劳资纠纷引起的生产差错，所以此项投资方案具有可行性。

$$250= \frac{46}{(1+ir)}+\frac{52}{(1+ir)^2}+\frac{58}{(ir)^3}+\frac{67}{(1+ir)^4}+\frac{126}{(1+ir)^5}$$

2. 盈亏平衡点

人们为了展开事业而进行投资，当投资金额很高的情况下，每个人都会担心亏损会阻碍利润的上升。例如，快餐店要考虑每天至少要卖出几个汉堡才能获得利润，或者体检中心要知道每天要接待几名顾客才能避免亏损。像这样，为了完成之前设定的目标，了解所需要的销售量就是财务计划的出发点。但是，为了把握此销售量则需要知道当利润为0时的销售量。这个销售量被称为盈亏平衡点。盈亏平衡点(break-even point：BEP)是指销售额(总利润)和总成本相等时利润或损失不存在时的开工率(产量或销售量)。即，销售量比盈亏平衡点少的话则出现亏损，比盈亏平衡点多的话则获得利润。

企业内产生的总成本和开工率无关，可以分为固定成本和可变成本。可变成本与开工率的增减成比例。可变成本包括直接材料费、直接人工费、易耗物资费用、销售佣金等等。固定成本包括建筑、机械的折旧费、管理人员的工资、维修费、财产税和公共事业费、保险费、房屋租金、利息等。与此相反，假设收入为一定量的单位销售价格，并随着开工率的增加而成比例增加。

怎样求出盈亏平衡点呢？首先需要知道成本(可变成本和固定成本)，收入(销售额)和利润的关系。通过下面的公式可以让理解变得更为容易。

利润 ＝ 销售额 － 总成本＝销售额 －(可变成本+固定成本)

　　 ＝ (销售单价)(销售量)-(可变成本+固定成本)

　　 ＝ (销售单价)(销售量)-(单位可变成本)(销售量)－ 固定成本

　　 ＝ (销售单价 － 单位可变成本)(销售量)－ 固定成本

当纯利润为0时，求销售量的公式如下：

$$0 = (销售单价 - 单位可变成本)(销售量) - 固定成本$$

$$销售量 = \frac{固定成本}{销售单价 - 单位可变成本}$$

用图表表示的话，则如［图10-3］所示。通过图表可以很容易地看出在什么时间段销售量超过盈亏平衡点时而产生利润，未超过盈亏平衡点时则出现亏损。

［图 10-3］ 盈亏平衡点的示例

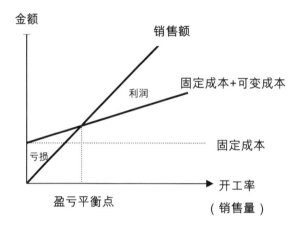

例如，生产价格为1,000元韩币钢笔的A企业每年的固定成本为6千万元韩币，单位可变成本为400元时，全年销售量可通过如下公式算出。

$$盈亏平衡点销售量 = \frac{60,000,000}{1,000 - 400} = 100,000 \ 个$$

使用盈亏平衡点公式可以求出为了达到预定利润所需要的销售量。例如，某企业想要达到 π 额度利润，则其销售量的计算过程如下所示：

$$\pi = (销售价格-单位可变成本)(销售量) - 固定成本$$

$$销售量 = \frac{固定成本+\pi}{销售单价-单位变动成本}$$

假设中A企业全年的目标利润为3千万韩币，为了达成这个目标所需要的销售量则如下所示。

$$盈亏平衡点销售额= \frac{60,000,000+30,000,000}{1,000-400}=150,000 \ 个$$

<u>第四节</u> 资本结构与融资决策

1. 资本结构

一般企业的投资决策与资本结构决策是分开来的。正如前文所提及，资本结构指的就是借入资本与自由资本的构成比率。所以，企业决定负债比率的过程就是决定资本结构的过程。经营团队可决定是否发行债券或进行有偿增资。发行债券或进行有偿增资会让企业的负债比率(或称资本结构)不同。

负债有着两个重要的特征。第一，利用负债来融资的话需要支付利息，计算法人税时利息被减免，所以要缴纳的法人税降低。换句话说，使用负债时，法人税降低而现金流增加。法人税里减免的金额(tax deductible)也会提高企业的价值。第二，不能偿还负债时会引发财务危机从而导致破产。破产成本(bankruptcy cost)会限制企业融资。负债率越高，企业履行不了对债权人偿还义务的可能性也就越高。这个比率增加的话，未来破产成本的现值也会相应增加，从而导致企业价值降低。

从企业的立场来看，用利息来减免税金时，需要在价值允许的范围内调整负债。相对来说负债少的话，引发破产或者财务危机的概率也小，税收减免额比破产成本现值大。所以，在税收减免额比破产成本现值大的区间内，企业提高负债比率则会增加企业价值。与此相反，负债多的情况下，企业破产或财务危机发生的可能性增加，破产成本现值高于税收减免额。在此区间内，企业降低负债比率会增加企业价值。

最优资本结构(optimal capital structure or target capital structure)就是决定负债比率在两个区间内的哪一个的过程。换句话说，最优资本结构就是让企业价值最大化的那个负债比率。企业的CFO为了让企业价值极大化，需要知道负债比率(或称最优资本结构)，并通过融资决策以维持此负债比率。

例如，企业目前的负债比率比最优资本结构低的话，企业的CFO为未来投资而进行融资时，需要做出发行债券或银行贷款的决策。因为负债的增加能够增加企业的价值。与此相反，企业目前的负债比率比最优资本结构高的话，CFO需要通过有偿增资来融资。因为在这个区间内，有偿增资可以降低负债比率，并增加企业价值。

2. 融资

企业在购买建筑及机械，扩大业务范围，拓展新业务时，需要长时间可以安全使用的长期资本。企业主要使用两种方法来筹集可以使用一年以上的长期资本。第一种为外部融资，包括发行股票(普通股或优先股)及企业债券等。第二种为从银行贷款的长期贷款方式。

(1)普通股

普通股(common stock)是指上市公司以股东出资为前提向股东发行的

证券。一般所提及的股票就是指普通股，如果公司只发行一种股票的话则没必要区分其股票的种类。公司成立后会首先发行普通股，并在以后有需要时以有偿增资的方式再发行。投资普通股的股东们按其所持股份比例享有决策权及股息红利的分配权。但在公司经营状况不佳时，股东面临着得不到分红的风险。

(2) 优先股

优先股(preferred stock)是指在利润分红及公司解散时关于剩余财产分配的权利方面较之普通股有着优先权的股票。在得到一定的分红之后，并且利润充足的情况下，可选择直接取得分红，或转换为普通股。优先股和有着固定股息率的企业债券有着相似之处。

(3) 企业债券

是指私营企业为了筹集设备资金而发行的债券。广义来说，企业债券包括银行发行的金融债券，但一般来说，就是指企业发行的债券。企业债券和股票不同，利息固定是它的特征，和公司收益无关。企业债券分为金融机构做担保的保证债券，无保证债券和抵押债券。在证券市场中和股市一同交易的投资商品保障了基准利率以上的收益。利用企业债券进行融资的方式和股票不同。这种方式不会影响企业主或股东的所有权和经营权，通过支付利息和归还本金来完成，与企业的经营成果无关。所以，资金趋紧的可能性很高。

(4) 长期贷款

长期贷款是指企业向金融机构或其他外部机关借入的期限在一年以上的借款，贷款期间企业会向金融机构支付利息并在到期时归还本金。比起其他融资手段，长期贷款的贷款利率较低且安全性较高，所以倍受欢迎。因为长期贷款在偿还时只需企业支付本金和利息，和企业的经营成果无关，所以在企业可运用资金中贷款的比重越高，破产的可能性也就越大。

另一方面，企业在日常经营活动中有着多项支出。包括原材料的购买、人工费的支出和管理费用的投入等。这种企业日常经营活动所需要的资金中的相当一部分会从企业营业活动中导入，但资金不足的情况发生时，会从外部短期借入资金。短期资本的融资手段有发行期票、银行短期贷款、赊账等。这里提到的期票(note)是指在未来指定日期支付确定的金额给收款人或者持票人的票据。

3. 金融市场的类型

企业为了自身成长发展需要融资顺利地进行。企业融资的方式多种多样。企业会用一部分通过业务赚取的纯利润来投资，但企业内部满足不了资金需求的情况下，会从外部进行融资。融资方法包括在股市中发行股票，发行企业债券以及从金融机构贷款。像这样，资金需求者可以从资金供给者那里借到资金的地方，称为金融市场。

企业或政府主要在金融市场里融资。需要资金的企业发行企业债券或股票，有储蓄或者投资余力的一般家庭或企业通过购买这些债券和股票成为资金的供给者。

金融市场按照融资资金的期限划分为短期金融市场和长期金融市场。短期金融市场是指期限在一年以内的短期金融商品交易的场所；长期金融市场是指可以使用一年以上的长期资金流通的市场，又可称为资本市场。资本市场作为筹集企业的设备资金，政府和地方自治团体的事业经费等长期资金的市场，根据资金的供给方式可分为长期借贷市场和证券市场。长期借贷市场是间接金融方式主要行使的金融市场，金融机关从储蓄者那里筹集到资金，并借给长期资金需求者。证券市场通过发行股票、公债及企业债券等来完成资金的供需平衡。它是一种直接金融市场，分为发行新股和新公债的发行市场，和为已经发行的证券提供交易场所的流通市场。

流通市场指的是为已发行的证券提供买卖交易场所的市场。已发行的股票在证券交易所上市并交易，股票所有者通过买卖可以随时将股票转换为现金，所以股票为变现能力很高的投资对象。而发行市场就担当着帮助股票或债券上市发行的角色。一般的企业随着规模的增大，会通过首次公开发行(initial public offering：IPO)来大规模地融资。首次公开发行之后，企业的股票会在股市上市，上市企业今后的权益融资就会变得非常容易。换句话说，已经上市的企业通过有偿增资等方式可以轻易扩充自有资本。

韩国的证券交易市场分为有价证券市场(KOSPI market)和科斯达克市场(KOSDAQ market)。在有价证券市场上市的基本都是些规模较大、较传统的企业。与之相反，在科斯达克市场上市的基本都是些规模较小、无形资产比率较高的企业。例如，在科斯达克市场有很多以技术为中心的生物科技企业和创业企业上市。科斯达克市场自1996年成立以来，10年期间上市公司的数量快速增加，目前已突破了1000个。

狭义的金融市场指的就是间接金融市场。间接金融市场接受资金供给者的存款，并以自身名义提供给资金需求者。即，资金的交换通过间接的方式进行，包括一般银行、特殊银行、保险公司、信用合作社等。个人向上述金融机关存入活期或定期存款时，银行会收集这些资金并以自身名义借给需要资金的企业。

"借贷业从业者"夏洛克是恶人吗？

高利贷业(usury)在任何宗教、任何文明圈内都不受欢迎。因为高利贷总被看作是剥削弱者的工具。在欧洲，"usury"原本的意思不是暴力及高利率，而是所有的利息。按照原则来说，所有接受利息的行为都是被禁止的。

罗马法一开始允许了接受利息并贷款的行为，但是中世纪之后被禁止。教会在初期就禁止了利息的取得(例如314年的阿尔勒会议和325年的尼西亚会议)，并规定世俗指导者必须遵守此项规定。但是，罗马时代的皇帝或国王们并没有立即中止商业往来中的利息交易，而是在某种程度上默认了它。

围绕利息所展开的矛盾在12至13世纪商业迅速发展之时又重新上演。第三轮梵蒂冈会议(1179)和第二轮里昂会议(1274)规定了高利贷业主不归还全部利息的话，终付圣事、埋葬、遗嘱制定等均不被允许。并且，维也纳会议(1311)把允许高利贷业的思想归为邪教。

但是宗教上虽然这么规定，但是在实际经济生活中不收取利息就借钱的行为被看作是天方夜谭。如果利息支付真的被全面禁止的话，高利贷业会消失，经济也不庸置疑地会出现危机。中世纪，从贫穷的百姓到国王都在依靠借贷生存。甚至教会也为了扩建而借钱。

说到高利贷业主，不得不提到一个无情无义的恶毒犹太人夏洛克。不是所有犹太人都从事高利贷业，从事高利贷业的人也不都是犹太人。但犹太人在经济落后的地区充当着向贫苦人民小额贷款的角色。虽然犹太教中禁止了借钱并收取利息的行为，但钻空子的人大有人在。"即使向其他国家的人借钱并收取利息，也不要向自己兄弟借钱并收取利息"(申命记23；20)是旧约圣经中的句子，允许了可以向外国人收取利息的行为。

通过高利贷，犹太人谋取了多少暴力呢？和这个问题有关的一个法国的例子很有意思。菲力美丽王(脸长得很帅所以起了这个名字)在驱逐犹太人并没收他们的财产和债券时，巴黎的一名编年史作家杰普路尔这样记录道："如今，做生意方面犹太人比基督徒更自由。犹太人如果留在法国的话，基督徒会受到很大的帮助。因为犹太人的离开，能借钱的人消失了，所有人反而陷入到更大的债务中去了。"

高利贷业是不可缺少的，收取利息也是不可避免的。当菲力王意识到这一点后，于1311年首次公开允许了以"底利"来收取利息，年利率上限为20%。讽刺的是，当时得到很高利率的来自意大利的"基督徒"高利贷从业者(又称伦巴底人)被驱逐。但是，伦巴底人早晚也会再次被法国接纳。压制高利贷业的宗教需要和收取利息的经济需要之间的平衡很难把握。1360年，认可犹太人的条例被颁布。但在1394年，犹太人又被驱逐。政府的条例可见有多么混乱。

债务问题变得越来越严重的巴黎市民于1306年与1356年分别展开了起义。宗教上和经济上的完全相反的要求怎么样同时被满足，这个难关究竟怎么突破。国王的咨询顾问想到了一种"微小金融"的方式。公共银行会代替个人高利贷业主向百姓以低利率贷款。

1380年代，一名叫菲力·特·麦兹埃尔的国王咨询顾问提议以国王的资本设立公共银行，并在各个城市的分行向百姓分发贷款。一年后回收本金时，可以得到10%的"盈余"，资本金提高。但是实施这个提案的过程并没有想象中那么容易。结果，中世纪的"微小金融"还是停留在想法层面。

国王能做的只有为债务支付提供宽限期了。向国王恳求宽限期的人，每个人的实际情况都会被评估，并发行提供一年、二年、三年或者五年宽限期的"宽限许可书"。虽然这项特权的批准也没那么容易，但再也没有像过去路易九世(参与了十字军并被称为圣人诗圣的国王)时代时，虽得到债务宽限期却还要尽"十字军远征参战义务"那样的条件了。国王麾下的军人、商人以及百姓证明了债务与自身的财产管理方法好坏无关，而是和战争或自然灾害等不可避免的情况有关，从而获得了宽限期特权。慢慢地，经济也逐渐摆托了宗教的束缚。

(朱京哲，首尔大学西洋史学科教授，韩国经济新闻，2010.11.19)

损益分析和库存管理费用

〈问〉

六个月前，我在大学附近的街道上新开了一家玩偶精品店。我投资了一亿元韩币，期望平均毛利率可达到30%～40%。但是对于怎样经营一家店我还是很生疏。特别是关于怎样处理损益分析、库存管理费用、装修费用等，我真的不太清楚。

〈答〉

毛利率是30%的话，每月的销售额为1200万韩币时，利润可达到360万韩币。菜鸟创业者会这样期待。但是，装修设施的折旧费和库存管理费用却没有被算进去。菜鸟创业者会很容易陷入这种误区，把握不好库存管理费用，从而算错净利润。

例如，每天的销售额为40万韩币，毛利率为30%，平均每个月的销售额为1200万韩币，可赚取利润360万韩币。但是这里有个陷阱。毛利率30%的意思是如果卖10个商品的话，卖7个才能赚回成本，剩下的3个必须卖掉才有利润。所以，毛利率即使是30%，如果卖不掉10个，只能卖掉8个的话，毛利率也会大幅下降。结果，为了保证毛利率，要尽可能让库存为0。可是大部分店主只是过一天算一天，眼光并不长远，没有想到要管理库存。

（每日经济新闻，2004.9.15）

GM为什么会破产？

-从汽车制造企业控制了财务部，把节省费用看作首要任务开始-

2011年，美国汽车企业通用汽车公司(GM)再次任命了去年退休的前副会长鲍勃鲁兹为最高管理人员(顾问)。10年前的2001年9月，GM也任命过鲍勃鲁兹。当时鲁兹已经70岁了。是在克莱斯勒副会长退职之后。当时GM的情况和现在正好相反。日本车在美国市场后来居上，导致经济附加价值(Economic Value Added：营业利润除去税金和资本金的部分)也下降了。庞蒂亚克Aztek等新车也被《财富》等经济周刊评为"史上最丑的车"。纽约时报、CNN这样评价鲁兹的回归"汽车业的传说，底格律真男人以GM拯救者的身份回归了"。

经历了十年GM衰落的鲁兹去年6月出书记录了那段经历。题目为《Car Guy vs Bean Counters》，Car Guy就是指在现场制造产品的人们。Bean Counter翻译过来就是"种豆的人"，指的是在企业里处理财政和财务的人们。书出版以后便登上了纽约时报和华尔街日报的畅销书榜。英国金融时报和高盛也评选此书为2011年"年度书籍"的候补之一。

过去十年间，传遍GM的故事展现在了世人眼前。2001年8月，鲁兹在任命GM副会长之前，他来到了底格律GM的总部，参加了一个早餐会议。领导和金融家们正在研究快要上市的车的雏形照片。"就像是一场恐怖秀(horror show)。小型、中型、大型、SUV、卡车… 这些在我眼中明摆着会失败。这些车没有一点魅力和温度，简直太廉价了。即使是设计这车的人的妈妈也会去买日本车的。"

鲁兹取消了其他的日程，开始对产品开发进行总体性的研究。他把GM设计部的副会长韦恩加力(cherry)叫到了自己的办公室里来。"我对韦恩说'韦恩，这也太惊悚了吧。'韦恩也回答说'对的，我也是这么觉得。'等等，这算什么？设计部的负责人也对自己的设计不满意？韦恩又说'鲍勃，这里是GM，是VLE(Vehicle Line Executives，汽车生产线主管)的天下。'所有的决定权不在设计师身上，而是在14名VLE的身上。其他公司一般只有两到三名。作为专业人士的韦恩怎么解释给VLE他们都不听。他们只会计较自己的补贴，重视成本和投资额、一台车的制造时间和零件的回收率。即使毁了一台车，他们(从车上市开始)2~3年后也就升职或者离开了。

"以最好的品质制造出最美的车是GM原本的哲学，但这个哲学却消失了。有着'制造出最好的'自信心的'car guy'(制造、技术人才)的消失是主要原因。取而代之的是培养了很多金融知识全副武装的'会计师'(bean counter)。在组织内，渐渐形成了一种无视制造、技术人员的氛围，'GM是追求利润的地方，车只是金钱的另一种形态罢了，多卖点车才能赚多点钱。'制造出最好产品的责任感传导至组织的下部(大部分的高级设计理解不了实际制造时的困难)。50年来积累的经验可知，组织的顶端如果对产品没有热情的话，'节省费用'能否实现不能确定，但'增大销售'是肯定实现不了的。"

● Bean Counter的攻击，Car Guy的反击

卡迪拉克开发了CTS的时代。前窗变得倾斜(前窗相对于天窗的倾斜角度是影响车的安全性和比例的重要因素)，车的天窗变得非常平。鲁兹向VLE询问了理由，得到的答案是'(那样的话)上一部车的天窗可以方便下一部车循环利用'。

"我想忍但是没忍住，还是大声说了出来。'就为了节省一个天窗，就把车设计成那样，真是愚蠢至极！'全部改掉的话，还需要一年的时间。为了防止VLE把任务传达给财务部然后拖延并忘掉，我让他们把所有的数据都拿过来。当然不能干等。我立刻拿起纸和笔，开始给瑞克(CEO)写信。

鲁兹在信中指出了至今察觉到的GM的问题，强调要把力量集中到制造出好车上。加上了'也许会犯错，但是不能犹豫。'(Often wrong, Seldom in Doubt)的座右铭。瑞克·瓦格纳和鲁兹联手，让卡迪拉克CTS经过一年的改装时间后上市。瓦格纳让全体公司职员都读了鲁兹写的信，舆论对于那封信也评价道'改变之风吹向GM'。

"这封信就好比GM众多优秀car guy等了很久等到的自由宣言。大企业里真正的人才在那里？虽然在自己的领域是专家，但是没有MBA学历，所以看到经营知识很丰富的同事们升职时，自己的存在感也逐渐消失。但是这些人当中也有人才。我想恢复他们的士气。之后，年轻的设计师们开始层出不穷地提出厉害并很有创意的想法。"

鲁兹的革新在短时间内改变不了组织形态。GM的销售额持续下降，在2007年的第一个季度首次被丰田超越，2008年又因为金融危机而申请了破产。之后，不仅是GM，美国产业全体进入停滞期。"企业收获了成功，但钱也开始快速流失，"当时的金融业从业者(finance people)这样说道。"不用想办法卖东西也可以。为了让营业利润提高，减少广告预算、产品的研究开发费就行了。我们之前都太重视品质了。现在车内的地毯可以做得薄一点，座椅用稍次一点的材料去做。暗中行动的话没有人会发现吧？"从那一瞬间开始，消费者便意识到车的质量已经大不如前了。而且企业也陷入到了水深火热之中。任何时候都把品质做好。这样的成功才能持久。Bean Counter走上前来说道'现在可以休息(relax)一下了'便什么都不管了。之后GM的不幸便开始了。这就是GM的故事。"

⊙ 录用右脑型人才

鲁兹是不是低估了金融的作用？"在危机时，金融部门担当着减少不必要的费用和牺牲企业的角色。问题是Bean Counter在任何时候都在玩弄数字，计较着成本和销售额。他们是左脑型人才。学校里最优秀的学生，有着最高ＩＱ，优秀分析、计量能力的人才都是左脑型人才。我不太喜欢这些没有想象力的人。撇开纠结于数字不提，就连捕捉潮流的能力，直观把握状况的能力都没有。也不能拓宽职员的视野，点燃不了他们的热情。这就是我的不满。"

为什么左脑型人才支配着美国企业？"去看看企业的理事会。他们都讨厌风险。所以他们只会合理地陈述事实，喜欢用数字说话。用数字和数据可以解释所有的问题。如果是我的话，今天提出了这个意见，一个月后可能也会提出完全相反的意见。为什么呢？因为在一个月内世界会变的。但是理事会并不想要这样的人。他们希望这个世界像数值一样，安定的、可以预测的。"

鲁兹说"GM的衰落、失败和振兴展现了美国制造业全体的故事。""GM总想着'我们规模很大，实力很强，所以不可能失败。'美国也是相信自己的实力很强并能保持下去。在此期间，亚洲企业逐渐渗透到美国的家电行业，日本和韩国认为'我们现在也能比美国生产出更好的车了'。美国制造业全体没有想着怎么样生产出更好的产品和服务，而是屈服于金钱和营业利润。"金融市场逐渐膨胀，人们花的比赚的多，各地都产生了泡沫。灾难是可以预测的。现在美国制造业需要生存下去。GM也要振兴，制造出世界上最好的轿车和卡车。"

(朝鲜日报，2011.9.24)

第十一章

生产·运营管理

第一节　生产管理的意义

1. 生产管理的范围

生产管理或称生产·运营管理，是指对于生产产品或服务的生产系统的计划及运营具有决定权的行为活动。生产系统是指把原材料，资本，信息，劳动力，能源等的投入变为产品、服务等产出的过程。

在制造业部门，我们可以很容易得找出生产管理的负责者。以总管工厂运营的厂长为首，生产计划，库存管理，质量管理，仓库管理，设备保修等部门的负责人都是生产管理从业者。除工厂以外，在本部工作的很多人也会参与到生产管理中。在新设备或新技术的引入，工厂规模和选址，质量管理，合作企业的选定等关系到制造部门结构的问题上具有决定权的管理层也同样参与到了生产管理中来。

如果把生产活动的概念从制造领域扩大到服务领域的话，那么在服务业也同样有许多从事生产管理的人。百货店和餐厅需要库存管理和质量管理，各项设施的规模和选址以及布置都需要管理。银行，保险公司，航空公司等服务行业也跟制造业一样，为了能给消费者提供有价值的服

务需要拥有自己的生产流程。虽然服务是不同于产品的一种生产出来就
立即被消费掉的无形物质，但在生产流程上产品和服务并无大的差异。

2. 生产管理的目标

企业的目标是追求利润最大化或者企业价值的最大化，生产部门则是
企业完成目标的手段。根据企业的性质和特点可能略有不同，生产管理
部门的目的可以分为成本，质量，时间，灵活性四种类型(如图11-1)。

[图 11-1] 生产管理的目标

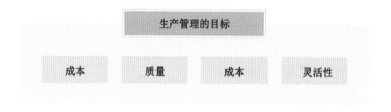

- 成本(cost)：原价包括在产品或服务生产中投入的生产设备的基
  本费用和设备运营所需的费用。企业为了最大限度的节约生产成
  本，通常希望能够尽可能长久得使用现有设备，通过减少库存来
  实现效率化生产，通过生产流程中的再作业或废弃物合理处理来
  达到节约成本的目的。
- 质量(quality)：如果把高质量作为生产部门的目标，那么产品质
  量需要比竞争对手的产品高出很多，或者达到即使保持相对高价
  也依然能保证产品销量的程度。因此生产部门需要升级产品计划，
  按照计划生产出高级优质的产品。
- 时间(time)：生产部门的另一个目标是缩短时间。这包括缩短提
  供产品或服务的时间和缩短计划时间两部分。前者可以通过简化

生产流程，减少浪费，提高材料和信息的流通速度等来实现。为
了缩短新产品开发或计划所需的时间，可以把计划，制造，采购，
市场营销领域的专家集合到一起进行研发。

- 灵活性(flexibility)：灵活性包括产量调节上的灵活性和产品计
  划上的灵活性。能够有效应对市场需求变化，灵活接受新产品开
  发以及顾客计划变更需求的生产部门，其灵活性是很强的。

能在合适的时间向顾客提供优质低价的产品，并且能及时接收顾客需
求推出新的产品是企业的最高追求。优秀的质量，低廉的价格，快速的
产品供应，灵活性和多样性，是决定企业竞争力的重要因素。可以一次
性达到这所有目标的革新性管理技术和技巧是不存在的。

那么，在制定生产管理战略的时候，这种目标的优先顺序是怎样的
呢？一般情况下，产品质量是所有其他部门改善的基础，所有被视为最
优先目标，缩短时间和节约成本分别被放在第二和第三位，灵活性或者
多样性是最难完成的长期性目标，所以被放在第四位(如图11-2)。

[图 11-2] 生产管理的目标的优先顺序

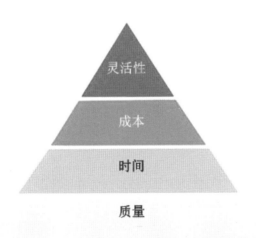

产品质量的改善可以通过减少浪费，提高顾客满意度，缩短售后服务等不必要的程序来实现，从而最终达到缩短时间，节约成本的效果。提高生产效率既可以缩短产品供应时间，又能节约成本。因此节约成本可以看成改善质量和缩短时间的附属产物。但是节约成本和缩短时间并不一定会带来产品质量的改善。多样性或灵活性虽然可以通过改善产品质量和缩短时间部分实现，但还是需要额外的投资和努力。

确定了目标的优先顺序就可以防止过度分散努力，可以在正确的方向上进行革新。当节约成本或提高灵活性看起来不可行的时候，也可以通过改善产品质量和缩短时间来实现进一步的改进。

3. 生产系统的类型

生产管理部门的作用因企业而异。对于某企业很重要的问题可能对于其他企业无关紧要，对于某企业有效适用的系统可能会给另一个企业带来重大的问题。生产组织的形态虽然因企业不同，但大致可以分为几种，属于同一类型的生产系统需要面对的问题和解决办法类似。因此，为了有效管理生产组织，需要先了解一下生产系统的类型。

按照原材料流动模式，生产系统可以分为个别生产(job shop)，分批生产(patch process)，组装生产(assembly process)和连续生产(continuous process)。此外还可以根据生产计划的确立方式分为订单生产和计划生产，根据产品种类和产量分为多品种少量生产，中品种中量生产和少品种大量生产等类型。

(1) 个别生产

这种接受顾客订单进行生产的模式主要存在于韩国小规模制造企业。机床制造业，机器修理业，特殊产业设备制造业，造船业等，按照计划图，使用通用设备制造出少量的产品，生产完成后通常不再生产同样的产品。收到订单之前不知道要生产什么样的产品，所以不能制定原料购买计划。每个订单需要的生产流程各不相同，在实际生产之前不能准确判断原料使用流程。

(2) 分批生产

分批生产也是利用通用设备大量生产产品，在此方面跟个别生产类似，但其产品种类有一定局限性，不像个别生产那样只生产一次特定产品，而是周期性的生产定量产品。代表性的例子是皮鞋制造业，家居制造业，医疗器械制造业，通常在需求和库存基础上进行计划生产。

(3) 组装生产

采用组装生产线形态的生产系统通常分为许多阶段，每个阶段是一个作业车间，产品不分种类，从原材料到至成品的作业流程都是一定的。汽车组装生产线和成衣制造业是很好的例子，每个生产线只生产一种或两三种产品。组装生产线上各流程之间几乎不存在在制品，而是有很多制成品。

(4) 连续生产

连续生产是石化，造纸，肥料，水泥等装备业普遍采用的制造形式。从投入原料一直到产出制成品，几乎全程自动生产。因此几乎没有在制品，跟组装生产一样不需要每天制定详细的生产计划。连续生产通产需要投入大规模设备，能够生产出的产品种类比较少。

第二节　质量经营

1. 质量的定义

对于企业经营者来说，质量只是纯粹制造规模或计划规模上的一致，对于消费者来说，计划或性能优秀的产品具有良好的质量。这两种观点虽然不是完全错误，但对质量的定义上存在狭隘性。

美国质量控制学会(AmericanSociety for Quality Control)的调查显示，收到顾客对产品质量满意回馈的只有一人，而对产品质量不满的回馈的足足有平均19名之多。美国宾夕法尼亚大学瓦特经营大学院于2005年面向1186名消费者进行的顾客满意度调查研究表明，在对卖场不满意的顾客中，有32~36%的人群将不会再去购买产品。但是直接向相应卖场反应不满的人只占6%。更糟糕的是有31%的不满顾客会散布卖场的负面信息。

通常情况下，很少有顾客会直接向企业诉说不满，他们通常会向销售人员或售后服务部门投诉，这些意见被积压下来，不能被反应给企业。企业不能收到关于产质量量的完整反馈，企业自身保留的消费者不满意见不能实际地反应到顾客满意度中，从而导致顾客满意度的过高评价。

关于质量的定义，朱兰(J. M. Juran)对此的定义最具代表性。他把质量定义为'对于用途的适用性'，分为产品达标和消费者满意两个层面。在此定义中，'用途'是指根据消费者的必要性，需求，喜好等而设定的性能，机能，信任度，价格，等级等。'适用度'是产品具体表现出的技术性特征与用途的一致程度。

朱兰的定义包含了计划上的质量和制造流程上的质量两个层面。计划上的质量不仅是指单纯的等级，还包括为满足消费者而计划出的各要素的质量特性(即耐用性，可靠性，修理容易，价格)。再完美的产品如果顾客不需要的话也没有任何的市场价值，因此必须考虑这些要素。比如日本汽车质量优秀在不仅有出众的制造流程，还有卓越的计划。

引起20世纪80年代美国产业质量经营潮流的戴明（W. E. Deming）也跟朱兰类似，把质量的构成要素分为了计划质量，适用质量，销售及服务质量。

- 计划质量：计划质量是指在产品计划阶段起决定因素的质量特性，根据消费者的需求，爱好，消费者负担的价格和生产系统的技术水平来决定。计划质量决定着产品的基本框架，因此在此过程中要充分考虑产品的技术特性，机能，寿命，性能和可靠性。改善计划质量会带来制造费用的增加，但相对竞争企业能够维持高价，所以最终会给企业带来盈利。即使产品等级维持不变，计划改善可以使制造过程统一化，从而也能达到节省费用的目的。
- 适用质量：适用质量是指产品符合计划规模或质量标准，是统计性质量管理关注的主要问题。如果生产流程不能正确地进行生产，那么产品就不能完全符合计划质量的要求。适用质量受到生产流程的技术能力，生产者对质量的要求，设备保修检查系统的运营状态等多个要素的影响。适用质量的完整性并不能保证产品的成功，这是因为消费者认可的质量水平再高也不能超越计划上的质量。适用质量良好并不意味着计划或性能上的良好。
- 销售及服务质量：销售及服务质量不仅包括消费者能否方便地买到产品，购买后在何处接受售后服务，还包括实际使用过程中的满意度情况。迅速的售后服务在提高竞争力方面固然重要，消费者更倾向于购买在产品期使用期间根本不需要进行售后服务的优质产品。

能够从计划质量，适用质量和销售服务质量三个方面来理解质量经营的话，就能容易掌握质量经营的方向。为提高计划质量，需要对新产品规划，计划，零部件采购，生产准备，量产规划等各个阶段进行彻底的分析和评价。为改善适用质量，需要通过改善生产技术，设备的保修和维护，原材料和零部件质量检查，控制流程等来实现。销售服务部门需要收集分析关于消费者不满意产品的特征，整体满意度，竞争产品的比较信息，把分析结果与计划、生产部门一起讨论，探索质量改善的发展方向。

综上所述，计划质量的改善需要计划部门与生产，采购，销售部门的通力合作，适用质量同样需要计划、技术、销售服务部门的帮助才能实现可持续改进。质量改善不仅仅是质量管理部门的职责。计划质量，适用质量，销售服务质量的相互补充关系可以用图11-3表现出来。图中的质量规划是指新产品开发，新流程开发等利用最少的努力来实现质量改善活动的过程。

[图 11-3] 质量的三种层相互关系

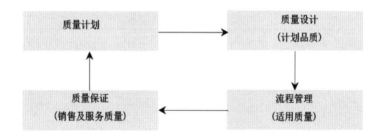

2. 质量成本

以服务质量出名的美国联邦快递采取著名的'1:10:100'服务法则。现场发现次品，当场改正的话需要花费1个单位的费用，但如果害怕被追究责任而放任产品流出的话将产生10各单位的费用，万一被消费者购买后退回，需要服务再处理的话则会产生100个单位的费用。质量成本在解释这一法则中起了重要作用。

质量成本包括当产品的规模或者计划规模被设定好之后，产品生产为了达到设定的标准所需的预防性质量管理费用和产品没有达到标准是产生的费用。随着计算机的使用，数据的采集和分析变得容易，统计技巧的运用普遍化使得质量成本成为衡量质量经营的重要工具。现在具体分析质量成本包含的费用项目。

- 预防费用：为防止产生次品而投入的费用。包括为实现有效质量管理而必须的质量规划，新产品计划的探索和改进，质量管理教育，质量管理资料的收集，为改善品质进行的流程研究，采购企业的教育及评价等产生的费用。
- 评价费用：是指样品评价，原料及零部件的检查，生产流程的控制，制成品检查等关于质量的直接性统计和分析所产生的费用。
- 缺陷费用：是指产品的质量没有达到计划的标准，或者没有达到顾客满意时产生的费用。分为生产过程中发生的费用和制成品达到顾客手时发生的费用。前者又称为内部缺陷费用(internal failure cost)，包括处理不合格产品时进行再作业，因废弃物、等外品产生的损失，原材料缺陷引起的设备故障等损失。后者又称为外部缺陷费用(external failure cost)，包括退货损失，售后服务费用，质量责任费用等。还包括像企业形象受损，失去潜在顾客等不可量化的损失。

预防费用和评价费用是跟消费者无关的，企业内部质量维持和改善的带有控制成本性质的费用。因此为了减少缺陷费用，需要增加对预防和评价的投入，从而实现产品与计划的质量水平相符。

3. 质量经营的发展过程和综合性质量经营

质量经营的重要性开始显现是在20世纪中后期整体产业结构开始走向

量化生产之时。在这之前生产者自己进行质量检查，生产量并不大，所以没有意识到质量管理技巧的重要性。第二次世界大战以前质量管理还是以检查为主，统计性的质量管理是从20世纪50年代以后的日本最先发展起来的。从那以后日本出现了企业全体员工一起积极参与的企业全面质量管理形式。

最近流行的是包括生产、计划、采购、市场营销的广范围经验体系的综合性质量经营(total quality management：TOM)。TOM可以定义为，在首席执行官的热情和带领下，经过持续的教育训练的具有高度参与意识的员工，采用合理科学的管理方式来实现企业内一切程序的标准化，不断改进以满足员工需求和顾客需求，从而实现企业长远发展的经营体系。TOM的原理如下：

- 从消费者开始，产品质量由顾客需求和顾客期待决定。准确把握顾客需求，在产品设计和生产过程中反应出来，这是TOM的第一阶段。认识到消费者决定质量，也就能够认识到质量经营不仅仅是质量管理部门的责任。
- 测定质量，整理资料。口头上主张改善质量并不能减少次品数量。要实现减少次品数量，提高顾客满意度的目的，最重要的是对于次品出现的地点、原因和数量进行准备的调查。对次品率、瑕疵数、修正率进行准备定义和规范化的收集数据，这样才能得出合理的决定。科学收集数据之后，还需要进行系统化的整理和分析，灵活运用统计方法，这样企业全面质量管理才不会面临瓶颈。
- 出现问题立即从问题根源解决。必须使全员认识到每个人的任务都具有别人不可代替的重要性。
- 合理可行的解决方法实现标准化，阻止同样问题的再次发生。标准化虽不是严格的程序或规定，但也能促进质量改善和避免浪费。
- 设计有助于减少错误的工作环境。对从接受顾客订单到最终包装的全部作业过程进行再设计，来避免错误的产生或能够及时的发现问题，这样的话产品质量就可接近完美。及时的反馈是指错误、问题、非正常现象出现时，能从根源上进行反馈。越是迅速的发现问题，问题就越容易解决，问题的严重度也就越低。

4. 6σ 运动

6σ运动是美国摩托罗拉公司于1987年发起的质量改革经营策略。之后被GE, IBM, 索尼等优秀企业引进并取得多次成功而闻名于世。韩国许多大企业自20世纪90年代中后期开始引进，现在几乎成为了日常用语。

6σ经营以'一百万个产品中有3.4个次品'为目标，追求'99.99966%'的实际'0次品率'，实现质量成本最小化。σ是标准偏差，指的是数据偏离平均中心的程度。σ前面的数字代表次品率，数字越大次品率越低。'2σ'是指100万次中次品的产生次数是30万8500次，'4σ'的话是6200次。航空公司的在安全度方面为6.5σ，责任处理上为3.5到4σ之间。6σ是指100万次生产中出现瑕疵或次品的件数为3.4回，是几乎没有次品出现的程度。

6σ经营虽然采用精确的数据收集和统计分析，从根源避免错误的体系化方法论，但最终起决定作用的还是人。韩国企业也充分意识到这一点，从促进6σ的初期就注重培养能够带领项目持续进行的人才。以减少现场生产次品量为目的的6σ运动现在灵活运用到研发、人事管理、会计等业务部门和服务部门等全部经营领域，能创造出更大的最优效果，提高韩国企业的对内外竞争力和收益性。

第三节　生产周期管理

1. 生产周期的意义和战略价值

企业经营的速度取决于生产周期的长短。生产周期(lead time)是指一系列相关的工作从开始到接受所需要的时间。企业内部的生产周期由新产品开发，提供服务，采购，接受订单及服务所需的各项时间构成。

新产品开发生产周期是指从新产品开发的时间点开始到产品或服务完成的过程所需的时间。提供服务生产周期是指从顾客提出服务需求到服务结束的时间。采购生产周期是指采购要求被提出到采购要求者可以使用采购产品的时间。服务流程的生产周期中，60%~90%的时间是跟服务无关的移动和等待时间。因此要想缩短生产周期，可以缩短直接提供服务所需时间之外的其他构成要素时间。

不管是提供服务还是开发新产品，生产周期过长的话都会引发问题。从消费者的立场来看，如果产品或服务的生产和供给过程所需的生产周期长，那么预定也需要早些进行。生产周期越长越需要对未来情况进行预测，制定合适的计划。预测的准确度不可能很高，因此不得不做一些进一步的准备。从顾客的观点来看，这仅仅是生产周期长的问题，至于到底哪里出现了延迟他们毫不关心。订购的产品两周才到的话，他们是不会关心生产过程是花费了一周还是五天的。及时生产过程缩短到了三天，但是运输过程延长了三天的话，在顾客看来是毫无差异的。

提供服务的立场上来看也是无利可图。提供服务所需的时间越长，顾客只会越早的进行预订，使事情变得更复杂。等得不耐烦的顾客会可能不愿意等下去而改去别处，也会因中途插队者而加重不满情绪。尤其是折扣或百货店这些为顾客提供迅速快捷的服务特别重要的地方，产品供给的生产周期尤为重要。

产品供给所需的时间越长，销售预测的导向作用就越重要。预测即使再体系化、科学化也会有出入。生产周期越长，预测的准确度越低，就越需要补充装置，从而增加成本负担。如果生产周期非常短的话，那么所需的预测就是第二天销售量的预测值。

但如果正确使用缩短生产周期策略，那么市场部和销售部的工作就很减轻很多。能更加迅速的为顾客提供服务，新服务类型能迅速上市，整体服务设施的运转率更高，资金流动更加灵活。其中最受惠的是可以迅速享受优质产品和服务的顾客。整体的库存周转率提高了，生产率提高，所需的空间变少，租金下降，最终间接成本减少，成本明显减少。

不仅如此，缩短生产周期还能提高服务的销售价格溢价，减少风险。即使是同样的产品或服务也能比竞争企业更快的提供给顾客，得到顾客满意，维持顾客群。在通常生产截止期之前提供服务的话，可以要求相应的报酬，提高价格。

生产周期的缩短具有如下战略性意义：

- 提高生产率：生产周期的缩短可以增强反应性（responsiveness），反应性可以衍生为设备周转率或商品销售的周转率。
- 迅速供给相对应的溢价：比竞争企业更具反应性优势的企业处于可以要求相应溢价的地位。
- 降低风险：生产周期的缩短会降低企业经营上的风险。新产品或服务开发的风险随开发时间的变长而增大。

想要解决关系到企业核心竞争力的生产周期问题，需要从为何需要基本的生产周期，为何没法彻底省去生产周期的观点出发，需要检查企业整体和服务流程以及相关产品的供应链。还需要确认是否对生产周期相关的项目进行了评价，以未经评价的变数为对象的改革是不会长久的，如果顾客服务层面的生产周期很重要，那就必须要对此进行测评。

2. 生产周期的构成要素

生产周期过长的话会带来很多问题。生产周期变长的话顾客会提前或者超出设备承受能力地提前到来，这样会造成顾客的等待和移动时间变长，进而进入一个生产周期又变长的恶性循环中。生产周期是指从接受顾客订单开始到给顾客提高完美的服务为止的时间，跟下面公式中的未完成订单量成正比例。

$$生产周期 = \frac{未完成订单量}{设备处理能力}$$

分母不变分子增加的话生产周期会变长。生产周期越长，对服务的需求就越早，负担越大，构成生产周期的要素如下。

- 等待时间(queue time)：这是占生产周期比重最大的一部分，处理能力不足不得不产生的等待时间。而且通常情况下就算具备充足的能力，未完成订单特别多的话也会延长等待时间。
- 准备时间(set-up time)：向顾客提供服务的准备过程越长开工率越地下，准备时间长的话会反复提供同样的服务。
- 处理时间(run time 或 process time)：在生产周期中实际处理时间所占比重不到5%的情况很多。
- 移动时间(move time)：从一个部门移动到另一个部门所需的时间。在综合医院里内科，外科，神经科，放射线科等地方接受治疗的患者实际接受诊断的时间大概总共为30分钟，但是要想完成所有的诊断，需要花上3天的时间。从接受医院服务的患者角度，是不能理解为何需要这么久的时间的。

那么生产周期为何会超出需要以上的长呢？原因整理如下：

- 预测错误：对需求预测错误的话职员不能确保产品，会出现原料或产品不足的情况。不能提供充足的产品应对需求的话会带来处理能力的不足，进而延长等待时间和生产周期。因此能够预测顾客将预定何种产品并准备充分很重要。预测期间越长准确度越低，对需求的对应计划效率性越低。

- 需求和生产缺乏同步性(synchronization)：即使能充分应对需求，但如果需求结构不规则的话，需求积攒起来也会造成时间上的延迟，同样会导致生产周期的延长。
- 处理流程的非效率性：处理流程过度细分或者存在很多浪费要素的话作业时间会延长，造成移动时间的延长。
- 集中起来一起解决的习惯：为节省准备时间把类似的工作集中起来一起解决的习惯，在顾客的角度来看就是在增加等待时间。
- 按功能布局：把有同样功能的设备布局在一起进行类似同样的作业，这也有集中起来一起解决的倾向，会延长等待时间。可能个别作业效率提高但整体的作业流程来看的话是延长了生产周期，降低了服务质量。

3. 生产周期

不管生产什么产品或服务，处理过程连续不断才能缩短生产周期。缩短生产周期的短期方案如下。

(1) 调整处理流程的布局

把需要相似的处理流程的产品或服务组成一个集合，把相关设备和技术人力集中到一个团队中(工厂里成为单元)这样可以缩短移动距离。按照处理顺序进行移动，产品有序地进入下个流程，不需要思考完成这道工序后需要往哪里运输产品。业务负责人的距离也被拉进，生产周期显著缩短。比起按特定功能布局，按照服务商品集合布局的话会有助于形成从大局整体考虑的习惯。

(2) 防止集中起来处理

批处理，即把服务或材料积攒到一起一次性处理的原因有两个。第一，为了减少准备时间。类似的产品集中起来一次性处理的话就不需要经常准备，可以提高接受力；第二，为了减少不必要的移动或转移。在部门间移动是一次性移动好多产品比较有效。但是这种情况下，早下订单的人比较受损，需要等待更多的时间。在服务供应方来看是很有效率的，但是会降低顾客的服务满意度。

比如，网络课程学习中的Q&A是最核心的相互作用工具。但是教授不可能做到24小时时刻在线答复，一天集中答复一次的话，学生的等待时间最长是24小时，平均12个小时。如果一天答复两次的话，周期会缩短一半。

(3) 引入团队制度

缩短生产周期的战略是建立在团队基础上的。把服务团队内市场营销，销售，设计，调度，生产，采购的专门人才聚集到一起组成一个综合性团队，以提高与顾客的沟通速度和质量，实现工作有机有序进行。只留下小规模的总务、人事和财务等原来的部门。需要引入真正的团队，而不是我们身边常见的小组。

- 多功能综合性完整的团队为基础。这里的完整性是指团队内部可以解决所有的事情，不需要去别处处理。设计流程引入的团队制度叫做并行工程(concurrent engineering)。并行工程是指由能够决定产品或服务质量或性能的各部门的专家组成团队来进行设计。通过并行开发过程中的各种活动来缩短开发时间是并行工程的目标。

- 像培养能胜任多种工作的车间熟练工一样，对于办公室的职工也可以进行类似的培训，通过交叉培训(cross-trained)把全体职员培养成专门人才。像这样团队内任何人都可以胜任各种工作，团队内同事生病或休假也不会耽误工作。而且还能克服同一工作不断反复的无聊，打破分工界限，明显缩短生产周期。如果在现有的组织下往其他部门传递材料，一天一次，五个部门的话需要五天时间，团队制度能够节省这些时间。

第四节　库存管理

库存是指为了进行将来生产或者销售活动而保留的原料，存货，制成品，零部件以及生产运营所需要的耗材。库存财产在所有企业的总资产里占得比重都不小，比重越大，资金的运营范围就越小，企业的利润也会相应的减少，因此，库存管理是企业经营管理中必不可缺的要素。

1. 库存类型

库存管理系统根据库存产品的需求是独立的还是附属于其他产品需求的不同，其结构也不相同。独立需求产品是指对此产品的需求与生产无关，只受市场需求影响的产品，例如百货店里保有的制成品库存产品全都是独立需求产品。与此相反，像投入生产用的原料、零部件等附属需求产品，其需求则取决于独立需求产品的需求。比方说玩具车的需求决定于市场需求，因此玩具车是独立需求产品，而用于生产玩具车的零部件或原料则属于附属需求产品，因为它们的需求要取决于玩具车的市场需求或生产计划。

除此之外还可以根据库存的功能分为如图11-4所示的运输库存，周期库存，安全库存，预期库存和保险性库存。

[图 11-4] 库存的功能分类

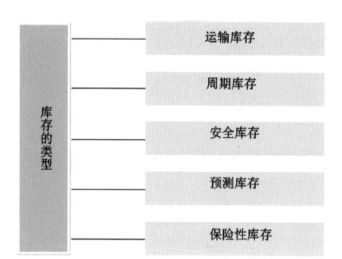

- 运输库存(pipeline inventory)：运输库存是指从工厂到物流中心，物流中心到代理店，代理店到消费者手中运输中的库存。运输库存由出库，运输，装卸及产品加工处理的时间决定，不缩短这些时间就不能减少运输库存。
- 周期库存(cycle inventory)：周期库存是指为了节省生产准备费用及订单费用或者降低价格而超出实际需要订单范围的多余库存。它是库存管理最重要的类型。
- 安全库存(safety stock)：安全库存是指，由于订购产品的到达时间具有不确定性，生产周期需求具有不确定性而产生的超出平均需求量的额外多保留的库存。
- 预测库存(anticipation inventory)：前面提到的运输库存，周

期库存和安全库存中，都是在假设单位需求一定的情况下进行的
说明。但是考虑到需求的季节性变化和原料价格的变动，需要事
先确保充足的库存。存在季节性需求时需要在有生产空闲的时候
多生产以应对需求旺季。例如为了应对空调或风扇的夏季旺季需
求，需要从春天开始进行生产，确保库存。

• 保险性库存(decoupling stock)：系统整体所有的库存仓库都维
持适量的库存，能够有一定程度的自主决定权。每个阶段都具备
完全独立的决定权虽不可能，实现保险型库存的话可以降低每个
阶段的相互影响度。如果各阶段都没有适量的库存，在需要的时
候向供应方订购，那么一旦某一个阶段出现了延迟或者积压，将
影响后面阶段的运行，影响原料或产品的有效流通。如果实行保
险性库存，那么就可以一定程度上减少这种混乱，提高系统整体
的运作质量。特别是工厂内的库存产品需要保险性库存。

以上五种类型的库存对于原料的顺利流通，设备的有效利用，材
理费用的节省，消费者服务水平的提高来说是必不可缺的要素。订购原
料时需要在考虑库存费用，订购费用，运输费用的基础上选择合适的
订购量，考虑生产线的生产准备费用来制定一次生产量的生产计划。
物流系统需要考虑一次运输量和材料运输和处理费用，提高消费者服
务水平。

综合来看，库存管理的目标不仅仅是保持库存量最小化，而是为保证
整体的有效运行而需要确定适当的库存需求水平。无视库存的作用，只
是单纯地以库存周转率为基础，无差别地减少库存量的话，只会使得整
体费用增加。

2. 库存管理费用

与库存相关的费用主要有订购费用，生产准备费用，库存维持费用，库存不足费用等，这些费用在根本上决定了库存管理系统的选择和运行方针。

(1) 订购费用及生产准备费用

订购费用是指购买或者托付生产时需要的各种活动和相关费用。从外部订购的话订购处及购买价格的决定，订单的制作，货物运输，检查，入库等活动会产生订购费用。从内部购入的话则需要生产准备费用，包括生产流程变更，器械，工具的交替和因此失去的工作时间等。

通常情况下，这些费用在库存管理中被视为与订购量或生产量无关的定量的费用。比如产品运输费用跟运输量没有关系，费用是一定的，计入订购费用。但是按照产品个数支付费用时算在购买原价之内，属于库存维持费用。

(2) 库存维持费用

库存维持费用是指维持和管理库存所需的费用。在库存维持费用中所占比重最大的是利息费用或者资本费用，库存产品不是现金或有价证券一样的流动资产，而是以库存形式保有的一种不能流动资产，因此产生的机会成本(opportunity cost)也属于库存维持费用。除此之外还包括货物装卸，空间，保险，税费，失窃及破损等产生的费用。

(3) 库存不足费用

库存不足费用是指由于库存不足所造成的销售损失和潜在顾客丧失损失，也是一种机会成本概念。制造企业会把因库存不足带来的作业中断和交货延迟损失也归为库存不足费用。库存不足是顾客可能会选择等待，也可能去竞争企业购买。前者需要一直确认订单积压状态，这个过程需要支付间接费用，为了给等待的顾客迅速送去产品需要使用更贵的运输工具，这样也会增加费用支出。给顾客带来的不便会引起未来客户丧失，顾客去竞争企业购买产品带来的销售损失和顾客丧失损失也要算在内。

3. 库存管理的方法

(1) ABC库存管理

ABC库存管理方法是20世纪50年代初GE的Dickie提出的用于管理货物量大的库存的方法。如表11-1所示，按照库存货物的累计销售额和累计货物数分为三个等级。在ABC分类中，A类产品的数量相对较少但是销售额很大，C类产品的数量大但是销售额小，B类产品位于A类产品和C类产品之间。

[表 11-1] ABC库存管理的分类标准

等级	产品比例（%）	销售额或使用额比例（%）
A	15~30	70~80
B	20~40	15~20
C	50	5~10

划分A, B, C产品种类的明确标准并不存在，表11-1是提供了一种划分方向。ABC库存管理的有效性在于能够对库存管理系统的选择和运营上起到很大帮助。A类产品需要相当大的投资，需要对于库存信息进行准确的收集和维持，需要特别注意库存产品的出入库，存货盘点，订购量的决定等。对于C类产品，需要积极寻求通过加大订购量来实现价格降低和节省运费的方法，简单进行存货盘点。对于B类产品的管理要比对C

类产品更加重视，但重视程度不能超过A类产品。

[图 11-5] ABC库存管理理念

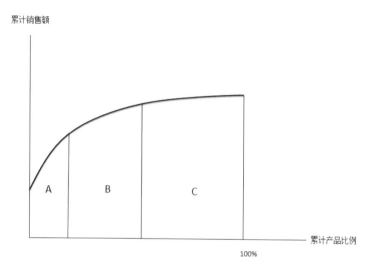

累计销售额

A　　B　　　C

累计产品比例

100%

(2) 库存管理系统的类型

库存管理系统根据库存产品是独立需求产品还是附属需求产品的不同，其结构也不相同。独立需求产品的管理方式有定期盘货制度和持续盘货制度，附属需求产品的管理可以看作制定生产计划的一部分。

定期盘货制度是超市或小型打折卖场等销售多样产品的企业常用的库存管理系统，通常在每周周末或者每月最后一个周一定期盘货，维持用于下一个周期接受预定或者生产的适量库存，这其中库存盘货周期和预定量的确定是关键。

持续盘货制度是指对库存进行持续关注，当库存量低于预先设定的数量时就进行预定，来一直维持合适的库存量的方法。需求大的时候需要经常预定，需求少的时候预定次数也少。决定预定时间的库存量称为再订货点(reorder point)，库存到达再订货点时需要进行新的预定。运用这种管理系统的话需要设定决定再订货点和订货量的方法。

持续盘货的最简单形式是超市或百货店实行的双箱制度。通常对于量大体积小的低价产品使用这种制度，把产品放在两个箱子里，一个保管起来，另一个拿来销售，售尽时把保管的箱子拿出来销售，同时预定两箱产品。这时再订货点就是一个箱子的容量，订货量是两箱子的容量。

一天停顿一万次的美国肯塔基丰田凯美瑞生产线

"在网上百科辞典搜索'丰田'的话，凯美瑞的照片也会一起出现"。日本丰田汽车公司社长丰田章男在八月份凯美瑞新车型在美国上市之前访问美国肯塔基工厂时如是说。简短精炼的一句话表达出了凯美瑞在丰田汽车的重要地位。丰田章男社长的这句话寄托了通过凯美瑞打破自2009年末的汽车召回风波到今年初的东日本大地震带来的低沉局面的深切期盼。新型凯美瑞也如愿回答了丰田章男社长的期盼。10月中旬开始在美国销售的新型凯美瑞在11月一个月的销量达到了23440辆，居美国汽车销售市场首位。

丰田的美国肯塔基工厂是1986年丰田在日本之外的地区建立的第一个工厂。拥有美国第一位，世界第二位规模的肯塔基工厂是世界上生产凯美瑞最多的'凯美瑞之乡'。所产车辆的70%都是凯美瑞，明年一月新型凯美瑞将销往韩国。使公司重新振作起来的丰田生产模式(TPS)特有的精细质量管理方式在这里处处可见。规模为526万㎡(1300英亩)的工厂内各种各样的工序在有条不紊得忙碌运行着。同时也能看到好多地方有停下来的生产线，TPS的主要特征之一就是'整顿'系统。整顿系统是指各生产线的工人发现了问题可以发出让生产线停止的信号，上级会亲自来跟工人研究问题，确保没问题后再通过进入下一个流程。

汽车召回事件之后，丰田更加重视整顿系统的使用，工厂内6800名员工一天停顿一万次生产线。虽然生产线停下来会影响进度，但他们仍坚持"质量第一"的原则。丰田肯塔基密西西比工厂的CEO史蒂夫安哲罗说丰田最特别的地方就是对人的尊重，接受员工的改进意见，任何员工都可以让生产线停下来，他们在解决问题上发挥重要作用。

肯塔基工厂的车出现问题多半是因为外包企业提供的零部件有问题，

因此他们现在对外包企业的监督强度是原来的三倍。为了确保凯美瑞的安全性能，他们生产了相当于过去两倍的100辆样车进行各种安全性测试。汽车召回事件之后，丰田从以前以数据为基础的模拟分析重新回到了基本。肯塔基工厂生产的新凯美瑞的成功要素之一是持续的职工教育。威尔詹姆斯社长说汽车召回事件和大地震之后没有解雇一名员工，而是强化了对员工的教育，提高员工责任感。

（中央日报，2011.12.8）

乐天超市的'lin'卖场改革系统实现年度节省250亿元

"现在没有减价商品卖吗？"

"您要买减价商品的话恐怕要再等一会儿了。"

10日晚上8点的乐天超市首尔站店的水产品柜台前挤满了要购买青花鱼、鲅鱼、黄花鱼等海鲜的顾客。直到去年初的时候，这个时间段就已经在减价促销了，今天到了9点以后都没有促销活动。

这一切要归功于七月实施的电子订购系统，这个系统是本部创新团队历时四周对首尔站店的顾客每天的购物结构进行分析得出的结果。现在水产品负责人不再是按照自己的预测进行订货，而是在系统输入现有的库存量，然后根据系统自动计算出的合适的订货量来进行订货，能够符合当天的销售量来订货。减价促销活动和废弃物的大幅减少使得卖场截止6月末的一年来节省了4300万元。全国54所分店的水产品柜台节省额加起来有27亿元。

乐天超市的lin系统效果显著，把过去众多不合理非效率的事情一件件解决，节省了费用，增加了销量。Lin系统的使用使营业额提高了6%。

乐天超市代表自2007年开始实行'消除一切业务不需要的要素'项目，从麦肯锡咨询团队和外部选拔了15名变化管理人组成创新团队，把他们安排到全国各个分店去改善分店运营上的不合理之处。

乐天超市的 'lin' 卖场改革系统

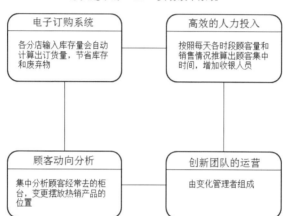

电子订购系统

各分店输入库存量会自动计算出订货量，节省库存和废弃物

高效的人力投入

按照每天各时段顾客量和销售情况推算出顾客集中时间，增加收银人员

顾客动向分析

集中分析顾客经常去的柜台，变更摆放热销产品的位置

创新团队的运营

由变化管理者组成

　　其中最具代表性的改进是收银台工作效率的提高。乐天超市直到2007年底还在使用按日期编排的员工工作表，在顾客很多的时候收银台因忙碌处于瘫痪状态，不忙的时候员工站在那里无所事事。创新团队按照每天和每时段的顾客数量和销售情况进行分析之后，在顾客多的时间多集中安排人力。空闲时段减少收银台人力，剩下的员工去食品、水产品、蔬菜水果柜台帮忙。通过这样的安排乐天超市去年节省了45亿元。

　　蔬菜卖场也因lin系统受益匪浅。通过分析顾客的行动路径发现，经过水果市场进入蔬菜市场的顾客比经由加工食品市场进入蔬菜市场的顾客要多出20%，于是把放在加工食品市场的'热销'蔬菜产品改为放到水果市场。这使得蔬菜市场的销售额增加了10%。

(韩国经济，2010.8.12)

BMW的大众化定制

● 一条生产线可制造10的64次方种类的车

位于德国慕尼黑东部100km远的BMW生产工厂内机器人正在焊接车的前、后、两侧4500个地方来完成车的初步框架。这项工作要求精湛的技术，而且危险度较高，所以100%是机器人在工作，生产职员大部分负责汽车组装工作。

该工厂是BMW在全球14个国家的29个工厂中规模最大的，主要生产作为主车型5系，6系，7系的大中型车。全长2.5km的生产线上排列着各种车型，蓝色的6系敞篷车后面是银色新7系，再往后是黑色5系轿车。每辆车上都贴着A3用纸大小的订购单，上面用黑色粗体写着'韩国''中国''美国'等信息，还有识别码和密密麻麻的个别说明。装置好方向盘、仪表盘、音响、空调的车型和座椅、轮毂被运输到工人面前等待被固定到车体里。

工厂员工说如果考虑到车型、发动机类型、多样化的选择和各出口国标准的话，一条生产线上大概可以生产10的64次方种类的车。完全相同的汽车3年才会出一辆。BMW按照原则进行订购生产。大到汽车设计、发动机和颜色选择等主要配置，小到车灯、雨刷等小部件的选择都接收到了才开始生产。也有消费者不直接订购而是通过代理商购买的情况，但跟大量生产的品牌还是有区别的。这称为大众化定制（mass customization）。通常情况下，生产的种类越多生产效率越低，但是BMW集团实行多品种生产的同时还能保持高生产率。其上半年的营业利润率达到了11.6%，是世界上利润率最高的汽车公司。

BMW的弹性生产方式使得按照顾客详尽要求生产成为可能。生产、物流工程师开发的系统使所有工序实现数字化，零部件可以适时适地供应。即使特定模型的订单增加也能实现不需要复杂的生产线交替就可以增大产量。人力上也存在弹性，生产员工每天更换两次以提高工作效率。施耐德贝恩哈特宣传部长提到，因为按照市场需求随时更换生产车种，所以员工可以胜任多样化的工作，公司也为了让一个员工可以胜任25种不同的工作而进行教育训练。

弹性工作时间制也是强大的竞争力。超出一周法定35小时的工作时间可以累计在'时间管理账户'里，这个账户可以从+200个小时到-200小时使用，一年可以弹性使用400个小时。贝恩哈特说订购量多的时候工厂会全体开动，到工厂闲暇时累计的时间可以用作自由时间使用。最近BMW工厂在周末和公休日也可以随时工作。

BMW集团以生产上的'咸水经营'著名。BMW集团董事长诺伯特认为为了预防经济环境恶化，工厂的生产能力应该低于市场需求。慕尼黑工厂去年产量为34万量，超过了28万量的年度生产能力。

（中央日报，2012.10.5）

第十二章

人力资源管理

所谓"人事即万事"，所有事情的根源都与人有关。企业的经营成败则是与如何有效利用人力资源相关的。为了适应快速变化的经营环境，企业需要从以往的经营方式中脱离，寻求引领知识社会的优秀人才。本章将简要分析"什么是人力资源"，"如何确保、开发、维持人力资源"等。

第一节　人力资源管理的意义

对于企业经营来说，资源指的是为生产出最终产品而投入和使用的要素，其中有维持经营活动所需的资金，即财产资源；也有物品资源，如、建筑、土地和机器等；还有经营的主体——人，我们称之为人力资源。人力资源使用财产和物品资源进行经营活动，是经营的主体，因此具有重要的意义。未来学大师阿尔文·托夫勒表示，人们创造性的头脑活动会在即将到来的信息化时代中勾勒出新的构想，并以此为基础创造价值，因此人将代替建筑和工厂，成为创造利润的最重要资源。

在企业经营环境变化的同时，企业的人事管理也正在发生巨大变化。与以往强调短期个人目标不同，现在更注重长期竞争力与组织全体的目标。重视企业所处的环境、以长期的视角来追求个人目标和集体目标的协调、以人为本注重职员的个人发展等，这样的现代人事管理被称作"人力资源管理(human resource management)"。人力资源管理相对于人事管理来说更强调人力资源的战略价值和资源开发的重要性。

现代人力资源管理大体是以"尊重职员个体并通过开发他们的能力增加他们的满足感，同时提高企业生产力"的方式来展开的。与此相关的企业人力资源管理活动如[图12-1]所示，主要分为五个部分。

[图 12-1] 人力资源管理及其相关活动

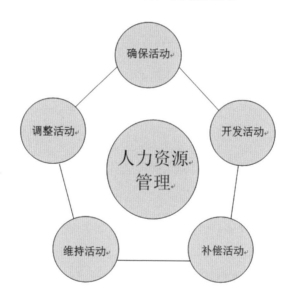

- 作为组织的一员，如何确保优秀人力资源？（确保活动）
- 如何在确保人力以后开发职员的潜力，使他们最大限度发挥自身能力创造附加价值？（开发活动）

- 对职员创造的价值如何进行物质的和非物质的奖励？（奖励活动）
- 如何使职员的士气保持在高水准，将他们的个人目标和集体目标
  结合，并使他们为达到集体目标而自发行动？（维持活动）
- 如何确定职员人数以建立有效的组织规模？（调整活动）

第二节　人力资源的确保

企业的人力资源管理如前所说是从确保人力资源开始的。人力资源的
确保活动指的是把握未来什么时候需要人才，并且那时候是否可以确保
该人才的存在；当需要扩充人力时，应决定招聘的方法，通过合理的选
拔方式选出符合要求的人才。为有效进行人力资源确保活动，首先要实
行职务管理和人才资源计划。因为对需求人才的数量和质量有所掌握，
预测出应聘者的水平之后才能完成招聘和选拔过程。

1. 职务管理

所谓职务，就是事情。为达到企业的目标，应分析和评价构成组织的
人应该做什么，他们承担的职务是否合适。这样一系列的管理被称作职
务管理，它分为职务分析和职务评价两部分。换句话说，职务分析就是
系统地搜集和分析与职务有关的所有信息，如职务包含的任务和责任，
为完成职务而需要的个人能力、熟练度、知识、职务环境等，并使其与
管理目标相吻合的系统化过程。即，职务分析以职务为中心，将职务和
人的关系明朗化。

通过职务分析得到的与职务有关的信息将被记录在工作说明和职务详
单中。工作说明(job description)中详细阐释了担当该职务的人应履

行的职务以及职务内容、履行职务的方法和程序、工作条件等与职务有关信息。职务详单则规定了担当该职务的人应具备的资格,即工作规范(job specification),如教育程度,经历,知识水平,技能水平等。另外,通过职务分析也能得到以评价职务成就的标尺——成就标准、诱发动机和确立合理工资为根据的职务和个人特征,并以此进行职务和职员以及环境特征等有关的职务分类化。

职务分析为管理者分化组织内多种业务时提供了必要的信息,使管理者在确立人力资源计划过程中更加详细地掌握了企业的需求。同时,在判断所有需要的业务和责任是否准确分配到职员身上时,职务分析也起到了一定帮助。换句话说,它能帮助企业分析所需的职务和个人力量是否相互协调。如果职务分析没有有效地进行,那么判断谁为什么要做什么样的事、企业需要的业务是否准确地履行了将非常困难。

正是因为将人和事和谐地连接在一起,有效地达成目标,在实行人力资源管理的时候,提供职务有关的信息的职务分析才变得如此重要。根据以下多个方法可以完成职务分析,通过把握企业的实际情况、分析对象和职务的性质等,可以从中选择一种或多种方式进行。

- **观察法**:职务分析人员直接观察职务履行者的工作,以获得职务内容、职务履行方法、工作条件等与职务有关的信息。这种方法虽然简单易行,但在调查复杂的职务中所需时间长,很难搜集到准确的资料。
- **面试法**:指的是职务分析人员通过与职务履行者进行面试来分析职务的方法。面试可以是单人的,也可以是集体的。这种方式可以从职务履行者处得到一手的信息,但职务履行者会选择对自己有利的回答,从而破坏信息的准确性。
- **问卷调查法**:向职务履行者发放事先准备好的调查问卷,通过问卷答案获得信息。由于相对较短的时间内能获得大量信息,在时

间和金钱上比较有利，但准备调查问卷的过程不简单，并且填写
问卷的职务履行者是否能够如实回答问卷也是不确定的。

- **体验法**：职务分析者直接从事被调查职务，根据自己的经验搜集
信息。通过这种方法能获得准确、详细而又生动的信息，但职务
分析者的心理状态毕竟与真实职务履行者不一。
- **日志法**：职务分析者要求职务履行者每天把自己所做的工作写成
日志，通过日志获取信息。此方法能有效获得准确信息。

职务分析在导出职务构成要素方面有一定帮助，参照哈克曼和奥尔德
汉姆的职务特征模型可以更好地理解其含义。根据模型，所有职务可分
为以下五种：

- **技能的多样性**：为完成职务所需要的多种技术和技能种类
- **任务的一致性**：工作者从工作整体，或一部分开始到完成并取得
明显的成果。
- **任务的重要性**：即不论是在组织内还是在工作环境外。自己的工
作在多大程度上影响其他人的工作或生活
- **自主性**：即工作在多大程度上允许自由、独立，以及在具体工作
中个人制定计划和执行计划时的自主范围。
- **反馈性**：即员工能及时明确地知道他所从事的工作的绩效及其效
率。

在职务评价的过程中，如果能妥当地获得这五种核心原则的信息，那
么在下面列举的决策中也能有效运用。

- 根据职务价值的大小，以职务履行者的能力为基础，提高人力资
源的确保和配置的合理性。

- 通过与同一劳动市场的其他企业对比将内部薪资体系合理化。
- 通过评价企业内部各职务的难易度和业务量等，得到职务间的相对价值。
- 可以合理地进行人力开发，并用其作为人事调动和升职的基准。

2. 人力资源计划

通过职务分析和评价，我们可以了解到为完成企业目标而需要进行的活动、业务内容以及特性，并明了与之相适应的人才的条件，紧接着下一步便可以明确在某一特定时期和情况下需要什么样的的人才了。因此人力资源计划是在考虑到企业内外环境的基础上合理地确保所需人才的过程。

人力资源计划的核心部分在于通过预测达成目标所需的人才数量，以及把握现有人才的情况，继而采取招揽外部人才或内部调动的方式来达到人力资源供需上的均衡。人力资源计划如今之所以受到重视，是因为企业在对内对外的环境变化中要开展未来指向型和统合型的人力资源管理。

[图12-2]解释了人力资源计划。第一，人力资源计划应与企业为长期目标所制定的战略计划相关联。战略计划决定了在不断变化的企业环境下企业需要的是什么，并且如何达到目的。人力资源计划的负责人应根据企业战略制定相应的人力资源计划。

制定人力资源计划的阶段如下所示：

- **推定人力资源需求**：推测人力资源的需求是为了达成战略目的而对拥有所需技术和能力的人才进行数量和形态上的决定的过程，同时也反映出经营计划中的未来预测销售额等数据。大部分的国有企业没有剧烈的环境变化，需求状况也没有大的变动，因此对国有企业的需求预测比较容易，但对于生产尖端产品、电子产品，以及IT产品的跨国公司来说就是个难题。

[图 12-2] 人力资源计划的确立过程

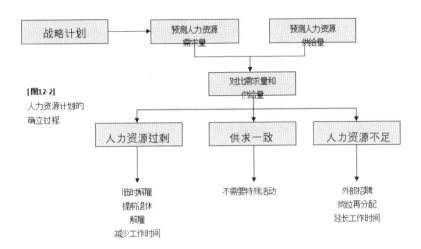

[图12-2]
人力资源计划的
确立过程

- **分析组织及内部人力资源构成情况**：分析现在雇佣职员的数量以
  及工作，并且不能仅仅分析其数量，具体的业务处理能力也要详
  细记录。

  推定组织内部的人力资源供给状况：推测未来某一时间各业务别
  职员的数量。因为不能保障现有职员会一直在此工作下去，因此
  应着眼于预定辞职职员和平均离职率等。

- **推定组织外部人力资源的供给情况**：由于辞职而退出企业的职员
  的存在，以及新业务需求的产生，经营者需要考虑从组织外招聘
  新职员。另外，因为企业要判断应聘者是否具有所需人才的能力
  ，因此需要对应聘者的聘用可能性进行周密的调查分析。虽然可
  以用临时职位和签约职位来满足短期的需求，但考虑其对于组
  织的忠诚度以及堆业务的全身心投入度，短期聘用并不是一个好
  的解决问题的办法。再者，没有接受过相应培训的临时工与接受
  过培训的正式工相比，其工作能力低下的可能性很高。

- **制定人才聘用和减员计划**：对人力资源的需求和供给预测结束以后，可以进行下一步，即通过对人力资源提出相关要求，通过比较可以活用的人力资源制定人力资源的目标，实施聘用和减员计划。若人力资源供大于求，即产生了人员盈余情况，则可考虑解聘、提前退休、减少工作时间和缩减雇佣计划等计划。反过来，若是供小于求，即在人员不足的情况下可考虑从企业外部招聘新职员、延长工作时间和通过培训再分配岗位等计划。

3. 聘用管理

所谓聘用管理是指企业为完成经营目标而录用一些人才，从中选出一些符合特定职位要求的人，并为他们配以工作岗位的一系列的过程。聘用管理有招聘、选拔以及配置岗位等过程。

(1) 招聘

企业为完成经营目标而确保员工具有与工作规范中相应条件相符合的能力和技术的活动，我们称之为招聘。招聘分为两种，一种是以企业内部职员为对象的内部招聘，另一种则是通过外部劳动市场进行的外部招聘。其中，内部招聘又有许多种。如通过企业的各种技术目录和人力配置表找寻适合履行对应职务的职员的非公开招聘制；通过内部刊物、媒体和公告栏进行的公开招聘制；还有依靠内部职员推荐的内部推荐制等。外部招聘则是通过招聘广告、实习生制、现有职员推荐、教育机关推荐、人才招聘会、就业说明会等方式进行招聘活动。

(2) 选拔

如果说招聘是选择与职务要求相符合的人力资源的话，那么选拔则是从这些人力资源中再选出与职位要求的技术、能力和投入工作的充分动机相符的人才。由于在选拔中会消耗相当的费用，且职员的成就即是企业成就，因此一方面要用最少的费用选出最优秀的人才，另一方面还要选出最符合岗位条件的职员就需要有效的选拔方法作为强力的后盾。

在对应聘者的背景信息和身体方面的机能、能力以及态度等进行综合评价的过程中，使用最多的方法是测试和面试。

- **测试：**按被测试者可分为集体测试和个别测试；按解答方式可以分为笔试、实际操作考试和口试。其中使用最广泛的是笔试——它所耗费用最少、不管是集体还是个人都能兼顾。由于单看一个人的行动可能导致对其片面的理解，为了预测录用者的行为，侧重于推理能力、学习能力、气质和适应能力等心理上的测试，如智能测试、适应力测试、成功概率测试、兴趣测试以及性格测试等如今显得愈加重要。

- **面试：**和笔试一样被广泛使用的选拔方法是面试官通过与应聘者面对面交流后得出对应聘者评价的面试法。面试可以再确认职位要求的相关事项、搜集一些应聘者申请书中未提及的信息、对应聘者的人品进行综合评价，还能把握应聘者的潜力和欲望。面试分为以下几种：一是要求应聘者回答事先准备的关于工作说明中的基础问题的结构性面试；二是面试官提出自己觉得很重要的问题的非结构性面试；三是多名面试官对单个应聘者的委员会面试；四是要求应聘者们对一个特定问题进行讨论，面试官在此过程中对应聘者进行考核的集体面试等。

即使在设定了明确的标准并执行了计划选拔过程以后，符合条件的应聘者没被选上和不符合要求的应聘者被选上都是有可能的。为了防止这种失误，并做出正确的决定，就应该考虑选拔方式的可信赖性、妥当性以及选拔比率。所谓可信赖性就是一贯性、安定性和准确性，同一人在同一环境中做出的答案的一致性。妥当性则是说当时想要测试的内容有多少是准确测出的。另外，为了保证选拔方法的合理性，还应考虑到合适的选拔比率。合格者的数量除以所有应聘者数量得出的值越接近零，则企业选择人才的空间较大，对企业有利。

(3) 配置

配置是指通过选拔挑选出适合职位的应聘者后，将该应聘者分配到相应岗位并使其附属于企业相关部门，随后交给他具体工作的过程。配置要求应聘者的资格和执行能力达到工作岗位的需求，这被称为合适的，或者知人善任的配置。如果不能将职员安排在合适的岗位上，职员可能无法适应公司生活而离职，因此配置在人力资源管理上是个重要课题。此外，配置还应朝着提高职员满足感的方向发展。人尽其才是企业尊重职员的方式，也是成就职员的方法，同时还能使职员自发的参与和努力工作，最后还能减少离职率和缺勤率，提高企业的生产力。

第三节 人力资源的开发

1. 组织构成人员的能力

企业的人力资源开发就是从企业角度开发人力资源的个人潜力，并且提高其技能和水平以确保该职员能熟练担当现任职务。人力资源开发首先是以达到企业经营目的为目标，同时也追求给个人带来成就感，使其感到工作充满意义。另外，人力资源开发通过积累技术、提高生产力和灵活人力资源配置等一方面提高了企业竞争力，另一方面对扩大了个人能力，还满足了个人的发展欲求。

[图 12-3] 能力的构成要素

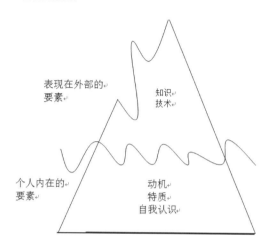

资料来源：Spencer and Spencer(1993)

　　人力资源开发是强化构成组织人员能力的工具。个人的能力如[图12-3]所示，是动机、特质、自我认识、知识和技能等要素结合以后以行动的方式表现出来，在执行业务的时候达到成功的原动力。

　　在能力的构成要素中，动机是指对某种对象或事物保有一贯性的看法，朝着既定目标采取具体行动的原动力。特质是指对信息或某种情况作出相对一贯性反映的个人特质或外部特征。比如说，有能力的管理者在面对顾客无理的抱怨时也不会感到负担，反而是沉着应对，以不伤害顾客感情为基础解决问题。自我认识是在既定环境下短暂出现的对行动产生直接影响的要素，如态度、价值观、自我形象等，它与动机和特质一并对各人行动产生直接影响。

　　知识是指在特定领域中自己掌握的信息，而技能是指对特定的物理或者精神上的任务的熟练程度，是个人积累的技术。与其说技能是获得单纯的信息或学习机会，不如说是身体和精神上的能力、经验和培训等结合以后表现出的与特定任务相关的东西。对管理者来说典型的技能就是交流、人际关系、领导力、管理、解决问题和制定决策等。

　　从[图12-3]可知，知识和技能是个人能力的外在表现，动机、特质和自我认识是隐藏在内部的要素，评价起来很困难，而且通过教育和培训往积极方向开发也不容易。表现在外的知识和技能本身与成就并无关联，而当它与看不见的要素——动机、特质和自我认识适当结合时才会促成具体行动并达成成就。

　　为了开发活动能有效进行，职员需对现在拥有的能力和可开发能力有一定的把握，清楚什么时候能感到工作有意义。为使职员的能力有助于创造企业价值，在开发和组建新的人力资源时，常见的方式有教育培训、职业发展开发以及人事考核制度等。

2. 教育培训

　　教育指的是通过学习相对理论性和概念性的主题获得知识的过程，培训则是通过特定职务或主题的学习提高技能的过程。两者互相补充，但教育偏重于教授一般的知识和提高教育水准，培训的目的则是提高执行特定职务所需的知识和技术能力、解决问题的能力从而影响行动。

　　即使聘用了拥有特殊技能或知识的职员，由于新技术和理论的不断出现，若不进行持续的培训教育，人力资源管理就会渐渐变得困难起来。在新技术和机械、新生产和销售方式、新经营方式等方面都要不断地进行教育培训。如此才能使职员发挥最大限度的潜力，学习到更多的知识和技术，并且更加有效率地完成工作。因此教育培训是使职员拥有与工作要求一致的本领(知识和技术)，在达成企业经营目标上，起着开发职员的业务处理能力的作用。

　　现实中对企业的社会责任有切实的要求，因此不管是最高经营者还是一线管理者，作为企业经营策略的一环，都要接受教育培训。对新进职员来说，要使他们学会必需的工作知识和技术以有效开展工作；对在职的职员要使他们对工作有新的认识，并学会工作方法；对未来的领导层职员来说，要学会执行工作的必要本领。

教育培训可以通过入职培训使新职员快速了解公司方针和规则，同时可以增强现任职员的技术以更好应对内部调动。此外，还能使职员更迅速地适应新引入的技术和生产方式，减少事故和生产不良品的概率。因此，实实在在的教育培训能够最大限度地提高职员的能力，减少职员的不满、缺勤率以及跳槽率。

3. 职业发展

职业发展指的是企业为发掘符合企业经营目标和战略的人才，使职员个人在一生中将能力、态度、行动、价值观和未来希望等与职业相关的一系列活动相结合的过程。职业发展分为以下三部分，即职业发展目标、职业发展计划和职业管理。

- 职业发展目标：个人未来想处的职位
- 职业发展计划：个人在了解自身以后，为实现详细的奋斗目标而设立与职业发展相关的目标，主要着眼于设计职务和教育内容上。
- 职业管理：指确立自己的职业发展目标以后制定、实行和监督相关计划的过程。可以个人执行或与组织内的职业管理制度相结合后执行。

因此职业发展是为职业发展制定和执行职业计划，将自己与企业欲求结合起来的个人的职业发展的活动。所以，应把从个人角度和企业角度来看的为职业发展而作出的努力协调起来。

职业发展的目的是将个人能力开发到极限，满足个人的职业发展需求，提供职业发展的机会，同时也使企业能够活用人才，从而提高组织的有效性。职业发展的必要性有以下几点：一是企业在瞬息巨变的经营环境中为了生存和发展必需持续开发组织内部职员的能力——当企业突然需要某一人才时，就不用依靠外部招聘，而是通过内部调动就可以满足其需求；二是如果企业不关心职员的职业发展，很多职员会不清楚自己担当的职务及其未来发展，于是辞职等；三是职员对自己从事职业的欲求反映在个人的成长、成就、家庭的期待以及社会要求上，因此职业发展会带给员工关于职业的安定感，诱发他们的上进心。

4. 人事考核

所谓人事考核指的是评价职员的态度、性格、资质、适应性等，测定其业绩并把握职员现在的实力和潜力的制度。人事考核分为态度考核、业绩考核和能力考核，有以下特征：

第一，人事考核的对象是企业内部职员。与对工作价值进行评价的职务评价不同，人事考核本质上是以人为对象的价值评价；第二，人事考核的原则是人和职位的比较。也就是说，以职员履行职务得出的结果为准。因此它与通过各工作的比较得出职务价值的职务评价不同；第三，人事考核是相对的评价。人事考核的结果不能代表人力资源管理，而应是人力资源管理系统的一部分；第四，为了提高客观性，人事考核会调整到与某种特定目的相符的方向。

由于人事考核是将客观评价企业内职员价值的方法系统化的结果，因此比其他任何制度都重要，它在现代人力资源管理中扮演着为其他所有领域提供重要信息的角色。

人事考核的目的详细来说可以分为以下几种：

- **公正评价**：由于人事考核是人(考核者)对人(被考核者)的考核，有很多不确定因素，因此要求客观、科学地考查。人事考核要求对职员个人的性格、工作态度、资质和业绩等现在拥有的能力、潜力和发掘的可能性进行公正的评价。

- **合理配置**：通过将职员安排在合适的岗位上来提高企业的有效性。
- **发掘能力**：准确把握职员的能力，有利于得到灵活运用人力资源开发的信息。
- **待遇公平**：人事考核公平地测定职员取得的成绩，以成绩来决定升职、薪水、贷款等。
- **增强工作欲望**：通过人事考核可以确定执行某一职务的人的能力和其对该职位的适应性，以及其是否适合该职位等。

一般来说，人事考核由上层职员执行，这是因为上层职员实施评价会更加系统、容易，且对被评价职员的职务更加了解。

不过，还是有可能造成非本意的差错。经常犯的误差有以下几种：

- 相同的态度：由于被考核者对所属集团持有固定观念而产生的误差。比如说"因为出身于某个地区或毕业于某个高中才这样。"就是典型的例子。
- 中心化倾向：当考核者对不太了解的成就进行评价时往往给出中间分数，从而使自己的评价不会有太大偏差。不过，细分评价要素和明确定义被评价成就会减少此类差错的产生。
- 迷惑效果(佛光效果，halo effect)：被考核者某一方面的特质将其其他的特质掩盖，使其各方面看起来都很好或很差。比如判断力好指的是诚实和处理事情的能力好。
- 时间误差：对考核者来说，被考核者最近做出的成绩比之前的成绩更令人印象深刻，因此考核的时候容易被其最近达成的成就影响。
- 对照误差：考核者忽视正确的评价标准，将被考核者同自己的一些特征进行比较，从而引起的误差。

除此之外还可能引发与评价分布有关的误差。在考核多位职员时考核结果可能整体偏高或偏低。特别是考核者个人情绪会加大评价分布的误差，如上司对下属严厉的评价会造成下属报复性的评价结果。

第四节　人力资源的维持

人力资源的维持活动是在协调个人目标和组织目标的同时持续促进职员取得成就和开发潜能的活动。职员从工作和组织中获得满足感的方式有很多。企业应该注意职员的福利待遇、执行任务时的安全保障、改善工作环境以及个人的健康状况等。

人力资源的维持活动中最重要的要素之一就是劳资关系管理。所谓劳资关系就是劳动者和资本家之间的关系，或者说是工会和经营者之间的关系。从历史上来看，最初的劳资关系就是被雇佣者和雇佣者间的关系，之后随着经济的发展出现了工会，劳资关系因此变为了劳动者和经营者之间的关系。如今，为了达成企业的经营目标，劳资之间的关系转变为互相协作已经成了共识。不过，现实中要维持一种没有摩擦的劳资关系实在不易。

工会作为维持和改善劳动生活条件的劳动者团体组织，具有互助、经济和政治上的特性。

- **互助特性**：为保证职员安定的生活，职员再遇到疾病、伤害、失业、灾难、老龄化、死亡等丧失劳动力的情况时，即当职员处于困境中时，工会以资金资助的方式对其进行帮助。
- **经济特性**：作为提供劳动的主体，劳动者为了自己的利益而通过工会进行团体交涉或劳资纠纷。包括上调劳动者整体工资、减少劳动时间、提高雇佣稳定性和改善劳动环境等减少对劳动者不利的要素。

- **政治特性**：工会通过国家或社会团体制定和修订劳动关系法，确保劳动者利益。现代经济社会中工会所扮演的社会政治角色不仅在企业中受到重视，在国家层面上也不容忽视。因此在民主和合理的氛围中构建一个工会和经营者间的现代劳资关系十分重要。

如今劳资关系中受到重视的是工会参与经营的问题。经营者在解决经营中的各种问题上拥有相应权力，而参与经营是在此基础之上，工会代表劳动者，为保护和扩大他们的利益而与经营者共同享有经营管理权。其中有资本参与、利益参与和劳资协议制度三种类型。

- **资本参与**：劳动者作为资本出资者，享有企业经营管理权，形成员工购股制。企业在增股时，根据员工购股制的相关规定，有偿或无偿向职员签交新股，这样职员作为股东就有了发言权。
- **利益参与**：劳动者和资本家事先达成协议，设置一个目标。当超额完成时，超额的部分由劳动者和经营者按一定比例共同分担。为提高经营效率，工会会积极参加并促进协作。
- **劳资协议制度**：企业中的两个主体——经营者和劳动者，在平等的立场下协商那些通过团体交涉未达成一致，或是为了明确劳动条件而采取的其他制度未达到效果的议题，同意意见一致的事项，为深化双方的利益而互相协商。当问题牵扯到双方共同利益时，通过团体交涉解决比较困难的情况下，劳资双方利用劳资协议制度努力协商一致。

比起成为矛盾关系，劳资关系应是在相互协作的原则上持续发展。为此，应具备政治、经济、社会和文化层面全面的要素，并且为达成共同目标，经营者和劳动者的献身也是必不可少的。特别是为建立相互协作和健全的劳资关系，职员应该双重投入。也就是说，若劳动者想同时在企业和工会保有一定地位，就要为自己是组织的一员感到骄傲，并且将组织的价值和个人价值融为一体，为了组织而有责任感地工作。改善劳资关系需要劳动者和经营者以民主和合理的方式共同解决问题，并通过双重投入达到目的。

说一百遍也说不动的职员—用象征性的行动引导

◉ 两难

罗社长最近有点头疼。平时总跟职员说"注意产品质量","培养服务的精神",嘴皮都快磨破了,职员却一点变化都没有。不久前他发现了由于职员失误而生产出的不良品,为此他大发雷霆,可昨天却旧事重演。到底要怎样才能使职员态度发生一些变化呢?有没有强调了千百遍,职员却像石头一样毫无回应而苦闷的经历?实际上很多企业为了促使职员变化而努力,但大部分都失败了。这很有可能是因为职员没有彻底领悟到变化的重要性。因此世界经营学专家吉姆·柯林斯表示,向职员传达转变为领导者的信息时,不如给他看"象征性的行动"。

◉ 衣恋中国分公司要求职员将所有不良品剪掉

像这样的"象征性的行动"有时候比十句话的力量都强。现实中其实有很多经营者用这种方式引导职员变化。2010年仅在中国的销售额就超过一兆两千亿韩元的韩国服装企业"衣恋"就是靠领导者的象征性行动为基础发展起来的。中国分公司总裁崔宗杨(音)在视察当地工厂时发现自己的产品存在瑕疵——棉衣厚度不一,纽扣不能整齐扣好,毛外套的缝合处稀稀疏疏。衣恋是走高端产品路线的品牌,一件衣服60-70万韩币,不能就这么得过且过了。于是崔总裁要求回收这两种问题产品,把它们堆在礼堂,并叫来了200多位职工。在职员来齐以后,崔总裁用剪刀从衣服底端开始把衣服咔嚓剪破了。在沉默中,他剪完一件衣服才开口道:"不良品不是生产线的问题,而是公司整体的问题。一定要记住,不管公司如何厉害,如果顾客不喜欢就可能倒闭。"说完,他分给职员剪刀,要求他们把堆积的1770余件大衣全部剪掉。这件事使职员领悟到

"我们做的衣服，不能让我们自己亲手剪掉"。

GM大宇公司为了消除官僚化，强化职员间的沟通，大范围缩小了办公室的面积，增大了职员休息的空间。

除此之外还有许多CEO在尝试这种象征性行动。三星李建熙会长为了用行动阐释"质重于量"的内涵，销毁了15万部劣质手机；制作降落伞的某个公司的CEO为了传达"减少不良品"的理念，亲自背着降落伞从空中跳下。

◉ 要想传递危机感，就从办公室的高尔夫球杆开始清理

促使职员态度发生改变的方法还有一个，那就是让他们亲身体会到危机感。不管是为减少不良品而努力，或是节约使用公司产品，还是自己找出问题并予以解决，所有都是当公司处于危机边缘时候才能使职员产生共鸣。

因此变化革新专家约翰·科特建议，要想职员发生变化，先整理领导豪华的办公室。一边对职员说要采取危机经营，另一边CEO的办公室却堆满了数百万元的高尔夫球杆，这样根本不会产生什么危机感。可能的话，把公司从大楼搬到破旧的地方，并告诉职员两年内打不到目标就倒闭。

让职员亲自听到顾客的声音也是使他们直接感受到危机感和变化的重要性的方式。现代信用卡公司总部1楼设置了一面电子屏幕——"哭墙"，直接显示不满顾客的怨言。"哭墙"将那些感到不满的顾客的赤裸裸的言语和内容直接展示给了职员，促使职员发生变化，提高顾客满意度。

导致职员发生变化的并不是理性，而是感情。与其用伦理去说教，不如使他们亲眼见证"这样下去不行"的例子，这样才能使他们发生根本性的变化。如果你想让职员发生变化的话，试着想想有效传达领导者意思的象征性行动和共享危机的方法吧。

(朝鲜日报，2013.6.13)

第十三章

信息技术和信息系统的活用

今天，企业构筑并利用信息系统，需要巨额的投资。这方面的努力不仅可以简化内部业务，强化顾客和供应商之间的关系，而且可以达到占据市场优势的目的。而且一般的消费者们在日常生活中，使用智能手机或是个人电脑，或者是类似笔记本的机器连上网络后使用网上购物，社交网络，邮件等类似的服务。一起来了解一下确保企业竞争力以及给最终消费者的日常生活带来巨大影响的信息技术和信息系统的基本概念和高效率的使用方案。

第一节　信息系统是指?

1. 信息系统的构成要素

信息系统负责生产企业运营时所需要的信息并将其提供给需要的人和机构。系统一般被定义为投入物(input)、变化过程(transformation process)、产出物(output)三项构成要素的集合体。从这样的观点上来看，从信息系统中接收作为输入的数据，根据不同的用途来转换，在利用其结果的人或者组织来看，可以作为有用的信息产出物来理解。

所谓的数据是指交易、与顾客间的沟通、比如像产品生产似的关于实际发生的事件的事实性的记录。这个记录是指包括数字在内的文字，还有在今天比较发达的信息技术环境下的照片、图片、声音、视频等包括在内。因为数据记录的是原封不动的现状，所以在根据用途的不同来变化和加工之前数据自身不具有什么特殊的意义。例如社区超市里所记录的数据时间、商品代码、数量、价格等只是单纯罗列出来的形态，对于超市的主人来说即使是有一定的意义那也是比较复杂并没有秩序。但是如果运用电脑根据商品名称，时间和顾客性别的不同把卖出的数据加工整理的话，将会有助于超市主人更好的运营。也就是把那些没有意义杂乱的数据转变成超市主人致力于改善经营的极为有用的信息。信息系统就这样收集数据，储藏，加工转换成有用的信息提供给使用者。

信息系统在把数据转换成有价值信息的过程中使用到包括电脑在内的信息技术(information technology)。信息技术是指信息系统的基层结构，如硬件、软件、数据管理技术、网络、LAN等networking和通信技术。因为信息系统是为了组织和使用者能够达成目标作为信息技术的一种道具来使用，所以不应该说是它自身有多大的用途，而应该说是通过信息系统让信息技术变得有用。

使用信息技术的使用者包括在内，关于使用者的业务执行的程序(procedure)的知识也需要了解。关于程序的知识是指对应业务的有效率的实施和累积的经验(know-how)，将其作为软件，驱动对应的软件恰当的活用于业务实行中去。

如果没有了信息系统所提供信息的活用的人，那么信息系统将没有任何价值。如果使用者不具备使用信息系统的必要知识或者信息系统的价值没有可信度的话信息系统将成为无用之物。所以说信息系统是由信息技术、使用者、和关于业务程序的知识而构成，信息技术只是信息系统的一部分。

2. 企业信息系统的种类

(1) 根据企业内部组织水准的分类

企业组织的构造横向来看由市场、营业、生产、财务、会计、人力资源等多样的附属机构组成。各附属机构也需要可以有效率的完成业务、达成目标的信息系统。与其相同的是由于企业上下阶层的构造所以存在着固有的业务，并且需要完成此业务的恰当的信息系统。

阶层构造是指最基层的现场人员、一线管理人员，最高阶层的最高经营者，还有位于两者之间的中间管理人员阶层。现场人员和一线管理人员需要的是如出库的商品的种类、数量，在特定作业场出现的不良产品的数量，当值的人员名单、作业时间等水准的数据，而中间管理人员需要的是各个品种、工厂内各个作业厂的现状和业绩等一些比较高层的、概括性的信息。由于最高经营者和其他要职人员们主要负责把握企业整体的成果和现状、下达重要的战略决策，所以他们需要的是各地域、商品、时间的总卖出量以及库存和竞争者的了解等最高端的信息。

根据上述组织水平的不同每天为了符合业务特性而负责则日常业务的现场人员和一线管理人员们运用的是交易处理系统(Transaction Processing System：TPS)，中间管理人员们使用的则是经营信息系统(Management Information System： MIS)和决策支持系统 (Decision Support System：DSS)，最高经营者则运用要职支持系统(Executive Support System：ESS)来完成各个层次的业务。

在第一线负责企业执行活动的运营者们实际生产并提供服务，负责在此过程中出现的数据整理的则是现场人员和一线管理者。他们负责生产和营业现场的资源商品的流动和商品的交易，在处理与之相关的会计、财务、人力信息等组织上的基本活动时使用交易处理系统。

这里所说的交易指的不只是特定企业和外部供给企业或者是与顾客间发生的商品和货币流通的交易，还包括企业内部成员和组织单位间发生的资源和服务的趋向。企业内部的交易例如，在生产现场把材料从一个作业场移动到另一个作业场，或者B附属机构在完成业务时需要的资料由A附属机构负责完成提交于B等等。交易处理系统负责关于组织内部和外部交易的数据的收集和储藏并将其提供给需要它的使用者。所以说如果交易处理系统出现什么问题，那么该组织的运营也将会中断。处理银行存取款的系统或者担当着飞行公司预约信息的期间业务的交易处理系统都是典型的例子。

中间管理人员在最高经营者、要职人员的决策下在一致的方向和范围内建立计划向经营者传达命令，并负责监督和控制他们的活动。中间管理者在完成此业务时所需要的信息就从经营信息系统获得。经营信息系统负责加工交易处理系统的产出物，并向中间管理者报告关于企业和特定附属机构的运营现状的要点信息。要点信息会以图表和桌面的形式做成。

[图 13-1] 各组织按水平分的信息系统

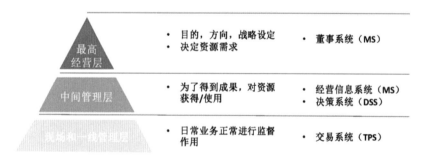

决策支持系统是中间管理者主要使用的另一种形态的信息系统。经营信息系统如果可以整理并提供有助于他们把握所担当业务领域现状的信

息，决策支持系统会向中间管理者提供他们所需要的信息，有助于他们在解决直接面对的问题时做出决策。这些信息里面包括那些值得考虑的方案和关于方案的评价信息，中间管理者根据这些选择并实施方案。

决策支持系统在方案的生成评价时所需要的投入信息虽然由交易处理系统和经营信息系统提供，也会活用一些像物价，天气，地理信息等外部信息。决策支持系统为了生成并系统的评价关于应该解决的问题所需要的概括性的方案，把面临的问题数理性的模型化，并向模型中输入从数据库中提取的相关数据，分析该模型。在这个过程中决策支持系统通过评价多样的方案把最佳或接近最佳的方案以对于使用者具有亲和力的界面的形式传递给决策者。所以决策支持系统从数据库和模型库中推出需要的数据和相关数理性的模型，运用复杂的算法或其它的分析道具，生成和评价方案，并通过界面提供决策所需要的信息。有些中小企业不具备开发和导入决策支持系统的余力，它们主要使用像Excel那些有亲和力的便利的分析工具。

要职支持系统作为最高经营者阶层的信息系统，主要提供关于像营业额，效益，市场占有率等企业的整体成果，竞争企业的动向，法，制度环境的变化的有关信息，并利用这些信息作出可以左右企业命运的战略性决定。要职支持系统为了更好的实行这些技能，不只是像竞争和法，制度等外部信息还需要经营信息系统或决策支持系统所提供的内部信息，从中选出最重要的内容以表格，图表等具有亲和力的形态报告给最高经营者。

(2) 各技能信息系统和企业系统

为达成企业的目标，必须完成各种业务活动，因为具有这样特殊的目标所以支持完成这些业务活动所需要的信息系统也必然需要多样化。企业的业务活动由市场，营业，生产，财务和会计，物流，人力资源管理等主要技能领域构成。各技能领域为提高业务的效率一直以来独立开发着各自的信息系统。这种独立开发并运营的各技能领域的信息系统虽然属于比较传统的一种，而当下支援组织内部所有附属机构业务的综合性大规模的综合信息系统取而代之成为新的趋势。

因为已经认识到能够使企业在竞争中生存并确保竞争优势的核心业务和程序的'多技能性(cross-functional)'的特性共享化，才有了这种趋势。例如在新产品的开发过程中负责新产品的概念整理和市场需求预测的市场部门，负责新产品开发所需资金的调度和检测财政妥当性的财务，担当新产品的工学性设计的设计部门，负责新产品原型制作和设计生产工程的制造部门等，还有负责连接这些多种技能附属机构的多功能工序，程序部门。由于这种技能的多样性，虽然新产品的迅速开发和上市是非常重要的业务，但新产品开发工序也经常无规律的中断。而且在相关附属机构中所开发和活用的信息系统只停留在附属机构内业务的自动化上，数据也是在附属机构内活用，各附属机构间的信息共享非常困难。为了解决此类问题企业才用综合信息系统取代了多样的技能领域信息系统。

[图 13-2] 全公司系统的概念图

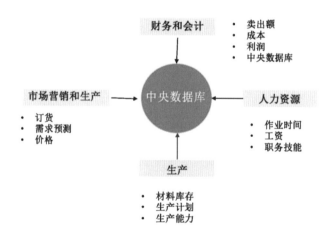

ERP(Enterprise Resource Planning)和企业资源管理系统是被称为
企业系统的大规模综合信息系统的典型例子。ERP由各技能领域的软件
模块和共同的数据库构成。各技能领域的软件模块有财务，会计模块
，生产制造模块，和市场，营业模块等，这些软件模块具有反映各个技
能领域最为模范的业务处理工序。还有各个模块为了正常发挥技能在需
要的时候应该能够从共同的数据库中抽出其它模块所提供的数据和信息
。也就是说共同数据库属于汇聚了各软件模块独立收集并处理的数据和
信息的中央仓库，通过这些数据和信息的共亨可以迅速，准确的处理多
技能的工序过程。

(3) 企业间的信息系统

企业间的信息系统是指支援企业和企业间业务的信息系统。它的开
发和活用是为了支援多个领域间的沟通和合作。例如，电子调配系统
(electronic procurement system)，供给网管理系统(supply chain
management systems)，以及企业间的电子市场(B2B electronic market-
place)。

为了理解企业间的沟通过程以电子调配系统为例，为了给企业办公室
配备电脑需要根据内部业务的内容决定电脑的种类，配置，和数量。然
后监测预算，最后决定由谁去调配。在这个过程中购买企业把自己希望
的电脑的配置，价格，转交和付款条件，供给者的选择标准等信息提供
给具备资格的潜在供给企业，并邀请它们投标。参与投标的供给企业各
自以什么样的方式去满足购买企业提出的条件，给出题案，购买企业就
根据题案内容选定中标企业，经过既定的协商过程签订合同。购买企业
在调配企业交货的时候要监察其是否有遵守合同，如果确定没有什么异
义就可以交付相应的金额。现在支持这些不太简单的调配程序的电子调
配系统正在成为企业必不可少的系统，很多企业比起在企业内部处理这
种程序，更多的是向专业的调配企业外包(outsourcing)。

就这样比起消费者和企业间的交易(B2B EC)，企业间的双向交易，也就是企业间的沟通过程更为复杂而且可交换的信息量也相当大。所以在沟通的过程中需要的时间比较多，出现问题的可能性也比较大。因此从网络还没有被广泛运用的时代开始资金，技术，人力丰富的一些大企业就已经开始投入并使用了被称为EDI(electronic data interchange)的企业间的信息系统。EDI是指把企业和企业间的数据和文件的交换自动化的信息系统。作为构成要素连接企业和企业间的被称为VAN(value-added network)的物理性网络，用于将两边企业的文件和数据传送的电脑系统，为了使收发信电脑系统间的沟通更加完美化，双方提前协商的文件，数据的标准等等。

应用了EDI的企业间的文件交换通过改善沟通的效率和正确性可以获得时间和费用缩减这个巨大的实惠。即使这样EDI之所以只局限于一部分大企业是因为VAN不同于一般网络属于私营网络，所以其使用费用较高，而且在驱动EDI系统时也需要极高的费用。还有在胶着在一起的多个企业间交易的情况下关于文件数据构造标准的设定也比较难。

而今天由于网络的开放性和低费用网络的基础EDI有着扩散的趋势，当然这种现象不只局限于EDI，企业间的双向交易和为了利益的信息交换已经突破企业内封锁性的网络，所以企业间的信息系统应用那些低费用、开放性的网络和网络的基本备录TCP/IP以成为必然。企业的电子调配系统、企业间的电子双交易市场(B2B e-marketplace)等可以说是网络基础企业间信息系统的典型例子。

第二节 利用信息系统来确保竞争优势

1. 信息系统和企业竞争力的联系

为了利用企业信息系统确保竞争优势，首先应该开发和利用符合企业战略的信息系统。竞争战略和信息系统的关系可以做如下说明。一个企业的竞争战略根据该企业所属的产业构造和竞争构思发生变化，根据战略性的选择向顾客提供的价值也有所不同，进而创出价值的业务活动的内容和过程也有所不同，它将影响到创造价值的程序的设计和运营，这也意味着信息系统应该有区别的设计与运用。

例如，作为追求顾以客量身定做型服务为差别化战略的A hotel，当提前预约的顾客在吧台登陆的时候，会把房间安排在顾客平时偏好的位置，在顾客到达客房之前把平时使用的柔软的枕头换成顾客更为喜欢的稍微硬一点的枕头，然后准备好顾客平时喜欢的夏威夷咖啡和一瓶全南江金产米酒。为了提供这样的量身定做型的服务，他们需要支援其完成根据顾客喜好调查安排准备客房程序的信息系统。利用这样的信息系统将顾客的个人信息、关于持续的服务需求信息、关于满足与否的调查信息等，个别得收集并分析做成顾客的轮廓文件。

顾客轮廓文件装有关于顾客喜好的详细信息，所以它以成为主要顾客来访时A hotel的必不可少的重要财产。但是因为那些费用低处于原价竞争的hotel的接客程序是针对所有顾客的标准服务所以只要能够管理客房预约的信息系统就已足够。

像这样开发那些与竞争战略有着密切关系的信息系统只有在企业具备一定的信息技术能力时才有可能实现。信息技术能力(IT capabilities)是指能够完成企业需要的物流、顾客管理、营业等主要领域的能力调和、以及能够运用相关信息技术财产的能力。因为信息技术能力大的企业可以根据企业的战略运用信息技术和信息系统，所以该企业将具备竞争时所需要的关于顾客指向性，产品更新、物流等的无形资产知识。前面所提到的A hotel具备了驱动适合竞争战略的信息系统的信息技术能力。并且运用信息系统系统的管理和分析关于顾客的数据，确保了提供顾客所希望的服务的能力。因为这不是其他竞争企业可以很容易模仿和获取的东西，所以它已成为自身持续性的拥有竞争优势的源泉。因此，由企业的"信息技术能力的确保—信息系统的战略的连续—信息系统活用所产生的无形资产的确保"链接起来的因果关系需要我们去了解。

2. 程序的改善和生产性的悖论

为了企业所希望的业务可以有效的完成，程序需要很好的去设计并持续性的管理。程序是指为完成特定的业务而执行活动的逻辑性连接，关于这个逻辑性的连接每个组织都已比较独特的模样出现。例如，备货程序是从卖方接收订单开始，在会计部进行信誉查询确认后将订单信息提交生产部，再由生产部设定生产计划，并根据生产计划将生产的产品通过物流转达给顾客。

信息系统和程序的革新有着密切的关系。信息系统使介入现存信息传达的程序的许多阶段脱离手工作业实现自动化。而且通过关于程序的多个附属机构间信息的共享完成迅速准确的决策来帮助业务上的调整与合作。虽然程序和信息系统间的相互依赖的关系非常明确，但在过去的1980~90年代PC在企业中开始扩散的时候企业都还没能理解这个事实。也就是说企业在投资投入PC，通过办公室人员对它的使用对生产性的大幅提高有所期待。但是几年后企业才发现即使应用了PC，但生产性提高的一点痕迹都没能发现。像这样即使对信息技术庞大的投资也依然没能促进生产性改善的现象被称为"生产性的歪理(productivity paradox)"。

生产性的歪理产生的原因是因为没能和程序的革新同步的信息技术投资只对全体程序中的局部产生了效果。例如，在接收订单的时候只是为了更快的使订单内容文件化，而在把这份信息提交给会计部和生产部的时候信誉确认业务、和生产业务没能正常进行或者延期的话也会收不到任何效果。还有在会计、生产部的文件里信息通过信息系统传达给会计、生产部的负责人，没有必要通过手工作业输入新信息的条件下就可以自动反应给信誉认证、生产计划确立业务的信息系统的基本程序没能实现自动化的话，再迅速的文件作业也不会有什么效果。因此应该重新设计现存手工作业中心的程序，让业务的流程自动化，通过信息的共享为了能使程序如流水般不中断地整备程序和组织构造，在设计并使用恰当的信息系统的时候就会收到投资的效果。

程序的改善属于信息系统基础的程序支援能够提高企业业务的效率。这也意味着企业应该持续性的管理程序。持续性的评价现存的程序并寻找改善的领域，设计改善的程序，为实现程序管理(business process management)只有具备自己的方法论并能构筑系统才能维持企业的竞争力。

3. 顾客关系管理的革新

企业所创造的价值应该从顾客的观点上去理解。即，关于顾客想要的是什么的基本理解是创造价值的出发点。顾客的理解是一种比较个别的东西。顾客关系管理(customer relationship management：CRM)就是以对个别顾客的理解为基础，通过满足顾客的需求来维持和发展与顾客之间的关系。有着信任和满意度的顾客对对应的企业有着高度的忠诚，因为比起新顾客有着更高的收益性所以企业开始关注顾客关系管理。

但是实际上通过强化顾客关系，为了提高收益性，通过关于顾客的数据收集和分析需要把握好顾客的喜好。关于个别顾客的数据大体可以分为个人信息数据、交易数据和接触数据，应该把这三种数据进行综合的管理。这样做的时候可以构成关于个别顾客的轮廓文件，企业内的多个附属机构和从业人员可以利用这个轮廓文件取得对顾客的综合性观点(unified view)，进行一贯性的相互作用。

顾客管理系统是企业向顾客提供的多样的频道，通过在接触点与顾客间发生的相互作用和与接触相关数据的综合管理，运用轮廓文件把关于整理后顾客的综合观点给予多样的附属机构和业务担当着进行共享。为了给予顾客最好的体验，通过分析关于个别顾客的数据而掌握的顾客的喜好选择适当的市场，销售和服务战略，将其通过多频道应用于实践。

顾客关系管理系统把通过市场、销售、服务的相互作用而追加产生的顾客接触数据进行收集和分析。通过反复深化关于顾客喜好理解度的频率，发展与顾客之间的关系。这也就是信息系统观点中的顾客关系管理的要旨。

4. 供应链管理的革新

(1) 供应链和全体的最优化

供应链是由与满足最终消费者市场相关的所有企业组成。如[图 13-3]供应链里有制造商、中间流通企业、批发零售店铺、原材料供应商、物流企业等多样的构成源参与其中。

1980年代的西方和1990年代的多个企业所关注过的适时生产(Just In Time：JIT)方式也可以理解为为突破部分最优化而进行努力的出发点。JIT的核心概念可以被概括为供应链的流程上通过与之紧密相连的前阶段的企业、工厂和生产日程信息的共享，相应企业或工厂根据自己的生产计划，接收适当的时机所需要的量的供给，在适当的时机生产适当的量。这也正是企业从只考虑自身的观点，即，物质性流程最优化的狭小的角度向前有了进一步的发展。但是由于持续性的竞争的深化，企业只是以像JIT那样与信息共享和合作密切相关的合作伙伴实现合作的水平已经无法确保在竞争中的优势。由于企业在最终消费者市场上的竞争实际成为供应链之间的竞争，所以必须突破自身为主的观点，从供应链整体的观点出发，来计划和统治生产和供给活动。随着这种认识的扩散供应链的重要性也更为明显。

[图 13-3]　供应链的范围

以"整体的最优化"哲学为基础的供应链没有像说的那么容易，通过供应链管理的整体最优化的实现意味着奖励和成果分配、信息的共享、决策的调整、献身和信赖关系的确立等现实的话题已经得到解决。在解决这些问题的时候信息技术起到了重要的作用。

(2) 信息技术和供应链的管理

供应链的管理从大的方面来看主要分为两个领域，即，流程(flow)的管理和关系(relationship)的管理。供应链的流程一般包括实物流程(physical flow)、信息流程(information flow)、资金流程(monetary flow)。实物流程指的是从供应链的上部(原材料供给)到下部(最终消费者)的移动。信息和资金流程与之相反是从下部到上部的资金和信息的移动，实物流程的管理包括库存、运输、设备等的相关的决策。

供应链的最终目的在于根据最终消费者市场的需要，在适当的时机实现'需要和供给的同步(synchronization)'。需要和供给的同步也意味着已经达成了最佳的实物流程状态。也最终意味着收集和分析关于实物流程的信息，计划供给网内的实物流程，实现管理和统治。因此也可以概括为从信息系统观点上来看，供应链管理是为了实物流程管理的信息流程管理，生产和供给活动的调整和协作正是信息共享的基础。

(3) 信息流程管理的重要性和长鞭效应

信息流程的管理是供给网管理的核心要素。特别是所谓的长鞭效应(bullwhip effect)可以帮助理解供给网内的信息流程的歪曲现象所发生的原因和由此产生的结果。1990年代初的P&G发现pampos尿布的需求量逆供给网而上，最终消费者的需求变动大幅增加，位于供给网上位的企业所感觉到的需求变动幅度比最终消费者的需求变动幅度要大得多。这种订单量的增幅现象就像长鞭，从手腕部分开始到末梢动作幅度越来越大一样因此被称作长鞭效应。

订单量或者需求量的增幅现象从关于最终消费者的需求量和变动的信息被歪曲的观点上来看也可以解释为信息的歪曲现象。因为关于需求的信息被歪曲的传达出来，所以使得位于供给网上位的企业制定了比最终需求的实际变动幅度大得多的变动幅度相对应生产购买计划，并实行，结果发生了需求以上的剩余在库，由于生产的变动产生了追加费用，只能出现了供给网整体的低效运营现象。

长鞭效应的原因从大的方面可被分析为如下四条。[7]

· 阶段性的需求预测

7) Lee，H.L.，P. Padmanabhan，and S. Whang(1997)，"The Bullwhip Effect in Supply Chains，" Sloan Management Review，38(3)，Spring，pp.93~102.

- 批量订单方式
- 促销和降价引起的价格变动
- 取决与超出供给的需要
  购买者间的比拼

　　阶段性的需求预测是一般的惯行。根据最终消费者的需求数据预测需求，根据需求预测值零售商向批发商提供订单，批发商再根据零售商提供的订单数据制定购买计划。购买计划所涉及到的订单活动是生产者的生产计划的基础资料。阶段性的需求预测是由于虽然是从供应链的末端收集关于最终消费者的购买、需求信息，但没能扩散并共亨于供应链整体而发生的现象。因此阶段性的预测可以看作是需求信息的歪曲现象，这个歪曲现象会带来由于需求预测的变动和不正确性而引起的不必要的费用浪费和时间浪费。

　　正如[图13-4]所示，由于批量订单方式不是只在需要的时候订购需要的量，而是一次性的预订一定时间段内大概需要的量，所以比起实际需求量订单量的变动幅度肯定要大。如果零售商根据实际的需求量每天都向批发商订购，批发商也以同样的量向生产企业订购的话，将不会出现最终消费者的需求变动幅度的增幅现象。

　　与特别降价销售同一营业部门的销售促进战略也会招徕长鞭效应。通过降价的促销，等着价格的下降，并推迟购买，为了最大限度的利用降价的机会也会提前购买以后所需要的量。它虽然可以最大限度的扩大销售库存，但从另一个方面来看将会发生降价期间订单量大于实际需求量和降价后订单量骤降的现象。因此肯定将会产生为满足短期内需求量膨胀的附加费用。

[图 13-4] 长鞭效应根源性的理由：订货量的变动性

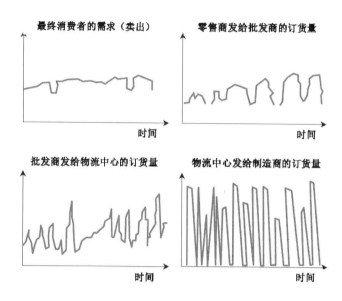

资料来源：Ravi, A., S. Chopra, S.D. Deshmukh, J.A.V. Mieghem, and E. Zemel(2011), *Managing Business Process Flows: Principles of Operations Management*, 3rd ed., Pearson Education, New Jersey.

在生产力无法满足需求时也会导致长鞭效应。也是在预测特定产品的需求将急速增加的时候可以看到的现象，这种情况下批发/零售商为确保产品的量一般会订购比实际需求预测值大的多的量，也会把歪曲需求信息传达给生产者。为了减少需求的歪曲现象提高市场的可视性，需要构成供给网的个别企业间信息共享和决策的同步化。既，需要贯穿整个供应链的战略性管理。

长鞭效应所产生副作用的大部分可以通过共享关于参与供应链的企业间最终消费者的需要和购买信息得到解决。把由零售商的POS系统所收集的最终消费者的购买信息通过EDI或信息系统和其他供给网的参与企业进行共享。从信息的共享向前进一步库存补充的程序也需要革新。

例如，零售商管理库存，根据库存量和需求量向生产者订单的形式被替换成批发商或生产商根据POS数据在适当的时候自行补充库存。

第三节 互联网和计算环境的变化

1. 互联网

Internet作为inter和 network的合成词可以被定义为由网组成的互联网。在互联网出现以前只存在企业和各机关在限定的地域内独自使用的被称为连接电脑的LAN(Local Area Network)的小规模网络。通过把可以连接整个世界的区间沟通网提供给这样小规模的网络带来了一种网络的大变革。今天使用者可以把通过这种骨干网(backbone)连接起来的计算机和信息进行交换。

为了对抗1960年代冷战时期苏联的攻击，美国以主要研究机关和国防机关间安全的信息交换为目的而开发的ARPAnet里可以找到互联网的开始。随着使用量的逐渐增加迫切需要有效率的通信备忘录，结果在1982年开发出了作为今天互联网基础的信息交换备忘录的TCP/IP。1991年WWW被开发出来，1993年出现了第一个浏览器—MOSAIC。1994年终于随着互联网的公开，互联网也开始应用于商业。以此为契机1994～1996年之间美国的Amazon，Yahoo，E-Bay等，韩国的interpark等互联网初期的先驱在线企业出现了。还有一般使用者利用互联网不仅可以购物，还可以利用收发邮件、信息查询等多种互联网的基础服务，使日常生活更加便利。

互联网物理性的构造是由负责管理骨干网(backbone)和骨干网内电脑间数据传送的路由器(router)，连接骨干网和LAN或个人用户的通信网构成。使用者通过从自己家或单位LAN到提供ISP(Internet Service Provider)的骨干网的链接服务连接并进入骨干网，通过管理数据交通的路由器的帮助和沟通对象的电脑完成信息交换。

就这样通过互联网交换数据时，为了使交流双方所使用的电脑，应用程序和LAN顺畅需要遵守几种通信协议。通信协议是指关于链接于网络中两台以上的电脑间什么时间，如何，通信什么的用户间的协议规则。在互联网中扮演最重要的角色的通信协议是TCP/IP。

在互联网上使用者作为客户(client)如果向对应的服务器(server)要求网站的特定网页里的信息的话，服务器会把该内容数字化，通过网络传达给客户。服务器把内容数字化以后，不是整体原封不动传送，而是将其分为多个数据包，这些数据包独自航海网络进而转达给作为邀请人的客户。把这样网络航海中的数据包根据地址信息的不同通过路由器整理等一系列的过程称作数据包的交换。已经到达数据包交换(packet switching)所指定的目的地的数据包，根据客户的需要以数据包的顺序信息为基础，重新整理顺序，复原原来的内容构造。这样通过互联网交换数据包的时候，关于客户与服务器间数码内容收发信时需要的数据包顺序信息的规章是TCP(Transmission)，关于目的地和出发地位置信息的代表性的规章是IP(Internet Protocol)。

网是WWW(World Wide Web)简称，是互联网的代表应用服务。还被称为利用HTML(Hyper Text Markup Language)语言把构造化的数码信息通过超级链接相互连接在一起的集合体。

2. 计算环境的变化

英特尔的创始人戈登摩尔1965年发现存储器芯片的性能每18~26个月提高两倍，而费用确没有什么太大的变化。并预言因此世界将会发生巨大的变化。随着这种现象的持续进行，就象摩尔预言的那样今天的计算力量已经不是以前的稀少资源，而成为了一种通过低廉的价格就可以获得的丰富的资源，因此我们的生活也在发生着巨大的变化。

初期的计算环境是使用者的所有计算作业都必须集中于位于中央的大型计算机，大型计算机根据制定的规则把邀请的作业依照优先顺序进行处理，把结果传达给使用者的以大型计算机为基础的中央集中计算方式。只有输出，输入技能的终端机和大型计算机连接起来，使用者们通过终端机邀请计算作业并获得结果。

1981年IBM上市的个人电脑摆脱了这种以大型计算机为基础的中央集中式计算环境，开启了以PC为基础的分散计算时代。取代了和其他使用者一起对计算能量的共享，开始利用个人专用电脑，存储在个人使用者，个别附属，和个别公司在执行业务时需要的数据，打造并使用应用软件。因此电脑的硬件和软件市场急速成长。利用应用软件的电脑使用者渐渐感觉到相互交换数据和文件的必要性，开发了叫做LAN(Local Area Network)的网络，并将其与PC连接到了一起。分散计算意味着电脑程序和数据储藏在通过网络连接在一起的两台以上的电脑中，并进行驱动。

1980年后期随着使用者需求的提高，开始进入了客户/服务器(Client-Server)时代。当时因为PC的计算能量非常有限，所以把比PC更强大的电脑连接到网络上处理了那些个别PC自身无法处理的大量的运算作业。像这样个别使用者PC作为客户在具有地域局限性的网络上邀请作业，与处理这个邀请的服务器一起协作的LAN为基础的C/S环境已经随着对互联网的活用进化成了互联网阶段。

Metcalf法则和摩尔法则在说明计算环境的进化时非常有用。根据Metcalf法则网络的价值取决于连接在网络上的使用者的数的平方比。这也就是所谓的网络效果。通过Metcalf法则不仅使网络扩张时所需投资得以先行，还带来了使用者参与的爆发性的增加。因此从电脑的发明到今天我们所处的计算环境的进化过程可以用这两个原则进行说明。

第四节　互联网的活用

1. 互联网的主要属性

(1) 连接性

互联网作为信息交换和实现沟通的中介技术，连接性是互联网最本质的属性。由于这个属性，使用者通过互联网实现了双方向的交流。互联网的基础C/S计算意味着客户与服务器之间双方向的交流，被称为TCP/IP的公开通信标准突破了硬件、软件、使用者位置等条件的制约实现了交流。如果说现在通过电视、收音机、新闻、杂志等实现的普遍的沟通是一种提供者中心的交流沟通的话，那么互联网正在促进着消费者，需求者都可以表明意见提供信息交流的双方向性.

由于连接性是指人与组织，人与人，组织与组织的连接，所以具有本质的特性，即社会性。因此，互联网作为中介技术是一种大型的物理网，同时也必须是由人和组织所构成的巨大的社会网。今天，将互联网的社会链接性快速扩散的SNS，从更宏观的角度可以看出互联网或网络扩散和使用方式进化的无穷尽的原动力。

(2) 网络效果

互联网是强烈突显网络效果的典型实例。由于根据网络效果，随着使用者的增加，相应的网络价值也高度增加，所以即使说以互联网为基础的服务、贸易模式的成功，取决于使用者的数量也不为过。使用者的数量越多，在虚拟空间里可以交换的信息也变得多样化，由于多个种类的相互作用，必定可以使使用者可以感受到相应服务、贸易模式的价值增幅。互联网使用者的大量增加和随之而来的网的进化，给网络效果注入了力量。

从以互联网为基础的企业立场上来看也有着重大的意义。虽然联机企业拥有庞大的初期投入资金，但还是为了迅速的确保使用者或会员的数量展开了激烈的竞争。但是由于只需要轻轻一点就会让顾客被其他竞争者占有，这样的战略在和为确保使用者不被其他竞争者抢走的'顾客维持战略'一起实施的时候最能收到实效。

(3) 开放性

由于技术的研发需要很多的努力和花费大量的费用，因此大部分企业在一定期间会运用法律来保护自己的技术。因此使用者必然将支付昂贵的使用费。事实上随着互联网的扩散和应用，关于互联网的相关技术已经被公开。还有，在大部分国家互联网已经作为社会的基础设施提供与众。因此互联网已经可以被很多人廉价利用，作为基础设施内藏着开放的哲学。因此很多人积极的参与并生成了多样的内容，一边共享并提出意见，用参与者之间的伦理性方式筛选出有价值的信息。可以看到所谓信息民主主义开展的现象。

(4) 信息的数字化

互联网用0和1的组合将信息数字化，使双方可以更有效的交换信息。模拟形态的信息可以粘贴在包括纸在内的物质上传达出去。信件应该由邮递员来传达，关于流通的商业往来活动，必须由购买人直接去到类似于零售商店的地方，观察产品包装上的信息，然后决定购买。但由于被数据化的信息是与物质分开，用网络进行交换的，所以信息的流动从物质的流动开始变得自由。结果，使用者可以享受到沟通的效率性、信息的生产和流通的效率性、对信息传达的地理界限的突破、交易费用的减少等莫大的实惠。

这些现象也附带增加了由信息过剩而显现出的搜索引擎的重要性和资源稀少带来的注意力(attention)的重要性。从企业的角度来看，顾客与供给者相互作用，变换交易方式，并改变了供应者和购买者间力量的力学关系和角色关系，向创业者提供新型贸易模式的机会。

2. 电子商务的扩散

电子商务作为网络的应用，是最早被人们关注的领域。虽然初期主要集中于正确传达像书、音乐唱片等产品的说明，而今天在线销售的产品中，不只包括那些只有通过试穿才能做出判断的服装类，还有那些购买危险性系数非常高的宝石等产品。从引进互联网的时期开始到2000年为止，大量涌入了倾倒于互联网相关技术潜在威力的风投企业家和投资人的同时，出现数以万计的互联网基础风险企业，投资了巨额资金。但是，只相信技术威力的大多数风险企业实际没有盈利，没有追加投资就都失败了。这称之为IT泡沫现象。虽然因此导致大家对电子商务前景不看好已经持续了数十年之久，但是在IT泡沫中生存下来的网络企业的业绩在不断飙升，同时，电子商务也成为了我们生活中不可或缺的一部分。

电子商务从大的方面来说可以分为企业和消费者间的贸易(B2C)和企业与企业间的贸易(B2B)。B2C领域包括纯粹在线型、脱机兼在线型的混合型、生产者直接销售型、在线的小零售商型等。虽然纯粹在线型的一部分是属于以在线的形式通过信息中介将销售者与购买者连接起来的形式，但许多企业实际与信息中介一起购买商品，管理库存，也干预运输顾客所订购的商品的物流。AUCTION和IG MARKET等企业属于前者，新世界和乐天等则属于传统的流通企业，它们运营的新世界网、乐天网和INTERPARK属于后者的类型。虽然以在线的形式销售产品的经验很重要，但由于库存和物流等物理流程的管理相当复杂，所以大部分混合型的情况是通过物理流程的管理经验，由传统的脱机流通企业向在线企业进军的。

因为电子商务原来由生产者—批发商—零售商组成的传统流程也发生了巨大的变化。一部分生产者越过批发/零售商，直接与消费者进行贸易，像DELL电脑，以前通过邮局和电话订购的形式很自然的通过网站进化为直接销售的形态。互联网的商业活用不只局限于产品的交易，还正向着利用网络内容的生成和转达、多样化服务的提供等相关领域进行扩散。除了像音乐、图书等与著作权相关的领域，可以提供一般性的内容、SNS、邮件、地图等多样化服务的企业不向一般使用者收取使用费，而是向那些可以通过使用者能够获得利益的企业收取手续费。例如，谷歌向一般使用者免费提供邮件、搜索、地图等服务，因为通过对使用这些服务的消费者有关活动的数据分析，可以向广告主有偿的提供有效的广告服务。谷歌算是为实现消费者与广告主共同参与并同时获利而提供了中间桥梁。

B2B领域的电子商务也正向着网络市场的形态发展，网络市场是指多数的供给企业和多数的购买企业聚集在一起，透明的露出关于供给和需求的所有信息，以价格为基础的竞争实现虚拟空间里的市场。网络市场的交易具有可以和当时提出最好交易条件的对象实现交易的短期性的性格。如，关于那些像螺栓和螺母等不太重要的产品说明进行简单化和标准化的统一，通过许多产业共同使用的间接材料和逆竞买实现调和。

大部分的B2B贸易依存于长期性的关系，根据交易企业间已经存在的关系特性，其方式和内容也会发生变化。由于B2B的主要项目顾客化(customization)的要求水平较高，战略上比较重要，因此需要很多沟通条件的调整，交易的内容暴露在市场上实为不妥。因此相应的企业将会通过相互协作努力去维持和发展长期的关系，所以在今天实际开展的B2B交易是支援现存企业间的相互合作，并为了增进信赖关系而应用着互联网技术。

3. 网页的进化和社会性的变化

网页是互联网网络活用的代表性的应用服务。初期的网页主要是储藏信息资源的服务器提供给我们这样的一般使用者作为用户所需要的内容。即，有无内容的需求者和提供者有着明确的区分，所以网页处于足够的静态，像我们似的使用者也只是被动的参与者。如果这样的网页被称作1.0的话，那么今天的网页是向着一般使用者非常积极地参与内容的生成和传达、非常动态的环境2.0版进化的模样。

2004年O'Reilly首先使用的用语WEB2.0可以用协作、参与、沟通等重要的单词概括其特征。这也意味着在网页上一般使用者可以积极的参与、创造内容，网页还扮演着通过相互间的合作和相互作用，内容的生成与消费、意见和信息的共享等同时多发的社会性媒体(social media)的平台角色。例如，可以实现协作、沟通等社会现象的WEB2.0作为道具facebook，SNS(social networking service)，合理地把有用的知识体系化的维基百科、生成视频并上传与其他人分享的YOUTUBE，用于体系的披沥自己的意见和日常生活的博客等等。

医生对统计的无知而滋生出错误的医学说法

● 百分率0.1%向25%的变身

偶尔。

在外国，会宣传通过乳房的X光检查可以使乳房癌的死亡人数减少25%。于是人们就以为可以使100名的乳房癌死亡者减少25人。但这只不过是对统计的错误理解，实际减少的死亡率不过0.1%。

在德国，对于28万名没有做过乳房X光检查的女性的调查显示，每1000名中有4名死于乳房癌。但是做过检查的女性中，每1000名也有3名乳房癌死亡者。因为乳房X光检查使乳房癌死亡人数从4名中减少了一名，所以才有了乳房X光检查具有四分之一的效果的主张。这完全是统计的错误。因为收到乳房检查的预防效果的女性只是1000人中的1人，所以按百分率来算不是25%而只不过是0.1%。

如果不了解这一内幕的话，会误会为1000名接受检查的话，会有250名可以收到预防效果。实际在德国的妇产科向150名医生们问了这样的问题，如果乳房癌X光检查的乳房癌预防效果可以达到25%的话，乳房癌死亡人数将会减少几名?结果有66%的医生正确回答一名，但16%的医生回答25名，还有15%的医生回答了250名。

如果不能正确理解体检的统计的含义，不仅会造成医疗费用的增加，还会招来其他疾病。前列腺癌的诊断法PSA就是典型的例子。根据美国癌预防协会PSTF，如果实施针对美国55~69岁的男性的血液检查PSA的话，1000名当中会有210~230名出现阳性反应。为了更仔细的检查，出去尿道组织再检查发现，有100~120名确定为误诊。钱也花了，也经历了组织检查中感染，痛症，出血等心理的不安，但却没有任何意义。通过PSA检查查出的前列腺癌患者中有4~5名死亡。问题是不经过PSA检查的前列腺癌死亡人数也是5名。由于PSA检查所带来的经济负担和副作用比它的早期诊断效果所获得的利益还要大，因此美国的癌预防协会在2011年甚至发表了劝人们不要实行男性PSA检查的声明。

◉ 比艾滋更可怕的统计网

在1987年美国召开的一个艾滋病学术大会上，美常议员Chiles发表说在艾滋的检查中出现阳性反应的22名中有7名因受到挫折而自杀。但是专业人士反映即使在检查中出现阳性反应，其发病率也不过为半数左右。出现这样大的误差是因为艾滋的发病率比较低。虽然说同性恋的男性比较容易感染艾滋，但只要不吸食或注射大麻，一万人中实际感染艾滋的只不过一人。也就是说22名中实际艾滋患者只有11名左右。也有可能自杀的7名全都不是艾滋患者。如果医生能够将阳性反应统计所包含的意义准确的传达给患者，应该可以避免此悲剧的发生。

（朝鲜日报，2013.4.16）

谁看也是名品？即使能骗得了鬼，也骗不了数据。

◉ 多个被举报的手提包进入了仁川机场进口货物的海关。货物分析科的负责人首先查看电脑，输入申请书上记载的出航地信息自动弹出，'中国广州'，数据分析系统显示'最近知识产权违反产品揭发高发区'并显示了嫌疑指数，也确认了产品的举报企业有揭发前例。嫌疑指数上升，'拆'果然，被确认为意大利的名品是仿品。关税厅就是以这样的方式揭发着每年1兆2000亿元价值的名品伪造品。

◉ 负责审查国内医疗、疗养机关的保险给予和服务妥当性的健康保险审查评价员确认了全国医院保险处方药剂的数据。'这个医院两片以上抗生剂的处方次数不多吗?'负责人在电脑画面上点击了医院分类，直接出现了合同一级别的全国医疗机关平均处方率的比较数值。能一起看到投药机关和药的个数、患者的重症度。该系统所检查的结果是全国抗生剂处方率80%以上的医院有2301处，去年是1208处。

数据以'工艺嗅探犬'的形式出现。从被企业只当作市场的手段开始已经活用于控制漏税和福利补贴的不法收取等地下经济、预防犯罪和医疗服务的滥用等公共领域。只凭人们的肉眼去抓各种不断进化的不法行为已大为不足，现在已是用科学和数据来抓犯人的时代。

关税厅为了能够找出不法进口货物，在2008年打造了以数据为基础的探知系统。随着进出口货物量的急剧增加，查处原产地虚假标记的货物、不法食物、知识产权违反品等的通关业务10年内增加了超过100倍，人力已经完全跟不上。关税厅与软件公司SAS一起创建了'危险管理解决方案'。首先对过去堆积的相关数据做了分析，并做了假设。把原产地和物品种类、举报业、进口渠道等进行综合的分析，导出了仿品的特征，并由此算出了显示不法物品的可能性的嫌疑指数。

运用这个系统，全国海关的重要事项的揭发率也提高了20%，随着检查的正确度的提高关税业务也逐渐效率化。由于拆箱检查时合法货物的情况大幅减少，进口企业也比较满意。关税厅关税评价分流员金炳奎说："进入全国的进口品都将以这个解决方案进行管理，由于国内进口货物的爆增，应该通过对过去数据的分析去预测潜在的危险性"。仁川机场税官金桂真说："全世界只有我国的通关业务是24小时，而且通过分析并导入数据也基本上弥补了人力的不足"。

关于业务的爆增，福利和医疗领域也是一样。健康保险审查评价院的疗养给予费用审查数量，从1980年的1644件发展到2012年的14亿件，整整增加了85万倍。2011年通过引进大型数据评价分析系统，分析了大约100亿件以上的数据，并开发了科学性的审查指标。手术预防抗生剂在开腹1小时内用药的话效果比较明显，区别于在开腹之前使用或出院后的持续使用。每个月都实施同样的评价，各医疗机关做出规划，为了让公民都可以看到，把信息公开到主页上。

像这样的数据的公共应用在海外都已经普遍化，美国税厅为了防止漏税，构建了'防止漏税和诈骗犯罪的系统'，每年都查获约3450亿美元的漏记税金。分析了帐号·住址·电话号码·纳税人间的相关联系，并通过facebook和推特找出了犯罪者间的关系。中国海关也在37个地区的税关投入了大型的数据系统，结果在两年的时间内堵住了2000万美元的税金流失。

福利预算也扮演者防止漏水的水龙头的角色。为阻止美国LA社会福利局对最弱阶层福利补贴的非法榨取，投入了SAS解决方案。并与医院保险机关合作分析了大约40亿个数据，也分析了补贴申请者的收入资料，纳税记录和所加入的保险，以及与周围人的关系。综合看来，离居住地比较远的哺育中心申请了补助，或者是用同一个号码向多个地方重复申请的事例，类似于这样被揭发的不正当收集事件200余件，预先探知率也提高到了85%，防止了每年3100万美元的预算的流失。英国的保健部也通过分析并投入大型数据，在过去8年内预防了6亿7100万英镑的不正当医疗保险供求，也获得了相当于构筑系统所花费费用的13倍的财政收入。

这个解决方案也适用于治安。美国纽约警察厅与微软一起开发了犯罪信息系统(DAS)，并于去年投用于市。它是可以使警察和美中情局(CIA)，美联邦调查局(FBI)保有的3000个CCTV画面，报警电话，嫌疑人的逮捕记录，车牌号追击结果，等庞大的资料一键确认的技术。在接到报警电话的同时，通过警察厅担当者的系统画面可以及时把握。

在对应区域的警察30秒前的拍摄的画面，以及犯罪现场半径500米以内的信息。英国警察利用SAS解决方案给各犯罪类型作出了对应的备案。接着在投入使用一年的时间内就将当地的犯罪发生率降低了11.8%。

　　在韩国希望全面投入大型数据的呼声也越来越高。去年年末，韩国国家信息化战略委员会综合警察厅的犯罪记录里的天气，地域信息，人口统计，流动人口等资料，将要打造可以推导出各场所，时间段发生犯罪的可能性系统。利用大型数据把握政府福利的四角地带，可以开发出适合医疗，消防，治安的服务。如果公共机关之间可以共享信息，可以发现在不同领域同时进行不正当供求的诈骗犯。只有数据管理政策步入正轨，才能确保应用的一惯性。

（中央日报，2013.4.18)

第十四章

全球经营的理解

过去二十多年间的世界，我们目睹了德国统一，苏联解体以及东西冷战格局的崩溃。韩国也通过积极促进北方政策来和越南等几乎所有的社会主义国家建立了外交关系。现在，比起政治和军事问题，和国家利益息息相关的经济问题变的更加重要了。在这样的状况下企业的国际化趋势，也成了一个不可避免的难题。就算企业只以国内市场为目标，它的竞争对象也不会仅仅是国内企业，还会包括很多外国企业来参与竞争。不仅如此，在和外部断绝联系的状态下，维持和增强企业竞争力是不可能的。现代企业要想在世界的任何一个地方生存就要有可以展现自己竞争能力的商品，服务，或者是经营管理技能，研究开发技能，市场营销等技能的时候，企业必须要拥有其中的一项或多项为核心力量，如果不是这样，它的生存就会受到威胁。在这一章里我们将会学习全球化的背景，企业的国际化战略类型，以及为了达到全球化的那些条件。

第一节　全球化和海外市场的进入战略

1. 全球化的背景

迪肯(P.Dicken)通过用全球变化(global shift)这个概念来强调了市场和商品的全球化正在大范围的实现中。市场的世界化就是：企业的经营以国内市场为中心，在政府的保护下，把世界各国的市场看做一个共同市场来活动的概念。现在，德国市场和日本市场的概念渐渐的已经被世界市场的概念所取代了，三星电子，现代汽车，可口可乐，ZARA，麦当劳等全球企业，把所有的商品都标准化然后投放到世界市场里面。

现在世界化已经变成一个很日常的概念了，但是在21世纪，全球化就是一个企业生存和成长的必要条件，还是有效地确保企业未来竞争优势的一个核心力量。在企业的立场上全球化不是一个以单独国家为基准设置不同的经营战略的概念，而是把全世界市场看做一个共同的市场来设置共同的经营战略的概念。即，全球化就是消除了国界的一个概念。以全球市场为目标，在全球的竞争舞台上通过多样的生产销售网来使企业把在本国市场的竞争优势，转换为在世界市场的竞争优势，从而通过结合规模的经济和品牌的名声等来达到确保竞争优势的存在。在这方面的代表产业有半导体，电脑，智能手机，汽车，打印机等。

就像这样的有比较鲜明的市场和产品的全球化倾向，可以从两个方面来分析原因：一个是各个国家正在逐渐消除商品和服务，投资，资本等国际间自由流动的障碍，另个方面就是最近通信和信息，交通等技术的急速发展。

(1) 贸易和投资的自由化

最近随着市场和生产的世界化，以及世界贸易量的增大，外国人直接投资，出口等在本国市场内外国企业的积极进入等变得更加容易。在美国汽车市场里面有美国产和日本产的汽车，比如通用公司的福特以及克莱斯勒等都可以发现。以及在欧洲的电子市场上曾经独霸的荷兰产飞利浦现在已经被三星电子，LG电子以及日本产的松下电子所取代。这样的现象就表明在一个巨大的世界市场里面，众多的商品和服务之间，企业间的的竞争变得更加激烈了，比如三星电子或者是LG电子的销售额，有超过百分之八十都是在海外市场所实现的，并且在中国和印度等发展中国家里面的生产法人和销售法人也在急速的增加。

就像这样引起世界化的最根本的原因就是世界单一经济体系的形成。现在在政府保护下的那些安定的市场们在占有着强大的竞争优势的全球企业的面前瞬间就能崩溃。大部分的商品被包含在没有了国家界限的炽热的全球竞争市场里面。现在企业已经到了要和全球的其他企业一起竞争的状况。特别是在WTO体系成立之后，随着贸易纠纷的减少，以及加强了对知识产权的保护等政策下，还有对于投资和收益限制的放宽使得企业的全球化变得更加迅速。

随着国际间资本的自由移动，外国的资本投资者们通过对投资企业的资本调节来获取投资利益，从而使双方相互依存。比如在股份市场上三星电子或者是现代汽车的股东有一半以上都是外国人。企业为了维持全球投资者们必须要加强企业内部会计的透明度，各种限制的放宽政策，使用英语以及设立好社会制度，法律，习俗的全球标准是非常必要的。

简单的说就是企业现在已经到了和海外其他优秀企业一起竞争的时代，为了和它们竞争必须要加强自身企业的竞争力。如果没有世界水平的竞争力，不仅仅在世界市场上站不稳脚，在本国市场上也会很快的没落。现在把本国市场和世界市场进行区分已经变得没有意义了。全球化的实体就是，把竞争的对象设定为全世界的企业，只有具备了世界水平的竞争力才能使企业得到生存和发展。

(2) 因特网和相关技术的急速更新

虽然贸易和投资障碍的减少是市场和产品全球化变得可能的一个核心要素，但是同时技术的变化也是一个重要的影响因素。第二次世界大战以后，随着电脑和信息处理技术，物流网的发达，因特网和通信技术的急速发展对其他产业也造成了巨大的波及效果。也许其中最重要的一个因素就是对于个人和企业来说都比较容易熟练和廉价利用的电脑微处理器的发展。微处理器的发达比通讯技术的发达更加的突出。过去的30多年间，全球通讯技术的发达是通过人造卫星，光导纤维，无线技术以及因特网和WWW等革命来实现的，但是这些技术都是通过微处理器的编码，传输，等大量的信息处理能力来实现的。

还有因特网成为了世界经济发展的核心手段。不仅仅是数据或者是信息，音像等实时视频，各种贸易也普遍的在通过因特网来进行。比如说想在印度购买一个微处理器的软件，只需用信用卡结账之后就可以在网上下载，巴西建筑公司的购买部长想要买一台挖土机的话，只需在因特网上比较各国的产品，然后通过因特网视频来和那个公司的营业员来讨价还价就能购买挖土机。因特网使全球通讯的价格降低从而让所有的商品都可以通过网络来实现交易。因特网可以超过企业自身的规模让企业更加容易的接近世界市场从而达到市场和产品的世界化。

当然，运输方式在最近的发展也很快。在这里面最重要的发展就是商业用飞机和超大型运输机，还有让运输更加方便的集装箱运输。还有比什么都重要的就是运输用飞机在节省时间的侧面上促进了经济的世界化。结果就是从美国纽约运输到日本的货物比十九世纪时期运到费城的时间还要短。

像这样的技术革新的急速进展，使得过去四十多年间信息处理费和通信费得到了很大的下降，从而使全球性企业的生产基地更加容易的分散开来。三星，LG，HP，GE等在全球都拥有生产和销售法人的企业可以利用因特网和各种卫星通讯等道具来使全球各地的法人联系为一体。新产品开发的时候位于韩国，日本，美国和欧洲等各国的各个小组通过因特网来召开会议。像这样的手段可以使新产品的全球性开发的时间得以大大的缩短。

还有全球通信网和全球传媒的发展创造了新的全球文化。比如综合信息产业的数码化使得电影和电视节目可以在同一时间内向世界的任何一个角落传送，通过世界各个角落的收看促进了全球文化的发展。这样的现象促使和加快了全世界的消费者们使用商品的同质化。

(3) 全球化立场上分工的必要性

随着商品的流通跨越了国家间的障碍，在全球化的立场上市场的扩大，以及随之而来的生产统合，还有通过从精锐的供给者那里的调剂等，使得确保规模的经济的必要性变得更加重要。不仅仅通过向可以提供低廉成本的生产国的生产基地转移来降低成本，还可以通过大量的生产达到规模的经济效果。如果只以国内市场为对象，对商品进行生产和开发的话，是不可能到达全球企业的生产成本的水平的。

全球化在研究开发的这一面上要求对规模经济重视。在竞争企业技术开发的加速化，研究开发人力的增加等难题面前渐渐的需要投入更多的研究开发费用。随着企业通过全球化所带来的销售规模的增大以及在外国经营活动的增多，如果企业对研究开发人员的投资不增加的话，想要超越其他的企业几乎是不可能的。还有对于新技术开发所需要的高额投资和收益面前，如果只以内需市场为目标而不考虑全球市场的话是不行的。

2. 海外市场的进入战略

不管是哪个企业在树立国际化战略的时候，最先要考虑的问题中有一个就是海外市场的进入方式。钱德勒(A. Chandler)认为从历史来看企业的国际化要靠规模的经济，生产资源和新技术的活用，成长机会的把握和国内市场的饱和状态等，来说明企业是否能从地方到国家再到全球发展的过程。即是随着企业规模的扩大，通过事业规模地域性的扩大自然而然地达到企业的国际化。

鲁特(F. R. Root)把国际化的过程分为包括：被动出口，主动出口，许可证，海外市场内的合资投资，大规模的多国营销和生产五个阶段来说明。国际化刚开始只是根据进口者的要求生产指定的产品，后来由于技术的发展和生产规模的扩大以及商品贩卖的增加，来开始积极主动的开辟海外市场，随着出口市场的增多和规模的扩大，通过和本地企业的许可合同的签订，得到代替生产的许可之后，然后给予加工企业专利使用费或者劳务费。即，只是个拥有技术的公司，通过技术转让或者是转让商标名来使，即使不是本公司生产的产品也能带来像本公司直接生产出口的效果。越过这个阶段之后就到了通过和本地企业的合资投资，从而在本地开始生产销售的阶段，通过这个使企业向全世界扩大，从而成长为一个大规模的跨国企业。

就像这样的国际化的过程，是根据国际化的资源投资和事业的危险水平，以及商品生产和销售的调控水平来说明的，我们可以根据图14-1来简单的了解。从被动出口到主动出口然后到合资投资，说明了要想运营一个国际企业需要直接投入更多资源的同时投资的风险以及危险性的增加。但是包括生产和销售的所有经营活动上，要通过增加自律性来使调控能力增强。

以国际市场为目标的国际事业活动包括出口，许可合同，合资投资等等。它们体系的划分可以参考图14-2.国际事业活动大体可以分为：贸易，知识产权，投资三个方面。

[图 14-1] 跨国企业的变迁过程

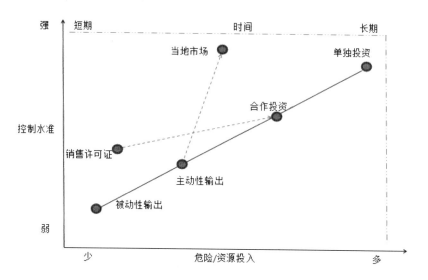

[图 14-2] 国际企业活动方式

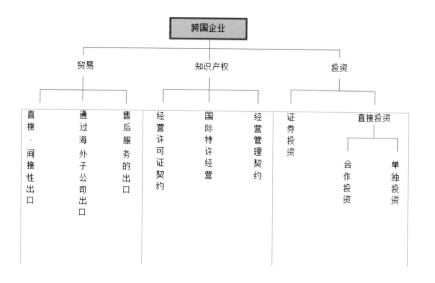

第二节　通过贸易和共享知识产权来进入海外市场的战略

1. 间接出口

企业的出口大体可以分为间接出口和直接出口，间接出口就是利用担当出口业务的中间商来出口的形态，直接出口就是企业的职员直接担当出口业务的形态。一般情况下拥有与出口相关的人力资源的话，可以建立出口担当部门来出口，而对于没有专业人力资源的中小企业来说，它们大多都在利用间接出口。担当出口业务的中间商可以分为代理商和贸易商，代理商直接代表出口商，而贸易商则拥有对商品的所有权。代理出口业务的代理商主要有出口代理公司和制造行业的出口代理店来组成，而贸易商主要是由出口买主和海外进口商以及贸易公司等组成。

中间商可能位于国内，也可能位于国外，根据不同的公司一般都会选择位于国外的中间商。因为位于国外的中间商可以更接近客户，以及提供国外的流通网。即，国外的中间商就等于向企业提供了一名可以一直跟客户联系的职员。但是，跟国内的中间商相比，国外的中间商和公司之间很难维持密切的关系，以及在沟通和语言上可能有障碍。所以说中间商的有效性，中间商提供的服务和他们的费用以及技能的性价比，还有中间商受公司统治力的大小，这些因素对于间接出口战略来说至关重要。

2. 直接出口

直接出口就是：出口商为了加强控制出口量和商品的流通，对出口关联的一切业务直接进行的行动。下面将会介绍几种直接出口的接近方法：

- 国际营业人员：企业想要使本公司的商品销售到国外可以利用国际营业人员。在企业的立场上想要向国外出口商品不一定要在国外有固定投资，而利用国际营业人员就会有费用比较少的优点，但是也有公司代表不能直接跟海外的消费者直接接触以及对海外市场的变化不能有效控制的缺点。

- 销售分店：企业在海外设立销售分店，虽然要求公司对海外的一连串投资有所增加，但是公司可以更加容易的接近海外市场。
- 销售子公司：在制造业的情况下，一般都会在海外设立销售子公司，这样的话子公司可以完全接受公司的统治，但是它作为一个独立的公司和销售分店的性质是不一样的。
- 内部的流通系统：在外国法律允许的范围内，在国外设立完全的销售系统。

以国外市场为目标，想走国际化路线的企业，要通过多种方法接近国外市场。比如国外市场的惯例，市场现在和未来的潜在规模，法律法规上的限制和商品流通的类型还有财务以及人力资源等方面的问题。但是直接出口对比间接出口来说有几个优点：第一，公司的销售员工相比较中间商来说，对公司更加的忠诚，以及对公司的生产线比较了解，这是因为公司可以向销售员工提供充分的教育。第二，销售员工可以直接跟最终的消费者或者零售店保持联系，可以更加清楚的分析和应对市场的变化，并且对于新的营销方式，消费者们的回馈意见可以更加清楚的向公司传达。第三，在制造业的情况下，通过销售员工可以了解到竞争对象的情况，以及提升本公司市场适应能力等积累相关大量的信息。第四，中间商对于公司新产品的广告宣传基本不关心，但是销售分店或者销售分公司会很努力地在各个地区对新商品广告加强宣传。

但是反面来，直接出口对于间接出口来说也有几个缺点：首先，直接出口之前要在目标市场投资很多的费用以及准备很多的商品。还有，还要选择对于目标市场的流通物流网以及对行政上程序比较了解的员工，还有其他很复杂的组织上的问题需要解决。

3. 许可合同

许可证(Licensing)就是特定企业(Licensor)通过把所拥有的技术，专利，商标和商业上的资产等的使用权转让，来向其他企业(Licensee)收取一定手续费的一种合同。许可证也是技术转让的一种战略，但是跟合资投资或者是直接投资相比，可以更短时间的进入海外市场从而达到世界化的目的。

许可合同频繁出现在技术密集型产业里面，它并不需要很多的资本或者是人力的投资。但是在许可合同签订之后，和签约公司之间的关系以及利益分配方面可能会遇到一些困难。但是对于在国内市场的生产或者销售价值很小的专利权来说，和海外公司签订许可合同就可以使本公司得到新的收入。

许可合同的优点对于不同的技术，企业规模，企业的经验来说，他的价值也不一样。首先，在提供许可证的企业立场上来看，相比较于直接投资的大量投入或者是对海外市场的信息还不充分的情况下，许可合同可以是企业付出最小的努力而获得利润。还有可以通过转让非核心的技术到目标市场，通过对目标市场的实验和开发，达到以后对该市场直接投资的目的。另外在接受许可合同的企业的观点上，通过许可合同可以让企业得到新的商品，技术或者是信息，从而提升企业在新商品开发或者研究的成功性。并且可以在最短的时间内，达到生产多样的新产品的效果。

还有在提供许可合同的企业立场上，转让了技术之后，对于市场的独立占有位置就可能受到了威胁。所以他们为了减小在国内市场上遇到的竞争威胁，在签订许可合同的时候，会刻意的要求之允许在特定的国家内使用那个技术，从而保证本企业在本国内的生产和销售优势。

4. 经销权和经营管理合同

经销权在广义的概念上就是许可证的一种形态。经销权就是：经销权拥有人(franchisor)把标准化的产品，系统或者是经营业务，通过附加特定的名字或者是商标的条件，向特定的企业或者是个人(franchisee)提供的商品销售权利。有时候经销权拥有人会向经销人提供特定的生产工序，经销权合同对于经销人都有特定的统治权限。比如说东京迪斯尼乐园通过经销权合同和世界迪斯尼团队签订了合同，东京迪斯尼乐园向世界迪斯尼团队提供10%的加入费以及饮食店等其他店铺5%的收益费。

经营管理合同就是：企业向外国企业提供全部或者是一部分的经营活动，然后根据利润的一定比例收取手续费的一种市场进入方法。经营管理合同的优点在于不需要向外国提供很多的投资，但是在本国人民要求的前提下母企业可以向外国企业限制经营上的统治权。如果外国政府把企业公有化或者是被其他企业收购的情况下，母企业也能拥有企业经营的秘密。这样的情况下母企业可以通过收取手续费的前提，从政府的手中接管运营企业。

第三节　通过直接投资来进入海外市场的战略

1. 国际合资投资

国际合资投资(international joint venture)就是：由不同国籍的两个或者两个以上国家的合资者共同拥有一个公司的形态。合资投资公司可以是新创立的一个新公司，也可能是在原有的几个公司的基础上，用每个公司的一部分合并组建起来的新公司。不管是以怎样的形态成立的新公司，在合资公司的立场上他们是为了得到单一投资所得不到的效果，才选择利用共同投资来合作和投入的一种方式。

合资投资的优点就在于，可以充分利用到海外合作伙伴的技术或者是学习到他们的流通管理系统，当然通过合资投资的方式，也可以降低投资费用，相对来说降低投资风险。反过来缺点就是对于合资投资公司来说他们要和本地的公司一起分享利润，并且在一些国家政府要求企业拥有绝对的经营权，所以海外合资投资公司会丧失一些经营统治权。现在我们就来具体的分析一下国际性的合资投资的目的。

(1) 现有事业的强化

想要保护和强化现有事业的企业会利用国际性的合资投资来实现。在这里可以分为：为了实现规模经济的情况，为了得到需要的技术和营业秘密的情况，还有为了减少规划的财政方面的危险情况。

等。对于后面两个情况来说可以在特定的商品或者市场里面除去竞争者从而实现更多的利润。

- 规模经济的实现：中小规模的企业为了达到和自己竞争的人企业的规模，而通过合资投资来实现。合资投资所需要的原材料，零件供应以及研究和开发等方面的条件，可以从原有母企业那里获取。

- 获得核心事业领域的技术：为了获得核心领域的技术，可以通过许可合同和自身技术开发来实现。但是自身技术开发需要投资很长的时间，而技术转让的时候母企业也有在技术转让的同时损失很多营业秘密的缺点，所以公司们都会选择用合资投资的手段来实现。

- 减小财政危险：有一些规划如果由单独的一个公司来处理，可能会规模比较大或者是危险性比较大。所以说有一些石油公司在新油田开发的时候就会选择合资投资来实现，还有一些航空公司为了开发新的机种或者是发动机也会选择用合资投资来实现。

(2) 现有商品向海外市场进入

企业现在在国内销售的商品中，挑选一个在国外也可以成功的商品进行生产和向国外销售。这个时候可以在国内生产然后出口到国外，也可以通过许可合同把技术转让给外国的企业，也可以在国外建立一个全部控股的子公司，还可以通过和海外企业的合资投资来实现。

直接出口的话并不代表就能直接进入海外市场，在国外建立一个子公司的话需要投入很多的时间和资金，所以很多企业都会选择合资投资。因为想要进入海外市场必须要承担一定的风险，而通过合资投资可以适当的减少一些风险，从而达到进入海外市场的目的。

(3) 海外商品向国内市场引入

国际合资投资是把国外的商品引入国内市场的一种有效的手段。但是国际上的合作伙伴们，为了保护自己的生产设施和技术，有的只会选择一些前景比较好的一些商品来一起合资投资。

2. 全部控股子公司(wholly owned subsidiary)

在全部控股子公司的战略上企业要独自承担海外公司的所有费用。一般企业会通过收购一些海外的公司，在那个公司的基础上建立新公司，像这样的全部控股子公司的优点在于企业可以在全方面的完全控制和统治海外公司，也不必和合作伙伴商议，可以独自根据市场和环境的变化快速的做出决定。然而，全部控股子公司并不是没有缺点：首先，危险性比较大，因为没有和当地居民共同分享企业的利润，所以在当地的印象可能不会太好；还有有的国家对于不是本国拥有的公司并不友好，由此可能引来一些障碍。因为在过去很多国家的政府官员们都认为外国企业独占了本国的市场，所以对外国企业的印象并不好。

关于完全控股子公司的讨论最多的就是倒底是利用出口，还是在海外现地直接生产的方式。和出口不一样，如果在现地建立一个制造工厂的话，可以利用投资，用现地的原材料和工人，从而免去高额的出口税和运输费用，由于直接的投资也可以对当地的经济开发提供帮助，所以可以使企业的印象在当地给予提升。相反，由于完全控股子公司距离本公司比较远，在管理和统治上面可能投入的费用比较高，并且由于当地的国营化，企业被没收或者是扣押等危险也是存在的。

第四节　全球竞争力的强化战略

在国内，有很多的大企业，在国内积累的竞争优势后，通过向外国直接投资来实现全球化的战略，甚至有很多大企业在海外的收入要远远大于在国内的收入。像这样成功的全球性企业，为了实现成功，在本公司的全球化力量和分公司的现地力量之间要做好良好和有机的链接。

美国的经济学者普拉哈拉德(C.K.Prahalad)把全球经营分为两个方面，一个是地区反应(local responsiveness)另一个是全球一体化(global integration)，他主张要在两者之间找到一个均型。如果能在海外现地的企业力量和本社的全球化力量之间找到一个均型的话就是一个企业的成功，在这个时候本公司作为现地子公司的后台要帮助现地子公司提高自身的竞争力。地区反应就是海外进入企业的本地化程度。本地化就是子公司在进入的地域或者国家里面组织对于当地的完全适应能力，这是为了组织的发展和成功所必须要越过的一重山。如果只以本公司为中心运作的话，往现地派遣驻地职员或者是现地信息的获得，人才的雇佣等方面会投入比较大的费用和困难。还有对于分布在不同市场的分公司，研究开发(R&D)也要从多个方面来进行。因为在特定市场里面开发的商品对于其他市场也可能不合适。

　　全球组织管理的成功不能少了对本地化的综合管理。想要提高组织整体的视野，必须要综合性的指挥和调整组织全体的思考方式。组织的和谐要建立在组织成员的自立上面来理解。要想把在国内的竞争力提升到全球性的竞争力，本公司对全球化组织之间的互助和统治是必要的。反过来说，如果本公司的干涉过于严重，那么子公司的本地化将不可能实现。如果无视了那个地区的法律法规，文化，习俗等特性，只是按照本公司的标准来发展的话组织的对应能力就会降低。特别是要无视对国籍，人种和性别的差别化，利用强力的全球化领导力来适应和对应发展所面对的种种问题。对于需要快速决定的发展中国家来说，要精简程序最大的提高组织的敏捷性。就算本地化成功，但是没有统一的全球化管理体系，企业的全球竞争力是不可能得以提高的。综合性的全球化思考方式和管理体系可以提高全球性组织的力量，促使本地化得以成功的重要成分。

　　全球化的飞速发展，企业环境面临着很多的危险因素。除了组织管理和领导能力问题以外，全球环境变化带来的不确定性的扩大这一威胁因素也起到了很大的作用。最常提到的危险因素就是汇率的急剧变动. 国家间通过自由贸易协定(FTA)等，使商品和服务在国家之间的交易进一步扩大，但是汇率变化对企业盈亏产生着巨大影响。以出口依赖度较高的韩国企业的情况来看，在美国美元持续贬值的情况下，作为企业的立场，环境因素的影响是会增大的。特别是专业性人员不足的中小企业的情况下，对于汇率变动的风险管理更加不容易。另一个危险因素就是，在当地国家的法律或规定，向无法预测的方向改变的情况下，随之而来的只能是高危险。例如无条件提高最低工资，或将国家赚取收益的一定比例无条件的用在再投资的法规出台时，企业只能自身来负担相应的损失。在发展中国家，知识产权的侵害是不容易解决的一件事情。因为在合作法人的形式开始的情况下，和伙伴公司决裂时，可能会侵犯到知识

产权。对于上述影响企业环境的原因，如果没有缜密的对策，将会给
企业的全球化带来很大的损失。

国内企业的当地战略

原味咖啡和"伴侣"

在韩国最好喝的咖啡不仅仅要考虑咖啡，伴侣和糖的混合比率，还要考虑到韩国人对"茶坊咖啡"里面伴侣的因素。咖啡虽然是从外国进口的饮料，但是咖啡伴侣确实韩国所拥有的独有的技术。东西食品公司在1974年将可以在水中速溶然后还不容易变质的伴侣，代替了咖啡里面的奶油，然而这个发明却意外的很快适应了韩国人的口味。咖啡中的奶油之所以叫做伴侣，就像"好丽友""酸奶"等食品一样，只是把它给名词化了。

在韩国，2000年以后，原味咖啡和速溶咖啡几乎在每个街道里面都能找到，但是同一时期在海外，反而人们开始喜欢上了咖啡伴侣。那不仅仅是在咖啡里面放入了奶油，而是在咖啡伴侣的带动下，人们渐渐的喜欢和适应上了韩国本地的"韩流伴侣"。

在寒冷的俄罗斯，伴侣作为一种热量补充的添加剂一直被使用。在苏联解体以后的1991年，缺乏日常物资的海参崴，街道小贩们第一次接触到了伴侣。之后把奶油放入饮料中的这种方式，在俄罗斯得以广泛推广。以前俄罗斯人在喝热量很高的可可的时候，都会往里面放一些冰激凌或者是奶粉，但是现在他们直往里面放伴侣了。东西食品公司的工作人员说："在每天早上都喝一杯咖啡后才去上班的俄罗斯，很多人甚至把伴侣当作饮食来吃"。由于人们开始用伴侣代替奶粉来食用，东西食品公司就开始了制作大量的成包的伴侣用于贩卖。东西食品公司对于从1990年以后开始喜欢伴侣的俄罗斯的出口量一直在上升，去年甚至达到了800万美元。

在哈萨克斯坦等中亚国家，伴侣的人气也正在提高。以前中亚的游牧民们都会在茶里面放入奶来喝。但是随着产业化的进程，很多游牧民们都放弃了游牧生活，他们不再喝奶了，代替而来的是往茶里面放伴侣来喝。本地的官员说："在哈萨克斯坦，人们通常会在茶里面放入伴侣来接待来访的客人，他们一般喝着放在茶壶里面的伴侣一边聊天，然后度过两三个小时"。当1995年对中亚的出口额还只有30万美金的时候，因为伴侣的存在，去年的出口额已经达到了1000万美金。

在东南亚，伴侣作为混合咖啡和混合茶等多种速溶饮料的产品正在被利用着。在这个地区，不仅有咖啡，伴侣和糖混合而成的混合咖啡；也有伴侣和茶混合而成的混合茶，还有伴侣凉茶等很多的速溶产品作为甜点拥有很高的人气。甚至在早晨原来一直在喝的麦片粥中的牛奶都被伴侣所取代了。在新加坡，他们从韩国进口伴侣，然后再加工成混合咖啡，最后出口给其他的国家。

人气很高的大宇电器在海外的本地化战略

刻有秘鲁传统花纹的大宇洗衣机。"在洗衣机上面刻上纳斯卡花纹会怎样呢？""那是什么啊？""去秘鲁的纳斯卡平原会看到有很多的海豚，猴子和树等动植物组成的图画，然后和地面联系到一起用几何图案来雕刻出来，那将会是一个世界奇迹。"

上个月在秘鲁出世的刻有纳斯卡花纹的洗衣机，其实是大宇电器在五个月前在首尔的一个会议室里的决议。对于秘鲁法人的"要求提高在秘鲁的出口额"的要求，特别工作小组(TF)提供了援手。为了使花纹能更突出的显示出来，工作组采用了紫朱色等比较鲜艳的颜色。虽然秘鲁法人认为在秘鲁灰色最受欢迎，但是在TF小组的推动下还是选择了紫朱色。果然这款洗衣机在推出一个月之内，大宇洗衣机就进入了秘鲁洗衣机的市场三甲之内。

大宇电器一直是保持在韩国国内电器的第三名。然而在三星电子和LG电子在国内的卖出额分别达到154兆韩元和55兆韩元的时候，大宇电器却只有1兆2000亿韩元。在连续12年间每年递增的差距之下，大宇集团的规模一直在缩小着。但是大宇电器在海外的领先产业还有很多。在非洲的阿尔及利亚，大宇洗衣机占据了第一位，在墨西哥大宇的微波炉占据了第一位。这个秘诀就在于大宇电器的海外出口本部长李刚勋(52)"不管市场有多小，只要消费者喜欢的我们都会给制造"这句话。他促使了大宇电器根据不同国家的特点，制造了不同款式的电器的战略。

在墨西哥，大宇制造的只可洗涤的中低价洗衣机，占据了65%的市场份额。这是因为在墨西哥，就算没有甩干技能，由于外边的阳光比较充足，衣物会很快被晾干的。所以就把甩干功能除去，降低了洗衣机的原价。今年还推出了只有原来洗衣桶一半大小的，节约型洗衣机。墨西哥销售法人宋熙泰(46)说："在墨西哥由于中产层都雇佣家庭保姆，所以他们不会购买太贵的产品，所以中低价的产品很受欢迎。"

在越南，为了防止老鼠的进入，在圆筒洗衣机的底部增加了一块隔离板。在北美的微波炉市场，特地推出了可以拷披萨的微波炉。在中东还制造了可以加锁的冰箱，因为在那里水很贵，冰箱里面的水经常会被佣人所偷窃。在智利，因为水很贵，所以比起清洗力，大宇想要推出更加节水的洗衣机。

大宇电器把所有的功劳都指向海外是因为，在海外的卖出额已经达到了全部卖出额的90%。大宇电器的工作人员说："如果只是停留在黑白电器的水平上的话，大宇集团就只能在发展中国家发展了。而现在正是因为大宇集团有着全球化的经营战略，这才是大宇真正的财富"。在海外的那些本地化战略，在韩国也照样适用。在与大企业三星和LG的竞争中，他们就选择了发展小型家电，这也是符合现在韩国国情的一个战略。

因为现在，在韩国，一人家族变的越来越多了。比如7公斤的圆筒洗衣机，15L的微波炉，还有最近还推出了6公斤的一般洗衣机。

(中央日报，2011.12.13)

装着国家文化的容器-乐扣

为了中国人制作的"茶桶"，为了美国人制作的"麦片桶"为了印度人而制作的"naan桶"。一个小小的密封容器里面却装入了各个国家的文化。生产密封容器的专门企业乐扣公司，最近在包括中国，印度，美国等国家，甚至全世界都受到了好评。

在乐扣的最大市场中国，茶桶里面放入了一个用不锈钢制作的过滤网，可以让人直接把茶叶放在里面就可以过滤出茶水。还有为了方便保温，乐扣还设置了两层瓶子。由于中国人比起买的绿茶更喜欢喝自己泡的绿茶，所以乐扣公司就特别设计了便于携带的密闭性很好的茶桶。正是由于这个，乐扣公司去年在中国的卖出额达到了一千亿韩元，占到世界总卖出额的三分之一。公司的相关人员说："最近公司的全球化的宣传片(CF)播出后，看到里面茶桶的画面后，很多韩国人都打来电话询问，所以现在在韩国国内也在销售茶桶。"

就像这样本来用于在外国销售的产品，最近在韩国国内卖的也很好，比如美国的麦片桶。由于美国人早上喜欢喝麦片，所以乐扣公司就推出了密闭性比较好，容易打开关闭的麦片桶。因为原来的麦片桶的保存性并不是很好。但是现在麦片桶在美国也用于装一些杂粮以及动物的饲料。在韩国，麦片桶由于不漏水，一次出水量很少，所以被家庭主妇们用于盛装洗涤用品。这是因为文化差异而用途不同的一个事例。

为了在湿热的印度保存传统面包"naan"，乐扣公司发明了"naan桶"。因为在印度人们把和咖喱一起吃的"naan"，一次性的会烤很多。而"naan桶"就能很好的保管这些食品。尹恩珠。

食品开发本部次长说："乐扣公司，每年针对各个国家的文化推出40多种功能性的新产品用于满足消费者"。"正是由于乐扣公司的全球化战略，使得他们在海外赚取了超过70%的利润"。

（东亚日报，2009.8.24）